KB036378

# 글로벌푸드 한국사

### 한국인의 입맛을 사로잡은 외래 음식의 역사

주영하 지음

Ⓗ

# 나의 글로벌 푸드 경험기

책을 내면서 고백할 것이 있다. 바로 이 책에서 다루는 아홉 가지 글로벌 푸드에 얽힌 나의 경험담이다. 그 전에 먼저 밝혀야 할 것은 내가 10대일 때 지금처럼 비행기를 타지 않고도 햄버거나 피자를 먹는 일은 생각조차 못 했던 1962년생 베이비붐 세대라는 사실이다. 그런 만큼 이 책에서 다루는 글로벌 푸드는 나에게 익숙하면서도 낯선 음식들이다.

나는 초등학교 입학을 앞두고 공중목욕탕에서 처음 **우유**를 마셨다. 지금은 보기 어려운 유리병에 담긴 우유였다. 한번은 목욕 후에 아버지가 깜빡하고 우유를 사주지 않아 졸도를 했다. 그다음부터 목욕탕에 가면 꼭 우유를 마셨다. 당시 초등학교에서는 우유를 마셔야 튼튼해진다고 가르쳤다. 다행히 나는 여느 한국인과 달리 우유를 마셔도 배앓이를 하지 않았다. 그때부터 나는 매일 우유를 마시는 '우유 키드'가 되었다. 지금은 우유를 완전식품이라 여기지는 않지만, 습관처럼 하루에 한 잔은 꼭 마신다.

어릴 때 우리 가족은 **빵**을 거의 먹지 않았다. 외국 음식이라는 생각이 강했기 때문이다. 교사였던 아버지가 선물로 받아온 롤케이크를 먹은 기억이 있지만, 빵이나 케이크를 사달라고 먼저 부모님을 조른 적은 없었다. 초등학생이 된 후 학교에서 〈국민교육헌장〉을 달달 외워 받은 노랗게 구워진 빵을 먹고 고소한 향과 맛이 매우 좋아 놀랐다. 하지만 빵을 끼니로 먹지 않는다. 빵은 여전히 나에게 간식이고 후식이다.

나는 지금도 **아이스크림**을 좋아한다. 초등학생이던 1960년대 후반 어느 여름날 아이스케키와 식용 색소를 넣은 빙수의 시원한 맛에 푹 빠졌다. 하지만 '진정한' 아이스크림을 처음 먹은 것은 대학에 들어간 1980년대 초반이었다. 1994년 중국 유학 시절 베이징 톈안먼(天安門) 남쪽에 있던 한국 패스트푸드점에서 사 먹은 한국식 팥빙수의 맛은 지금도 잊지 못한다.

초콜릿은 나에게 무척 생소한 식품이었다. 1983년 생일에 대학 후배들이 초코파이에 성냥불을 꽂고 축하해 주었다. 이것이 나의 첫 **초콜릿** 경험이지만, 그것은 진정한 초콜릿이 아니었다. 1980년대 후반에 서울 종로YMCA가 밸런타인데이를 앞두고 초콜릿 대신에 떡을 선물하자는 캠페인을 펼칠 때 앞장서기도 했다. 당시만 해도 외래 음식에 대한 거부감이 컸다. 요사이엔 가끔 공정무역으로 수입한 카카오 함량이 높은 쌉싸래한 초콜릿을 즐기지만, 달콤한 가공 초콜릿은 잘 먹지 않는다.

1986년 가을 직장을 다니면서 **위스키**를 처음 마셨다. 비싸기도 하고, 취향에 맞지 않아 위스키를 비롯한 양주를 즐기지 않는다. 가끔 위스키의 본고장을 찾을 때 위스키를 마시지만, 한국에서 위스키를 '내돈내산'한 적은 없다. 그런데 최근에는 훌쩍 큰 아이들 덕분에 하이볼의 맛에 빠져들고 있다.

1987년 가을 전라남도 해남의 대흥사 일지암에서 처음 녹차를 마셨다. 차를 마시고 입안에 남은 쌉쓸하면서도 달콤한 맛에 반했다. 1994년 베이징에 갔을 때는 중국인처럼 생활하겠다고 녹차를 물처럼 마셨다. 지도교수가 한국의 인삼차는 **차**가 아니라고 주장했을 때에야 '문화적 차'를 공부하기 시작했다. 지금 내 연구실에는 다양한 지역의 차가 마련되어 있다. 하지만 차보다 커피를 더 자주 마시는 게 사실이다.

1993년 겨울 아내를 만나고 나서 **피자**를 처음 먹었다. 캐나다 대학에 방문교수로 있을 때 이탈리아 레스토랑에서 1인당 피자 한 판을 먹는 즐거움을 알았다. 가족과 종종 피자를 먹지만, 그래도 나에게 피자는 빵과 마찬가지로 끼니가 아니다.

아내는 **카레**를 만들 때면 나를 위해 다른 음식도 준비한다. 아내는 내가 카레를 싫어한다는 사실을 알고 무척 놀랐다. 대학 시절 학교 식당에서 처음 맛본 카레라이스는 색과 향이 너무나

이국적이라 가까이하기 어려웠다. 10여 년 전부터 한국에서도 인도와 동남아시아 등 현지 맛을 살린 커리를 먹을 기회가 많아졌지만, 일부러 커리 식당을 찾아다니며 먹지는 않는다.

마지막으로 **향신료**다. '향신료' 하면 여러 맛과 향 중에서도 매운맛이 먼저 떠오른다. 1996년 현지 조사를 위해 중국 쓰촨성 청두(成都)에 머물 때 처음으로 마라탕을 먹고 힘들었던 적이 있다. 사실 나는 극한의 매운 음식을 잘 먹지 못한다. 그런데 2003년 '동북아시아의 매운맛 유행'이란 프로젝트를 수행할 때 서울·베이징·도쿄의 매운맛이란 매운맛은 모두 경험할 수밖에 없었다. 최근에는 제자들과 마라탕 가게에 자주 간다. 이제야 나도 유행하는 마라의 맛에 취한 듯하다.

이 아홉 가지 음식에 대해 나와 같은 기억을 가진 독자들도 있을 테고, 내가 이 음식들을 처음 경험한 시기에 놀란 독자들도 있을 것이다. 글로벌 푸드는 본래 특정 지역에서 소비되었지만 지구촌 곳곳으로 퍼져 나가 세계의 많은 곳에서 생산·소비하게 된 음식이나 식품을 가리킨다. 한국인의 일상에는 이미 수많은 글로벌 푸드가 존재하지만, 한국에 들어온 시기나 계기, 방식도 다른 데다가 대부분 그 역사가 길지 않다.

더욱이 식민지와 전쟁, 압축성장, 세계화 등 지난 100여 년의 급격한 사회 변동을 겪은 한국 사회에는 서로 다른 경험을 한 여러 세대가 공존한다. 당연히 글로벌 푸드에 대한 개인의 경험이나 인식도 다를 수밖에 없다. 앞에서 나의 경험을 이야기한 이유도 이 때문이다. 글로벌 푸드에 대한 여러분의 개인적인 경험은 바로 역사다. 왜냐하면 여러분이 맛본 글로벌 푸드 하나하나가 한국 사회의 변화를 담고 있기 때문이다.

나처럼 여러분도 자신의 글로벌 푸드 경험을 떠올리고 써보기를 바란다. 또는 이 책에 나오는 글로벌 푸드 가운데 한 가지를 골라 가족이 모여 경험담을 나누고 기록하는 시간을 가져보아도 좋겠다. 가족뿐 아니라 친구와 직장 동료, 이웃들과 '음식 수다'를 떨어보자. "초콜릿을 언제 처음 먹어봤어요?", "한국에 피자 가게가 언제 처음 생겼는지 알아요?" 같은 간단한 질문으로 시작하면 된다. 서로 묻고 답하고, 응하고 감응하자.

함께 요리하고 식사하는 행위는 생물체인 인간에게 에너지를 제공하는 동시에 대화를 통해 서로 호혜와 협동으로 나아가도록 이끄는 호모 사피엔스만의 독창적 문화다. 이 책을 통해서 개인과 공동체의 글로벌 푸드 경험사가 많은 이의 식탁 위에 펼쳐졌으면 좋겠다. 물론 이 책에서 내가 빠트린 역사도 보충하면서 말이다. 이 책을 음식에 진심인 독자에게 드린다.

2023년 10월
주영하

# 글로벌 푸드, 언제 어떻게 한반도에 들어왔을까?

―한국 음식사 속 글로벌 푸드의 시대 구분

이 책은 오늘날 한국인이 소비하는 식품 중 위스키, 아이스크림, 초콜릿, 피자, 커리, 우유, 빵, 차, 향신료의 한국사를 살핀 것이다. 처음에는 특정한 지역에 한정되어 소비되었던 이 식품들은 오늘날 지구촌 곳곳에서 소비되고 있다. 그래서 이 식품들을 '글로벌 퀴진(global cuisine)' 혹은 '글로벌 푸드(global food)'라고 부른다.

글로벌 퀴진은 전 세계에서 생산·소비하는 음식이다. 특정 지역과 국가에서 생산·소비되던 지역 음식이 사람들의 이동을 통해 세계 여러 곳으로 퍼져나갔다. 특히 19세기 후반부터 서유럽과 북미에서 진행된 산업 식품(industrial food)의 생산·보존·저장·운송 기술의 발달은 글로벌 퀴진을 공장에서 생산하는 글로벌 푸드로 만들어 냈다. 20세기 후반 글로벌 푸드 시스템(global food system)이 구축되면서 글로벌 푸드는 세계적 유통망을 통해 지구촌 곳곳의 식탁에 오르고 있다.

　오늘날 한국인의 식탁 위에도 글로벌 푸드가 적지 않다. 한국인의 글로벌 푸드 소비를 촉발한 첫 번째 식품은 바나나다. 지금은 지구온난화로 인해 국내 일부 지역에서 바나나가 재배되기도 하지만 여전히 타이완·필리핀·페루·에콰도르 등지에서 수입하는 양이 훨씬 많다. 2000년대 이후 한국인은 외국의 과자류와 소스류 같은 제품을 많이 소비하고 있다. 국내의 미국 창고형 대형 마트에는 유럽과 북미에서 생산한 과자와 소스 제품이 가득하다. 이는 한국인의 식탁에서 글로벌 푸드가 더는 특별한 것이 아님을 보여준다.

　당연히 '전통 한식'이라 여기는 음식의 재료 중에는 다른 나라에서 유래한 것도 있다. 한국 배추김치의 배추는 20세기 초 중국 산둥성(山東省) 출신 화교들이 들고 온 씨앗에서 출발했다. 고추도 500여 년 전 중앙아메리카에서 유럽인의 배에 실려 우여곡절을 겪으며 한반도에 들어와서 재배가 시작되었다. 오늘날 K푸드의 세계화에 앞장서는 치킨·닭갈비·떡볶이 같은 음식은 1960년대에 처음 등장했다. 치킨은 미국산 콩에서 뽑아낸 콩기름과 대두박, 그리고 미국산 밀가루가 결합하여 탄생했다. 2010년대 이후 닭갈비와 떡볶이에 들어간 슬라이드 치즈 또한 미국에서 개발된 산업 치즈다.

　세계의 어떤 문화도 주변의 영향을 받지 않은 채 그대로 지속한 것이 없듯, 음식도 예외는 아니다. 한국 음식 역시 교류 (exchange)와 혼종(hybridization)의 결과물이다. 캐나다의 역사학자 제프리 필처(Jeffrey M. Pilcher)는 음식의 역사를 '시대 구분'하기 위해서는 한 사회의 지배층이 누린 '맛'에 담긴 이데올로기를 파악해야 한다고 주장했다.[1] 나는 '문화의 교류와 혼종' 이라는 시선에서 한국에 들어온 글로벌 푸드의 역사를 다음과 같은 시대 구분 속에서 살피고자 한다.

## 불교 유입과 육식의 금기

3세기 말 중국의 대승불교가 고구려와 백제의 지배층에 전해졌다. 신라 지배층은 6세기 초중반에야 불교를 수용했다. 중국 대승불교의 계율 중 하나인 육식 금기는 고구려·백제·신라 삼국 지배층의 식탁에서 실현되었다. 특히 고려왕조는 불교 국가의 면모를 갖추며 지배층의 육식 금기가 강력하게 지켜졌다. 불교와 육식 금기의 영향으로 이 책에서 다루는 **차** 마시기가 유행했다. 국가 의례와 중요한 식사에 차가 빠지지 않고 올랐고, 지배층 사이에 차와 함께 먹는 유밀과(油蜜果, 밀가루에 꿀과 참기름을 넣어 반죽한 것을 식물성 기름에 지져 꿀에 담가두었다가 먹는 과자로, 약과도 그중 하나다)라는 식물성 과자가 유행했다. 밀 생산량이 적은 한반도에서 많은 양의 유밀과를 만들기 위해서는 중국으로부터 밀을 수입해야 했다.


## 칭기즈칸의 후예들이 전해준 음식들

팍스 몽골리카(Pax Mongolica)는 13~14세기 몽골제국이 유라시아 일대를 정복하면서 사회적·문화적·경제적 안정을 가져온 시기를 가리킨다.[2] 음식의 역사에서 보면 이 시기에 유라시아 여러 곳의 식재료와 요리법이 활발히 교류되었다. 서아시아에서 개발된 증류 기술은 발효주의 보존 시간을 연장해 줌으로써 한반도에서 증류주를 탄생시켰다.[3]

하지만 한반도의 역사에서는 몽골의 침입과 원나라의 간섭을 받은 불행한 시기이기도 했다. 당시 많은 고려인이 원나라의 수도인 대도(大都, 지금의 베이징)를 방문했다. 그중 일부는 아예 원나라의 관리가 되어 장기간 그곳에 머물렀다. 원나라 황실에서 일했던 고려 여성들은 상추쌈과 같은 고려 음식을 몽골인에게 전해주었다. 몽골인을 비롯해 티베트인·위구르인·여진인 등도 고려를 찾았다. 이 과정에서 수박·두부·만두 등이 한반도에 들어왔고, 다양한 고기 요리법도 전해져 다시금 육식이 부활했다.

# 콜럼버스의 보따리에 담겨 온
## 아메리카의 작물들

음식의 역사에서 1492년은 의미 있는 해다. 한반도 역시 그 세계적 흐름에 포함되었다. 1492년 10월 12일, 탐험가 크리스토퍼 콜럼버스(Christopher Columbus, 1451~1506)는 인도 혹은 중국이라 믿었던 중앙아메리카의 바하마 제도에 속한 한 섬에 상륙했다. 100년 후인 1592년 일본의 전국을 통일한 도요토미 히데요시(豊臣秀吉, 1537~1598)가 보낸 일본군이 지금의 부산인 동래(東萊)를 쳐들어왔다. 이후 1598년까지 한반도는 명나라군과 흑인 용병까지 참여하는 국제적 전쟁터가 되었다.

임진왜란이라고 불리는 이 전쟁이 끝나고 약 100년이 지난 조선 땅에는 고추·호박·옥수수·감자 등 새로운 작물이 자라고 있었다. 이들의 원산지는 아메리카 대륙이다. 포르투갈과 에스파냐 무역선에 실린 이 작물들은 대서양을 건너 유럽으로 갔고, 다시 인도아대륙과 동남아시아를 거쳐 한반도에 도착했다. 이 책에서 다루는 **고추**도 이렇게 한반도에 들어와 18세기 중반 이후 요리에 빠지지 않는 양념이 되었다. 1492년 이후 아메리카 대륙과 유라시아 대륙의 물건 교환을 '콜럼버스 교환(Colombian Exchange)'이라고 부르는데,[4] 오늘날 한국 음식의 상징이 된 붉은색과 매운맛은 콜럼버스 교환의 결과물이다.

# 연행사와 통신사 파견에도 드물었던 음식 교류

1636년(인조 14) 음력 12월부터 이듬해 1월 청나라는 조선을 침입하여 인조로부터 항복을 얻어냈다(병자호란). 이후 조선에서는 청나라의 수도가 지금의 선양(瀋陽)에 있던 시기(1637~1644)부터 동지(冬至)·설날[正朝]·성절(聖節, 황제와 황후의 생일) 등의 날에 사신단을 보냈다. 청나라가 수도를 연경(燕京, 지금의 베이징)으로 옮긴 1645년(인조 23) 후에도 동지에 맞춰 동지사(冬至使)를 보냈다. 이후 이 사신단을 연경에 간다는 뜻으로 연행사(燕行使)라고 불렀다. 연행사로 청나라를 방문한 조선의 관료와 지식인 들은 낯선 식재료와 음식을 접하고 기록도 남겼지만, 입맛과 문화의 차이로 청나라 음식은 조선에서 재현되지 못했다.

임진왜란과 정유재란 이후 조선과 일본의 교류는 거의 없었다. 그러나 일본 바쿠후(幕府)의 요청으로 1636년 조선 왕실에서는 통신사(通信使)라는 이름의 사절단을 일본에 보냈다. 1764년 통신사 대표로 일본에 간 조엄(趙曮, 1719~1777)은 쓰시마(對馬)에서 비공식적으로 고구마 종자를 구해 와 부산을 비롯해 여러 곳에 시험 재배했다. 17세기 후반 이후 쓰시마 관리와 상인 들은 부산 초량왜관에 거주지를 형성하여 조선의 소가죽·우황·목면·콩·명태·인삼·약재·놋그릇 등을 수입해 갔다.

이 과정에서 초량왜관의 일본 음식이 이 지역 사람들에게 인기를 끌었다. 그중 대표적인 음식이 '스기야키(杉燒)'였다.[5] 스기야키는 삼나무로 만든 상자에 육수를 붓고 된장을 풀어 끓이면서 대구나 제철 생선, 각종 채소를 넣은 음식이다. 이외에도 일본식 메밀국수인 왜면(倭麵)과 감귤로 만든 왜감자정과(倭柑子正果) 등이 인기를 끌었다. 왜면과 같은 일부 일본 음식은 한성(지금의 서울)의 사대부에게도 알려졌지만, 대부분은 한반도의 다른 지역으로 퍼져나가지 못하고 지금의 부산과 김해 일대에서만 유행했다.

## 개항과 식민지의 굴곡 속에 들어온 일본식 서양 음식

조선은 1876년 일본과 강화도조약을 체결했다. 이를 통해 일본은 부산·인천·원산 등지의 개항장과 치외법권을 인정받는 거류지를 얻어냈다. 이후 조선 정부는 1882년 미국, 1883년 독일과 영국, 1884년 러시아와 이탈리아, 1886년 프랑스와 수호통상조약을 체결했고, 외국 음식과 식품이 조선에 들어왔다. 1900년대부터 서울을 비롯한 근대적 도시에는 요리옥·술집·국밥집 등이 성업했다.[6] 1920~1930년대 도시의 모던보이들은 근대적 유흥 공간인 카페(cafe)를 즐겨 찾았다. 일본을 통해서 서울에 들어선 카페는 커피하우스이자 맥주와 **위스키**를 마실 수 있는 바(bar)였다.

식민지 조선의 도시에는 일본인 거주지가 형성되었다. 식민지 조선에 거주했던 일본인은 1910년 약 17만 명, 1920년대 중반 40만 명, 1930년대 50만~60만 명, 1944년 5월 약 71만 명에 이르렀다.[7] 일본인은 농어업·식품제조업·음식업 등에 종사하면서 조선과 일본에서의 유통은 물론이고, 유럽과 북아메리카 지역으로까지 유통망을 확장했다. 이 과정에서 조선인의 식생활은 점차 세계식품체계(global food system)에 편입되었다. 일본인 거주지역에는 일본식 서양 음식인 '화양절충요리(和洋折衷料理)'를 판매하는 음식점이 있었다. 이 책에서 다루는 **카레**가 대표적인 화양절충요리다. 여름이면 거리에 빙수점 깃발이 날렸다. 얼음 회사는 여름이면 겨우내 한강에서 캐낸 얼음을 전기와 암모니아 가스를 이용해 녹지 않게 보관했다. 한여름에 얼음은 냉면과 함께 이 책에서 다루는 **빙수**와 **아이스크림**의 재료로 쓰였다.

조선에 정착한 중국인들이 개업한 도시의 중국음식점은 '지나요리점', '지나음식점', '지나빵상(商)'의 세 종류가 있었다.[8] '지나요리점'은 고급 중화요리점으로, 매출이 많고 규모도 큰 고급 음식점이었다. '지나음식점'은 화식포(火食鋪)·포포(包

舖)·만두포(饅頭舖) 등으로 나누어졌다. '화식포'는 중국식 솥인 웍(鑊, wok, 광둥어)으로, 고온에서 각종 볶음 요리를 만들어 판매하는 중급 음식점이었다. '포포'에서는 바오즈(包子)를, '만두포'에서는 만두를 주로 팔았고, '지나빵상'은 '지나빵'이라 불리던 빵을 팔았는데, 지금의 '호떡'이다.

## 한국전쟁기 미군정과 유엔의 원조 음식

1945년 9월 2일, 일본이 항복 문서에 서명함으로써 제2차 세계대전이 끝났다. 이후 미국과 소련 사이에 '냉전(cold war)'이라고 불린 정치·군사·경제적 긴장이 1991년까지 이어졌다.[9] 미국은 자국에서 소비하고 남은 밀·보리·콩을 비롯한 잉여농산물을 자기 진영에 속하는 국가들에 무상으로 제공했다. 미국이 원조한 잉여농산물 중 밀은 미군정과 한국전쟁 시기에 빵이나 국수 같은 분식 재료로 사용되어 한국인의 끼니를 해결해 주었다. 한국전쟁에 미국을 비롯한 유엔(UN)군으로 참전한 국가들은 **분유**와 **초콜릿** 등을 원조했다.

해방 후 일본인이 버리고 간, 맥주·일본식 간장·**우유**·**빵** 등을 만들었던 소규모 식품공장 대부분은 한국인의 손에 넘어갔다. 하지만 제조 기술은 일본식 그대로였다. 해방 이후 1960년대까지 한국의 식품산업은 식민지기에 일본인이 구축해 둔 시설에서 유사한 식품을 생산했다.[10] 1956년, 서울약품공업주식회사는 영양제 '원기소'를, 크라운제과는 '크라운산도'라는 비스킷을, 동아화성공업주식회사는 MSG인 '미원'을, 1957년 7월 동양제과는 캐러멜을, 1958년 롯데삼강은 공장제 아이스크림을, 1959년 서울식품은 '소머리표'라는 상표의 마가린을, 1960년 해태제과는 자동 생산 라인을 갖춘 공장에서 초콜릿을, 1961년 삼립제과는 공장제 비스킷과 **빵**을, 1963년 동아제약주식회사는 '박카스 D'를, 1963년 9월 삼양식품공업은 인스턴트라면을, 1969년 풍림상사(지금의 오뚜기)는 **인스턴트 카레**를 시장에 내놓았다. 이 모두가 일본 식품의 영향을 받거나 모방한 제품이었다.


## 압축성장기 꽃을 피운 산업 식품

한국은 1966년 이후 짧은 시간에 급속한 경제성장을 이루는 압축성장의 시대를 걸었다. 1966년 한국의 1인당 실질국민소득은 182만 원이었는데, 1977년에는 445만 원으로 증가했다. 이는 식품 소비의 욕구를 자극하여 가공식품의 생산량을 증가시켰고, 국민의 월평균 식품 구매비 역시 엄청나게 늘어났다. 1970년대 중후반만 해도 음식점 대부분은 밥집과 술집이었으므로 외식산업이라고 부르기도 어려웠다. 그러나 1980년대 이후 현대적 외식산업이 빠르게 성장했다.

1970년대 중반 이후 한국의 식품회사 중에서는 다양한 제품을 생산·판매하는 종합식품회사로 성장할 기반을 마련하는 곳이 많아졌다.[11] 1965년 국내 식품산업의 총생산액은 547억 원이었지만, 10년 뒤인 1975년에는 1조 407억 원으로 늘어났다. 이때부터 이 책에서 다루는 우유와 **빵**이 산업 식품의 모습을 갖추기 시작했다. 1980년에 들어와서 종합식품회사는 외국 업체와의 기술제휴로 제품의 품질을 높였다. 특히 종합식품회사에서 생산한 인스턴트 식품은 한국인의 일상생활 속에 자리매김하게 되었다. 이 책에서 다루는 **초코파이·카레·피자·공장제 빵**이 이 시기에 유행하거나 등장했다.


## 세계화된 한국인의 입맛과
## 글로벌 푸드 반열에 오른 K푸드

1981년 9월, 1988년 서울올림픽대회 개최가 결정되면서 한국에 미국식 패스트푸드점이 들어왔다. 1979년 1호점을 연 롯데리아는 일본에서 변형된 미국식 패스트푸드점이었다.

1983년 던킨도너츠, 1984년 버거킹, 켄터키프라이드치킨, 웬디스, 1985년 피자헛, 피자인, 배스킨라빈스, 1988년 맥도날드 등은 미국에서 출발한 패스트푸드점이다. 프랜차이즈 시스템으로 운영된 이 미국식 패스트푸드점의 운영방식을 모방한 한국식 프랜차이즈 음식점이 이 시기에 생겨났다.[12]

1992년 한국 정부는 공산권 국가들과도 수교를 맺었다. 1990년대 후반 초코파이는 중국 시장에서 인기 있는 식품으로 자리 잡았다. 또 러시아의 블라디보스토크에서는 '팔도 도시락'이 '처녀라면'이라고 불리면서 인기를 끌었다. 당시 공산권 국가에서 크게 인기를 끌었던 한국 식품은 2000년대 이후 K푸드 확산의 신호탄이 되었다.

1997년 11월 한국은 IMF 외환위기를 맞았다. 이에 따른 기업들의 줄도산으로 갑자기 늘어난 실직자와 퇴직자 들은 떡볶이·즉석김밥·라면·맥주·도시락·치킨·제빵·제과·길거리 음식 등 체인점 사업에 뛰어들었다. 이후 한국의 자영업자 체인 음식점은 전성기를 맞았다. 체인 음식점은 치맥, 떡볶이, 닭갈비와 같은 음식에 외국의 식재료를 융합하여 한국식 글로벌 푸드를 만들어 내는 데 핵심 역할을 했다. 2000년대 이후 한국 드라마와 K팝의 세계적 인기는 한국의 음식점 메뉴와 공장제 식품인 K푸드를 글로벌 푸드의 반열에 올려놓았다.

# 위스키

## 가짜 위스키가 판치던 세상

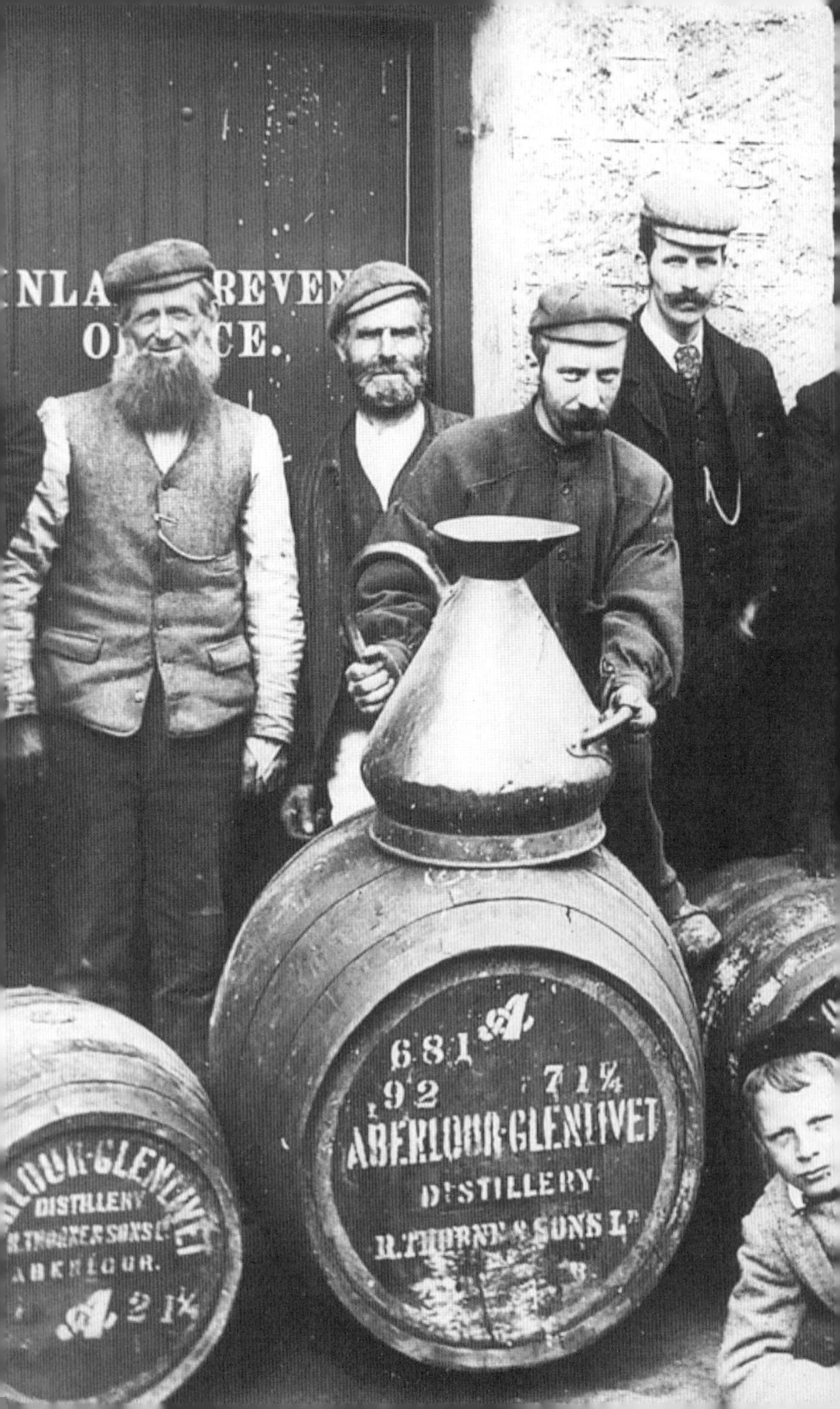

681
92 71¼
ABERLOUR-GLENLIVET
DISTILLERY
R. THORNE & SONS LD

나쁜 위스키는 없다.
좋은 위스키와
더 좋은 위스키가 있을 뿐이다.

스코틀랜드 속담

# whisky

---

 

2022년은 한국산 위스키(whisky, whiskey)의 원년이라고 할 수 있다. 1882년 신문 기사로 처음 한국에 소개된 위스키는 지난 110여 년 동안 한국에서 가짜 위스키와 유사 위스키의 시대를 거쳐왔다. 1979년 대통령의 '최후의 만찬' 식탁에 올랐던 위스키 '시바스 리갈(Chivas Regal)'은 사건 이후 한국 주당들에게 선망의 대상이 되었다. 적어도 2010년대까지만 해도 위스키는 정치적·경제적 위세를 가진 '남성의 술'이었다. 그런데 2020년 코로나19 대유행으로 인한 생활 방식의 변화와 새로운 입맛과 취향을 지닌 젊은이들에 의해 한국의 위스키는 한반도에 발을 디딘 지 140년 만에 진정한 소비자를 만나기 시작했다.

# 위스키의 글로벌 히스토리

위스키는 12세기 이전부터 서유럽의 서민들이 즐겨 마셨던 곡물로 만든 술을 증류한 것이다. 이 증류주는 게일어(Gaelic)로 '생명의 물'이라는 뜻의 'usque baugh'라 불렸다. 이를 라틴어로 쓰면 '위스키'라는 말의 유래로 알려진 '아쿠아 비테(Aqua Vite, 생명의 물)'가 된다. 스코틀랜드와 아일랜드의 증류주가 잉글랜드를 거쳐 유럽으로 퍼져나가면서 18세기 이후 '위스키'라는 이름이 널리 쓰였다.

좋은 위스키는 맛있는 보리술, 곧 맥아즙에서 나온다. 위스키는 이끼류·갈대·꽃·식물·수목의 유체가 퇴적해 만들어진 토탄으로 불을 때서 증류한다. 그래서 위스키에는 식물의 향이 배어 있다. 더욱이 투명한 증류주를 참나무 통에 넣어 몇 년간 숙성시키기 때문에 진한 갈색을 띤다. 숙성 기간도 중요하다. 위스키병의 라벨에 붙은 연도 표기는 숙성 연수를 의미한다. 6년, 8년, 10년, 12년, 15년, 18년, 21년, 24년, 30년이 고전적인 위스키의 숙성 연수다.

몰트(malt) 위스키는 보리술만을 원료로 해서 만든 것이다. 단식 증류기에서 제조한 것은 싱글 몰트(single malt) 위스키라고 부른다. 19세기 초중반 연속식 증류기가 보급되면서 보리뿐 아니라 옥수수·밀·귀리와 같은 곡물로 빚은 밑술을 증

**17세기 위스키 증류기를 그린 판화**

류한 위스키가 등장하게 되었다. 이를 그레인(grain) 위스키라
고 부른다. 몰트 위스키와 그레인 위스키를 혼합한 블렌디드
(blended) 위스키도 있고, 증류한 곳이 각기 다른 여러 가지 몰
트 위스키를 혼합해 만든 블렌디드 몰트 위스키도 있다.

　　위스키의 기원과 관련해서는 학자들 사이에서 논쟁이 끊
이지 않고 있다. 특히 증류 기술의 기원은 위스키뿐 아니라 지
구상의 모든 증류주와도 관련이 있다. 증류 기술은 서기 전후
서아시아의 아라비아에서 향수나 약을 만들기 위해 발명되었
다. 예수가 태어나기 전부터 아라비아의 증류 기술이 서아시아

에 존재했으므로 그때부터 증류주가 제조됐다는 주장도 있다. 하지만 증류주에 대한 기록은 14세기 이후에야 서유럽의 문헌에 등장한다.

현재까지 지배적인 주장은 13세기 칭기즈칸(Chingiz Khan, 1162~1227)과 그의 후예들이 세계제국을 건설하면서 아라비아의 증류 기술이 확산했다는 것이다. 중국과 한반도의 증류주는 13세기 초 인도네시아 자와(Jawa)로 이주해 온 이슬람교도의 증류 기술 덕분에 탄생했을 가능성이 크다. 자와에서 중국의 북쪽으로 증류 기술이 전해진 후, 한반도에까지 전해졌을 것이다. 따라서 증류주가 탄생하기까지 아라비아 문화 혹은 이슬람 문화의 영향을 받은 것은 분명해 보인다. 몽골의 세계제국 형성 시기와 비슷한 시기에 증류주가 여러 나라의 문헌에 등장한다. 따라서 증류주 제조 기술이 13세기 이후 아시아와 유럽의 여러 나라에 퍼져나갔다고 보아야 옳다.[1] 따라서 소주·고량주·위스키·브랜드·코냑·보드카 같은 증류주는 서로 사촌지간이라 할 수 있다.

스코틀랜드와 아일랜드, 잉글랜드를 넘어 북아메리카까지 진출한 위스키는 19세기 미국에서 새로운 경험을 하게 된다. 근대국가의 성립 이후 각국에서는 술을 사회 통제의 수단으로 이용했다. 술에 세금을 부과해 법적·경제적 통제를 취했을 뿐만 아니라 술로 야기되는 사회적 혼란도 통제했다. 술을 통제한 가장 중요한 이유는 술이 식량 문제와 연관돼 있었기 때문이다. 스코틀랜드와 아일랜드뿐 아니라 미국에서도 위스키의 주원료는 곡물이었다. 식량을 통제하기 위해서는 위스키 역시 통제 대상이 되어야 했다. 위스키는 위스키를 사랑하는 음주가들의 매혹적인 이야기들을 간직하고 있는 반면 과음으로 인한 사회적 문제는 오늘날까지 이어지고 있으며, 이를 해결하기 위한 각국 시민단체와 정부의 노력 또한 계속되고 있다.

《위스키의 지구사》를 쓴 케빈 R. 코사르는 "21세기의 위스키 세상은 포스트모던의 시대"[2]라고 했다. 여기에서 말하는 '포스트모던'은 다양성을 의미한다. 초기 스코틀랜드의 위스키가 복원되기도 하고, 한 주류회사가 여러 나라의 위스키 제조업체를 인수·합병하기도 하고, 개인이 직접 위스키를 제조하기도 한다. 그래서 이제 더는 '스코틀랜드=스카치 위스키', '아이슬란드=아이리시 위스키'라는 도식이 통하지 않는 시대가 되었다.


## 한반도에 상륙한 '유사길'

위스키는 언제 처음 한반도에 소개되었을까? 1882년 12월 20일자 《한성순보》에서는 위스키를 '유사길(惟斯吉)'이라고 적

었다. 그런데 20세기 초반 중국 문헌에서는 '유사길'이라는 한자 대신 '웨이쓰지주(威士忌酒)'라고 표기했다.[3] 비슷한 시기의 일본 문헌에서는 '유사길'이나 '웨이쓰지주'라는 단어를 찾아볼 수 없고, 'ウィスキー(위스키)'라고만 적었다.[4] 따라서 '유사길'은 위스키의 본래 발음에 가깝게 표기한 한국식 한자다.[5]

위스키가 합법적으로 한반도에 들어온 계기는 1876년 일본과 강화도조약을 맺으면서였다. 하지만 당시 조약에는 세금에 관한 내용이 없었다. 1882년 조미수호통상조약을 시작으로 영국·프랑스·독일 등과 관세 및 수출세 등을 규정한 통상조약을 맺으면서, 조선 정부는 관세 규칙인 해관세칙(海關稅則)을 마련했다. 일본과는 1883년 7월에 조일통상장정과 해관세칙의 내용을 수정·보완하여 조약을 다시 맺었다. 이때 해관세칙에는 위스키의 관세를 정가의 30퍼센트로 정했다. 위스키와 함께 브랜디(발란덕撥蘭德)·샴페인(상백륜上伯允)·리큐어(리구이哩九爾)·보르도 와인(복이탈卜爾脫) 등의 외국산 술은 주로 중국 톈진(天津)과 일본 시모노세키(下関) 항구를 거쳐서 인천 제물포나 부산 동래 또는 원산항을 통해 조선에 들어왔다. 당시 조선에 들어온 위스키는 모두 스코틀랜드·아일랜드·영국·미국 등지에서 생산한 것이었다.

공식적인 무역으로 위스키가 한반도에 들어오기 전에도 조선에 위스키를 가져온 외국인이 있었다. 바로 개항 전인 1868

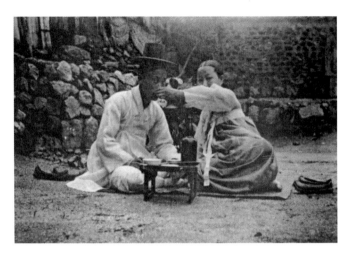

19세기 말 조선의 선비에게 술을 먹여주는 기생.
소반 위에 위스키병이 놓여 있다.

년 흥선대원군 이하응(李昰應, 1820~1898)의 양부인 남연군(南延君)의 묘를 훼손한 독일 상인 오페르트(Ernst Jacob Oppert)다. 그는 《금단의 나라 조선(Ein Verschlossenes Land: Reisen Nach Corea)》(1880)에서 조선에 상륙해 관원들을 만났을 때 위스키 한 병을 선물로 주자 무척 좋아했다고 밝혔다. 조선에도 소주라는 증류주가 있었으므로 조선 관원들이 알코올 농도 40퍼센트가 넘는 위스키를 주저하지 않고 신이 나서 마셨던 모양이다.

대한제국 시기인 1897년부터 황실에서는 궁의 정원에서 원유회(園遊會, 苑遊會)라는 가든파티를 수시로 개최했다. 원유회의 식탁에는 서양요리와 함께 위스키를 비롯해 맥주·샴페인·브랜디 등의 서양 술이 올랐다.[6] 1907년 6월 21일 비원(창덕궁 후원)에서 열린 '통감부 설치 기념행사'에서는 위스키를 한 상자 구매했는데, 당시 돈으로 24환이었다.[7] 한 상자가 몇 병인지 알 수 없지만 같은 행사에서 구매한 브랜디 한 상자 다섯 병의 값이 28환 34전(錢)이라고 했으니 위스키와 브랜디의 값이 비슷했을 것이다.

이 위스키는 누가 수입했을까? 초기에는 대부분 일본 상인이 구미에서 수입한 위스키를 다시 조선으로 들여오는 식이었다. 수요가 늘자 영국의 위스키 회사가 서울에 대리점을 냈다. 1910년 7월 26일자 《황성신문》 4면에는 영국 런던에 본사를 둔 '쩸스무느로윈드쏘'(Jameson Buchanan & Co로 추정) 주식회사의 광고가 실렸다. 광고는 "대영국 런던에 있는 쩸스무느로윈드쏘에서 대한국 인사에게 우러러 아뢰니"로 시작한다.

좋은 위스키를 적당히 마시면 소화를 도우며 식욕을 증진하야 건강하고 혈기 왕성한 신체를 만듦은 물론, 여름과 같이 온갖 병이 유행하는 몹시 더울 때 역병을 미리 막는 데 위스키가 유일하게 효과 있는 약이 됨은 세계인이 공인하는 바라. 작년 여름 귀 대한국에 악병이 만연했다는 보도는 우리도 멀리서 들은 바요, 우리 회사 제품이 세계에서 뛰어나 유럽인만 애용하고 제품의 제한과 국민

1910년 7월 26일자 《황성신문》 4면에 실린
'쩸스무느로윈드쏘' 주식회사의 위스키 광고

생활 정도 등 관계로 인해 동양 수출에는 절대 응하지 아니하였더
니, 이번 귀국 사람이 경영하는 한양상회의 과거 참상을 우려하는
간절한 요구로 인하야 동양에 대리 판매를 맡겼으니 원컨대 세계
음료계의 패왕인 무아 위스키는 어떤 맛이고 어떤 효력이 있는지
시험 삼아 맛보시기 바라노라.

1908년 지금의 서울 종로에 있었을 것으로 추정되는 한양
상회는 오늘날의 무역회사였다. 1909년 8월 부채로 인해 폐점
위기에 직면한 한양상회는 간신히 채권자와 은행의 도움으로

**WHISKEY and HEALTH.**

As is well known to the Medical Faculty, the importance of age and purity in Whiskey cannot be over-estimated.

Of **GEO. ROE'S** Celebrated **"GR"** WHISKEY "The British Medical Journal" writes:—

"It has a soft and mellow taste, evidently produced by ageing, and altogether the **'GR'** Whiskey is of excellent quality."

And this statement has been endorsed by members of the Medical Profession.

*This Pure POT-STILL WHISKEY may be had in Bottle, bearing the Distiller's guarantee of PURITY and AGE, SEVEN YEARS OLD, from all Wine and Spirit Merchants and Hotel Proprietors in the United Kingdom.*

Price 3s. 6d. per Bottle. In Cases of 2 Gallons (Carriage Paid), 42s.

**THE DUBLIN DISTILLERS' CO., LIMITED, THOMAS STREET DISTILLERY.**

*Est.* 1757.    (GEO. ROE & CO., DUBLIN.)    *Est.* 1757.

Readers of this Magazine have already been offered an opportunity of testing this Fine Old Whiskey Free.

1898년 《영국 의학 저널(The British Medical Journal)》에 실린
'위스키와 건강' 광고

영업을 재개했다.[8] 광고에서 흥미로운 점은 위스키가 만병을 예방하거나 치료할 수 있는 약제라고 홍보한 것이다. 같은 광고는 8월 2일까지 연이어 《황성신문》에 실렸다. 이 광고가 게재된 날로부터 채 한 달도 안 된 8월 29일 대한제국은 일본에 강제 병합되고 말았으니, 이 '무아 위스키'를 얼마나 많은 사람이 맛보았는지는 알 길이 없다.

# 식민지 조선에서 위스키의 두 얼굴

1930년대 경성(서울)은 카페 전성시대였다. 1920년대 말부터 여성 종업원을 고용해 남성 손님을 접대하는 일본식 카페가 등장했다. 1930년 2월 15일자 《매일신보》 2면에 실린 〈만화(漫畫)와 만문(漫文) (5) 선술집과 카페의 대립〉에서는 "'칵텔[칵테일]'이니 '휘스키[위스키]'니 하는 강렬한 주향(酒香) 밑에 미인을 대하야 앉아 속 빈 노래를 부르고 있는 '카페'는 '모-던 뽀이'들의 집단처(集團處)가 되었다"라고 했다. 또 "약주나 막걸리 맛은 알되 양주 맛 모르는 것은 좋으나 양주 맛만 알고 약주나 막걸리 맛을 모르는 것은 기막히는 일이라고 어떤 주호(酒豪)는 부르짖었다"라고도 썼다. 이 기사는 당시 경성의 카페에서 소비된 양주 중 위스키가 으뜸이었음을 알려준다.

1932년 카페의 모습은 《동아일보》에 실린 이광수의 연재소설 〈흙〉에서도 묘사되어 있다. 1932년 6월 16일자 7면의 41화에 이런 이야기가 나온다. "갑진은 공원을 나와서 리 박사와 두 동무를 끌고 낙원동 어느 카페로 들어갔다." 그리고 여급들의 환대를 받으면서 네 사람이 테이블에 앉자 갑진은 "위스키, 위스키!"를 외쳤다. 여급이 가지고 온 것은 유리잔에 담긴 넉 잔의 위스키였다. 그러자 갑진은 병째 가지고 오라고 하면서 "백마표 응"이라는 말을 덧붙인다. 이 연재소설 지면에는 화가

이광수의 연재소설 〈흙〉의 삽화로, 테이블 위의 위스키병이 눈에 띈다.

이상범(李象範, 1897~1972)이 그린 삽화가 함께 실렸다. 네 사람이 앉은 사각 테이블 위에 위스키병이 꼿꼿하게 서 있는데, 바로 '백마표' 위스키다.

백마표 위스키는 화이트 호스(White Horse) 위스키를 가리킨다. 이 술은 제임스 로건 맥키(James Logan Mackie, ?~1916)가 1861년 스코틀랜드 에든버러에서 생산한 스카치 위스키다. 스코틀랜드 군부대의 술집 겸 숙소의 이름이 '화이트 호스'였던 데서 그 이름이 유래했다. 이 숙소를 '화이트 호스'라고 부른 이유는 고대 스칸디나비아 신화에서 전투의 신이 눈처럼 흰

백마를 탔기 때문이다. 군인 정
신과 밀접한 관련이 있는 이 술
은 1908년 영국 왕실에 공급되었
고, 제1차 세계대전 기간에는 영
국군에 공식적으로 납품되면서
매출이 급속하게 늘어났다. 이 술
은 제1차 세계대전 이후 일본에서
상당히 인기를 끌었다. 그 때문에
1930년대 초반 경성의 카페와 바
에도 등장했다.

**1930년대
화이트 호스 위스키**

　　1920년대 초반 식민지 조선에 수입된 위스키는 주로 영
국산이었다. 1924년 8월 3일자《동아일보》1면에 실린 기사에
따르면, 당시 수입된 영국 위스키와 미국 브랜디의 양은 9,072
리터나 되었다. 상당량의 위스키가 영국에서 수입되었지만, 수
요에는 미치지 못했다. 그러자 당시 경성에서도 위스키를 생산
했다. 그러나 이것은 진짜 위스키가 아니라 단식 증류기로 만
든 소주에 위스키의 색과 향을 입힌 '유사 위스키'였다.

　　1922년 9월 9일자《동아일보》2면 기사〈작년[客年] 주조
수량〉에서는 1921년 경성에서 생산된 유사 위스키의 양이 1만
1,206석이라고 했다. 리터로 환산하면 약 202만 리터다. 보통
위스키 한 병의 분량을 700밀리리터로 계산하면 1921년 경성

에서 생산된 유사 위스키는 약 2,900병이나 된다. 지금의 기준으로는 얼마 되지 않지만, 당시로서는 상당한 양이다.

유사 위스키도 증류주 제조 기술자만이 만들 수 있었다. 경성에 본사를 둔 공예연구사(工藝研究社) 서양주류제조부(西洋酒類製造部)에서는 1922년 9월 9일자 《동아일보》 4면에 '서양 주류 제조실습생 모집' 광고를 냈다. 이 회사는 각종 주류를 생산·판매하면서 실습생을 모집하여 브랜디·위스키·포도주·약용주·사이다맥주·누룩·감홍주 등의 제조 기술을 가르친다고 했다. 모집 인원은 남자 50명, 여자 10명이었다. 입학금 40원을 먼저 내면 입학이 가능하다고 했다. 또한 실습 기간 2개월을 마치고 졸업하면 이 회사의 본사 공장이나 지방 지점에서 40~60원의 봉급을 받는 기술자로 채용된다고 했다. 어떻게 2개월 만에 브랜디나 위스키 제조 기술을 익힐 수 있을까? 아마도 진짜 위스키가 아니라 유사 위스키 제조 기술을 가르쳤던 것으로 보인다.

유사 위스키 제조 기술도 돈과 노력이 필요했다. 그래서 유사 위스키가 아닌 아예 '부정(不正) 위스키', 곧 가짜 위스키를 제조하는 사람도 나타났다. 1924년 8월 2일자 《동아일보》 2면에서 경성 주교정(舟橋町, 지금의 서울 을지로4가역 근처)에 사는 33세의 박광하의 집에서 부정 위스키가 발견되어 전부 몰수했다고 보도했다. 이 기사에서는 이 부정 위스키를 제조한 곳이 확실하지 않지만, 제조 방법은 증류기로 만든 주정을 구해 녹차를 섞어 만든 것이라고 밝혀놓았다. 부정 위스키를 진짜처럼 보이기 위해 업자들은 수입 스카치 위스키의 병에서 상표를 떼어 물 탄 주정을 넣은 병에 붙여 팔았다.[9] 심지어 보리차를 위스키라 속여 팔기도 했다. 위스키 '반 다스(6병)'를 엄청나게 싼 값인 4원 60전에 팔아서 사 왔더니 모두 보리차였다는 이야기도 있었으니 말이다.[10]

1910년 《황성신문》에 실린 광고에 따르면 위스키는 여름에 마시는 약술이라고 했는데, 그 말대로 1920~1930년대에도 위스키는 여름에 가장 많이 팔렸다. 영국에서 수입된 위스키는 사치품으로 조선총독부의 통제를 받았지만, 소비가 많은 여름에는 수입량이 늘다가 날씨가 추워지면 줄어들었다. 이러한 현상은 여름에 위스키를 마셔야 질병을 예방할 수 있다는 세간의 통설과도 관련이 있다. 여름에 등산할 때 흥분제로 위스키를 챙기라는 기사[11]가 신문에 실릴 정도로 그에 대한 믿음이 강했다.

나아가 위스키는 질병 치료제로도 제안되었다. 1927년 1월 13일자 《동아일보》 3면에 겨울 유행성 감기를 가정에서 치료하는 방법으로 "따뜻한 자리에 고요히 누워서 끓는 물에 위스키 혹은 브랜디를 타서 가끔 마시게" 하라는 기사가 실렸다. 심지어 당뇨병에 걸린 사람도 위스키를 조금씩 마시면 좋다는 의학적 제안도 등장했다.[12] 다만 적당히 마실 것을 덧붙였다. 좋은 위스키를 적당히 마시면 소화를 도와주고 식욕도 좋아지며, 특히 한여름 무더위에 유행하는 전염병을 예방하는 데 좋은 약이 된다고 주장했던 영국 위스키 회사의 선전이 식민지 조선에서 먹힌 것이다.

1938년 일본이 군국주의로 치달으면서 국산품 애용 운동 바람이 불었다. 1938년 8월 4일자 《매일신보》 3면에는 〈위스키도 국산품으로〉라는 기사가 실렸다. 서울의 종로화양식조합(鐘路和洋食組合, 화양식은 돈가스나 오므라이스처럼 서양 음식을 일본화한 음식을 가리킨다)에서는 "종로 일대에 있는 '빠-', '카페' 영업자 36명이 회합하여 비상시에 있어 양주까지도 국산품을 사용하기로 결의하였는데 그 협의 사항은 다음과 같다"라고 했다.

첫째, 양주는 되도록 국산품을 사용할 것.

둘째, 양주의 판매가격은 사 온 값의 두 배 이상을 받지 말 것.

셋째, 잔의 분량은 조합에서 지정한 대로 하되 그 형상과 색깔은 마음대로 할 것.

넷째, 국산 양주값은 한 잔에 최저 40전에서 최고 70전으로 하되 박래품(舶來品, 수입품)인 경우에는 1원 이하로 할 것.

다섯째, 칵테일은 1원 50전을 최고로 할 것.

이렇게 카페와 바의 주인들이 모여 선언을 한 배경에는 국산품 애용 운동도 있었지만, 양주값이 술집마다 다른 데다가 심지어 폭리를 취하는 곳도 있었기 때문이다. 1938년 7월 29일 종로경찰서 보안계에서는 관내 50여 곳의 카페와 바, 그리고 양식당에서 양주 컵을 수거해 검사했더니 위스키 컵에도 크고 작은 것이 있고 용량도 들쑥날쑥했다는 것이다.[13] 또 값도 제각각이어서 위스키 한 잔에 50전 하는 곳도 있고 1원 하는 곳도 있었다. 결국 종로경찰서 보안계가 나서서 양주 판매가격과 컵을 통일하라는 명령을 내리고, 이를 위반하는 영업자는 엄중 처벌하겠다고 엄포를 놓았다. 그러나 그 이후 영업자들이 이를 잘 따랐는지는 알 수 없다.

1940년대 들어서도 식민지 조선 사람들의 음주량은 줄지 않았다. 다만 1939년 제2차 세계대전이 일어난 뒤 1941년 일본이 본격적으로 아시아태평양전쟁을 개시하면서 위스키의 원산지인 영국과의 무역이 어려워지자, 식민지 조선에서는 유사 위스키 생산량이 늘어났다. 이런 탓에 카페나 바에서 수입 위스키를 마시며 여자 종업원과 노닥거리던 모던보이들에게 이 시기는 수난의 시대였다.

# 일본 위스키의 탄생

잠시 일본 위스키의 역사를 살펴보자. 이후에 다룰 1940년 대부터 1960년대 초반까지 한국 위스키의 역사와 오늘날 하이볼의 유행과 같은 현상을 이해하는 데 도움이 되기 때문이다. 일본에 위스키가 처음 소개된 것은 19세기 중반이다. 1853년 개항 이후 일본은 미국에서 위스키를 비롯한 여러 양주를 수입 했다.[14] 이를 맛본 일본인들은 직접 양주를 생산하고자 했다. 그 가운데 맥주나 와인을 만드는 데는 성공했지만 위스키 같은 독주의 생산과 관련해서는 약종상을 제외하고는 큰 관심을 기울이지 않았다. 1867년 메이지유신 초기에는 증류주나 혼성 주를 약이라 생각한 사람이 많았기 때문이다.[15] 1870년 위스키 제조를 처음으로 시도했던 다키구치 구라키치(滝口倉吉) 역시 약종상이었다.[16] 그러나 일본에서 생산된 위스키는 스코틀랜드 나 아일랜드 위스키의 품질을 따라갈 수 없었던 탓에 여전히 수 입산 위스키의 인기가 높았다.

오늘날 일본의 대표적인 위스키는 '산토리(サントリー)'다. 산토리 위스키는 1899년부터 와인 제조업에 뛰어든 도리이 신 지로(鳥井信治郎, 1879~1962)가 운영한 고토부키야 양주점(寿屋 洋酒店)의 제품이었다. 도리이는 어릴 때부터 오랫동안 약주(藥 酒) 가게에서 일한 경험을 바탕으로 양주 제조·판매를 시작했

고, 1923년에 위스키 생산을 목표로 세웠다. 마침 일본에는 스코틀랜드 글래스고대학에서 위스키 제조 기술을 배우고 온 다케쓰루 마사타카(竹鶴政孝, 1894~1979)라는 사람이 있었다.

다케쓰루는 양조장을 운영하던 가정에서 태어나 오사카 고등공업학교(지금의 오사카대학교 공과대학)에서 양조학을 공부했다. 졸업 후 양조회사에 다니다 회사 대표의 권유로 1918년 스코틀랜드로 유학 가게 되었다. 1920년 11월에 귀국한 다케쓰루는 일본산 위스키를 생산하려 했지만, 제1차 세계대전에 뒤이은 대공황으로 실행에 옮기지 못했다. 1922년 도리이가 중학교에서 화학을 가르치던 다케쓰루를 찾아왔다. 이 만남을 계기로 도리이는 1924년 11월 오사카부(大阪府)에 야마자키(山崎) 증류소를 완공했다. 이 증류소의 연구소장을 맡은 다케쓰루는 1929년 4월 1일, 마침내 일본 최초의 국내산 위스키인 '산토리 시로후다(サントリー白札)'를 발매했다.[17]

도리이는 '산토리 시로후다' 발매에 맞추어 "사람들이여 깨어나라! 수입품 맹신의 시대는 가버렸으니. 취하지 않은 사람들이여, 우리에게 국산 최고의 맛있는 술 산토리 위스키가 있다!"라는 카피 광고를 주요 신문에 게재했다. 하지만 소비자들의 반응이 신통치 않았다. 소비자들은 향과 맛이 스코틀랜드 위스키와 흡사해서 '산토리 시로후다'를 신제품으로 여기지 않았던 것이다. 이 실패로 인해 두 사람 사이에 생각의 차이가 드

1929년 일본 전국 신문에
실린 산토리 위스키 첫 광고

러났다. 다케쓰루는 일본에서 스코틀랜드 위스키를 재현하고
싶어 했지만, 도리이는 일본인 취향에 맞는 위스키를 만들어야
한다고 믿었다. 결국 두 사람은 각자의 길을 걸었다.

다케쓰루는 홋카이도(北海道) 요이치(余市)에 증류소를 세
우고 '닛카(日果) 위스키'라는 상표의 위스키 생산에 성공했지
만 자본 조달의 어려움으로 제품을 시장에 내놓지 못했다. 저
장 기간이 길수록 맛과 향이 깊어지는 위스키를 생산하기 위해
서는 오랜 생산 소요 시간을 버틸 수 있는 자본이 필요했다. 하
지만 다케쓰루는 그만한 자본이 없었다.

도리이는 달랐다. 그는 와인을 주력 상품으로 내세워 전국적인 성공을 거둔 뒤 이를 토대로 위스키를 생산할 수 있는 기반을 마련했다. 축적된 자본을 바탕으로 일본인의 취향에 맞춘 위스키를 생산해 장기간의 숙성보존을 거쳤다. 도리이는 1932년에 '산토리 10년 위스키', 1937년에 '산토리 12년 위스키'를 시장에 내놓을 수 있었다. 위스키의 본고장인 스코틀랜드나 아일랜드가 아닌 동아시아에서 거의 100년에 가까운 역사를 지닌 산토리 위스키는 위스키의 세계사에서 매우 특별한 존재로 자리 잡았다.

## 해방 후에도 끊임없이 만들어진 유사 위스키

1945년 8월 15일 일본의 패망으로 한반도는 해방을 맞이했지만, 남한의 식량 사정은 좋지 않았다. 1945년 9월 7일부터 시작된 조선 미군 육군사령부 군정청(이하 미군정)은 흉작으로 쌀값이 폭등하자 1946년 11월 1일부로 '양조정지령(釀造停止令)'을 발포했다. 한마디로 일정 기간 술을 빚지 못하도록 양조장 가동을 정지시킨 정책이었다. 당시 양조 정지 대상은 막걸리였다. 제2대 미군정 최고책임자 아서 러치(Archer L. Lerch, 재임 1946. 1. 4~1947. 9. 11)는 한국 사람들이 주식인 쌀로 술을 만드는 행위를 이해할 수 없다고 말했다.

이 양조정지령은 큰 반발을 불러왔다. 막걸리 제조를 금지하면 위스키·브랜디·고량주와 같은 외국 술의 밀주가 판을 칠 수 있다고 우려해서였다.[18] 이러한 우려는 현실로 나타났고, 미군정 역시 그러한 사실을 알고 있었다. 1946년 5월 14일자 《동아일보》 2면에 미군정이 이미 '살인 브랜디·위스키' 유독주(有毒酒) 13종을 발견했다는 보도가 실렸다. 해방 이후 메틸알코올로 만든 가짜 브랜디와 위스키가 시판되면서 이것을 마신 사람들이 즉사하는가 하면 눈이 멀거나 반신불수가 된 사건이 자주 일어났다. 이 브랜디·위스키 13종은 모두 가짜 상표로, 그중에는 '스카치'란 이름이 붙은 것도 있었다.

이렇게 메틸알코올로 만든 가짜 위스키가 판을 치자 진짜 위스키임을 강조하기 위해 저명인사의 추천을 받았다고 광고하는 위스키도 등장했다. 바로 '해림(海林) 고래표 위스키'다. 해림산업주식회사는 신문광고 문구에 "사계의 최고 권위"라며 서울공과대학 교수 전풍진과 강사 민태학, 군정청(미군정) 경기도 기사(技師) 최재은이 추천했다는 문구도 넣었다. 전풍진(1909~1992)은 1952년 서울대학교에서 대한민국 박사 제1호로 이학박사학위를 취득했는데, 그의 전공은 펄프합성분야였다. 전풍진의 경기고 1년 후배인 민태학 역시 화학공학을 전공했고, 후에 조선맥주에서 근무한 주류 전문가다.

1946년 신문에 실린 해림 고래표 위스키 광고

　　그런데 문제는 이들이 강력히 추천했다고 한 해림 고래
표 위스키가 아이리시 위스키나 스카치 위스키처럼 보리술
을 증류하여 오크 통에서 숙성시킨 위스키가 아니라는 점이다.
증류소주 혹은 주정에 사과 껍질을 녹여 위스키의 색을 낸 유
사 위스키였다. 그런데도 당국에서는 해림 고래표 위스키에 대
해 위스키 제품이라는 허가를 내주었다. 해림 고래표 위스키
는 유사 위스키임에도 위스키로 대접받으며 판매되었지만, 당
시 식량 부족 사태로 인한 원재료의 가격 상승으로 이익이 크

게 나지 않았다. 결국 해림산업주식회사 대표 임달수는 1947년 8월 30일 메틸알코올 10두를 넣은 위스키를 만들어 팔 수밖에 없었다.[19]

같은 해 9월 4일 서울 종로에 있던 요리옥 태서관(太西館)에서 메틸알코올을 섞은 해림 고래표 위스키를 마신 남자 손님 4명과 동석한 기생 1명이 즉사하는 사건이 발생했다. 이 위험한 술을 팔기 위해서는 요리옥의 경영주나 주류 구매 담당자의 묵인이 필요했다. 결국 이 사건으로 해림산업주식회사와 태서관이 폐쇄되고 관계자들이 구속되었다.[20] 전풍진 교수도 이 일로 구금당하는 수모를 겪었다.[21] 당시 언론에서는 메틸알코올을 섞은 해림 고래표 위스키를 '살인주(殺人酒)'라고 불렀다. 하지만 이 사건 이후에도 '살인 위스키'는 끊임없이 유통되었다.

해방 이후 국내에서 생산된 대부분의 '위스키'는 식민지 시기에 경성에서도 만들었던 유사 위스키였다. 그러다 보니 자사 제품의 진정성을 강조하는 광고도 등장했다. 1947년 '스타(별표) 위스키'는 9~10월 《동아일보》에 낸 광고에서 "금일 조선에서의 양주는 대부분이 시장의 알코올 소주를 구입하야 그것을 원료주로 하야 위스키, 브랜디를 만든다. 그럼으로 입수하는 원료주의 정확을 절대 보장하지 못하는 고로 왕왕 살인주가 나올 수 있다"면서 자사는 "경성세무서 관내에서 유일한 원료

1947년 스타 위스키 광고

주를 자가생산하는 양주공장"이라고 강조했다.

그러나 여기에서 말하는 원료주도 단식 증류기로 빚은 소주였다. 당시 국내에서 유통된 국산 위스키는 증류 소주를 원료주로 하여 여러 가지 재료를 섞어 위스키의 색과 맛을 낸 유사 위스키였다. 해방 후부터 1950년 한국전쟁이 발발하기 전까지 국내에서 유통된 국산 유사 위스키 상표는 매우 많았다. 스타 위스키를 비롯해 뉴스타 위스키, 올림픽 위스키, 빅토리 위스키, 라이프 위스키, 라이온 위스키, 백마 위스키, 용화 위스키, 화랑 위스키, 마라톤 위스키, 마도로스 위스키, 태극 위스키, 박커스 위스키, 녹용 위스키, 인디안 위스키, 럭키쎄븐 위스키, 닭표 위스키, 리베라 위스키 등. 한국전쟁이 끝난 이듬해인 1954년에도 한국 정부는 공식적인 위스키 수입을 허가하지 않았다. 그러니 유사 위스키가 국내 시장을 장악할 수밖에 없었다.

한국전쟁 이후 미군이 한반도에 주둔하면서 미국에서 온 군수품이 '양키 시장'으로 흘러나오기 시작했다.[22] 그 가운데 위스키도 있었다. 양키 시장에서 위스키 한 병은 3,200환에 팔렸다. 1954년 공무원의 평균 월급이 4,000환 정도였으니 미제 위스키 한 병의 값이 얼마나 비쌌는지를 짐작할 수 있다. 이렇게 비싼 미제 위스키의 주 구매자는 놀랍게도 정부 기관이었다. 정부가 개최하는 파티의 식탁에 버젓이 올라 있는 미제 위스키를 보고 비꼰 신문 기사가 나오기까지 했다.[23] 심지어 미제 위스키는 미8군이 주둔하던 서울 용산 근처에 들어선 유흥업소에도 유통되었다.

위스키의 수요 증가로 미군 부대에서 흘러나오는 위스키가 부족해지자 일본산 위스키가 밀수되었다. 일본산 위스키 중 산토리에서 만든 '토리스(torys) 위스키'가 인기였다. 1946년 일본에서 발매된 토리스 위스키는 1949년에 대대적인 광고를 통해 일본 내에서 가장 인기가 높았다. 일본과 가까운 부산이나 경남의 해안가에는 밤만 되면 토리스 위스키를 실은 밀수선들이 드나들었다. 1953년 제12회 국무회의에서 대통령은 다방에서 일본 음반과 위스키를 판매하지 못하도록 단속하라는 지시를 내렸다. 일본산 위스키의 밀수가 많았기에 내린 조치였다.

위스키에 대한 수요가 늘어나자 아예 유사품을 직접 제조하는 업자도 나타났다. 지금의 부산 서구 토성동의 '국제양조장'이란 곳에서는 토리스 위스키의 유사품을 제조해 판매했다. 이 양조장의 위스키 이름은 '토리스'가 아니라 '도리스'였다. 1956년 여러 신문에 실린 도리스 위스키 광고에는 "도리스 위스키는 유엔군에게 전용 판매하였으므로 애주가 제위에게 많은 불만을 드렸사오나 금후부터는 전국 주류 판매점에서 판매하게 되었사오니 많은 시반(試飯, 시음의 오자로 보임)과 아울러 애호하여 주시기를 앙망하나이다"라고 적혀 있다. 또 도리스 위스키를 '국가보배주'라고 부르면서 '외국인이 마시는 술'이라고도 했다.

이렇게 자신 있게 국산 위스키라고 주장할 수 있었던 근거는 1955년 경인지방국세청 북인천세무서 법인세과에서 제정한 '기타 재제주(再製酒) 면허 종목조사에 관한 건' 때문이었다. 이 법규 덕분에 유사 위스키도 기타 재제주로 세무서의 공식 허가를 받을 수 있었다. 도리스 위스키는 출시되자 상당한 인기를 얻었다. 심

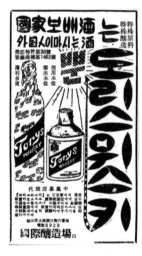

1956년 도리스 위스키 광고

지어 재무부장관 특상까지 받았다. 국제양조장은 도리스 위스키가 한국 최초의 양주라고 주장했다. 알코올 농도는 45퍼센트였고, 1958년 당시 술집에서 한 잔에 50환을 받았다. 그러나 도리스 위스키는 위스키 원액이 한 방울도 들어가지 않은 이름뿐인 위스키였다.[24] 식민지 시기 이후 줄곧 진짜 위스키를 마셔볼 기회를 얻지 못했던 한국의 주당들은 이것이 진짜 위스키인 줄 알았다.

그런데 부산의 국제신보사에서 도리스 위스키를 두고 문제를 제기했다. 1960년 1월 15일자 《국제신보》에 일본 산토리의 토리스 위스키 이름을 따서 만든 도리스 위스키는 불법 상표 도용이라는 기사가 실렸다. 국제양조장에서는 이 기사에 항의하는 광고를 싣기도 했지만, 도리스 위스키가 일본 토리스 위스키의 상표를 도용한 것은 사실이었다. 결국 1960년 이후 도리스 위스키의 간판과 네온사인은 철거되었다. 1960년 2월 4일 국제양조장 사장 김타관은 상표 위조 등의 혐의로 구속되었다.

이것으로 끝이 아니었다. 국제양조장 사장은 감옥에서 풀려난 직후 도리스 위스키의 이름을 '도라지 위스키'로 바꾸었다. 국제양조장은 1960년 3월 《동아일보》에 '구(舊) 도리스의 자매품'이라는 문구를 내세워 도라지 위스키 광고를 실었다. 도라지 위스키는 1960년대 중후반에 서울 종로구 낙원동 일대

에서 시음장까지 열며 도전적인 마케팅을 펼쳤다. 서울을 비롯한 대도시의 다방에서는 유사 위스키 몇 방울을 떨어뜨린 위스키 티(tea), '위티'를 팔았는데,[25] 이 다방 위스키의 매출 1위가 도라지 위스키였다. 1960년대 말 국내 위스키 시장에는 도라지 위스키를 비롯해 쌍마 위스키, 백양 위스키, 화성 위스키, 오스카 위스키 등이 쟁탈전을 벌였다. 하지만 이 모두 위스키 원액이 한 방울도 섞이지 않은 유사 위스키였다.

## 유사 위스키의 자리를 대신한
## 기타 재제주 위스키

유사 위스키는 국내에서 어느 정도 통했지만, 한국군이 1964년 9월부터 베트남에 파병되면서 상황이 바뀌기 시작했다. 한국 정부는 파병된 군인들에게 먹을거리를 공급했는데,

그중에는 국내산 유사 위스키도 포함되어 있었다. 그런데 미군이 제공해준 군수품에 들어 있던 진짜 위스키를 마셔본 한국 군인들은 국내산 유사 위스키의 정체를 알아차렸다. 게다가 베트남에 함께 파병된 미군들의 눈을 고려한다면 유사 위스키는 나라 망신거리였다. 1956년 국내 주둔 미군이 국산 유사 위스키를 마시고 사망한 사건도 있었던 터라 한국 정부는 베트남에 국내산 유사 위스키를 보내기를 꺼릴 수밖에 없었다. 한국 정부는 1970년에 위스키 원액 20퍼센트를 넣은 '그렌알바'라는 상표의 국산 위스키를 만들어 베트남의 한국군에게 보냈다. 이러한 시도는 1973년 정부의 위스키 원액 수입 허가로 이어졌다. 하지만 그렌알바 역시 진짜 위스키라고 할 수는 없다.

1970년 그렌알바 출시를 허가한 정부는 희석식 소주에 사용하는 국산 주정에 위스키 원액을 20퍼센트 미만으로 섞은 것을 기타 재제주 위스키로 분류했다. 재제주는 한 가지 술에 다른 술 또는 술이 아닌 재료를 섞어 만든 술을 가리킨다. 재제주는 다시 합성청주·합성맥주·기타 재제주의 세 가지로 나뉘었다. 백화양조는 1975년 기타 재제주 '죠지 드레이크'를 진짜 위스키라고 선전하다가 적발되자 단종하고, 1977년 여름 원주 함량 25퍼센트의 '베리나인'을 출시했다. 1975년 진로가 시장에 내놓은 '제이알(JR)'은 '죠지 드레이크'와 마찬가지로 기타 재제주였다.

이 기타 재제주 위스키들은 1973년 정부가 위스키 원액 수입을 허가한 이후 출시된 상품이다. 원래 위스키 수입 정책은 인삼주와 같은 국산 술을 수출하기 위해 마련된 것이었다. 이 과정에서 도라지 위스키를 비롯한 1960년대 말에 유행하던 유사 위스키가 점차 밀려나기 시작했다. 결국 1976년 도라지 위스키의 면허가 보해양조에 팔리면서 한국에서 유사 위스키는 사라졌다. 그리고 그 자리를 기타 재제주 위스키가 대신했다. 주세법에서 정한 기타 재제주 위스키의 위스키 원액 함량 기준은 매년 높아졌다. 1977년 20퍼센트 이상, 1978년 30퍼센트 이상으로 증가하다가 1984년 위스키 원액 100퍼센트로 만든 술을 '위스키'라고 부르게 되었다.

1883년 12월 위스키의 관세를 정한 이후 100년 만에 이 땅에 100퍼센트 원액의 위스키가 만들어진 것이다. 위스키 수입은 1989년 7월부터 부분적으로 허용되다가 1990년에 들어와서야 완전 자유화가 이루어졌다. 그 결과 주세법에서 기타 재제주라는 항목이 삭제되었다. 1991년 9월 위스키 제조 면허도 개방되었다. 따라서 1991년은 한반도에서 진짜 위스키가 법률적 '시민권'을 얻은 해다.

1990년 이전까지 한국 사회에는 위스키 원액이 한 방울도 들어가지 않은 유사 위스키와 위스키 원액이 조금 들어간 기타 재제주 위스키, 그리고 불법 수입 위스키가 공존했다. 1970

년대에 외국산 진짜 위스키를 마실 수 있었던 사람들은 권력을 가진 이들이었다. 프리미엄(Premium)급에 지나지 않는 '시바스 리갈'을 최고의 위스키처럼 즐겨 마신 이유도 위스키에 대한 지식이 부족했기 때문이다. 가짜와 유사가 주류가 된 세상에서 본고장의 진짜 위스키는 '생명의 물'처럼 권력의 상징으로 인식되었다.

## 진정한 위스키 맛을 아는 한국인의 탄생

진짜 위스키는 너무 비쌌다. 또 희석식 소주에 익숙한 한국 주당들에게 위스키의 알코올 농도는 너무 높았다. '폭탄주'는 이런 사정으로 탄생한 한국 주당들의 창작물이다. 1980년 '서울의 봄'이 실패로 끝나고 5·18광주민주화운동이 일어나는 와중에도 한국 경제는 급속히 성장했다. 1980년대 초중반 서울의 강남 지역은 스탠드바와 나이트클럽, 그리고 룸살롱 등 유흥업소의 전성시대였다. 정치적·경제적 권력을 가진 사람들은 이곳에서 폭탄주를 돌리며 값비싼 위스키를 마셨다는 만족감에 도취했다. 1990년 위스키의 수입 자유화로 외국의 정통 위스키를 맛볼 수 있게 되었지만, 이미 폭탄주에 취한 한국인은 값비싼 수입 위스키조차 맥주를 섞어 폭탄주로 남용하거나 뇌물로 주고받았다. 1997년 IMF 외환위기가 닥치기 전까지 아시아에서 한국이 새로운 위스키 시장으로 부상한 배경도 여기에 있다.

한국의 위스키 시장 개방 초기인 1991년에는 스탠다드(standard)급 위스키가 많이 판매되었지만, 1990년 중반부터 프리미엄급 위스키의 판매가 급속도로 상승했다. 그러다 2001년에 들어서면 스탠다드급의 판매가 점차 하향 추세를 보이고, 대신 슈퍼 프리미엄급이 새로운 시장을 형성하며 상승 추세를 보였다. 그러나 2000년대 이후 전반적인 한국의 위스키 시장은 와인 시장에 밀려 퇴보의 길을 걷기 시작했다. 알코올 농도가 높은 독주가 건강을 해칠 수 있다는 부정적인 인식이 만들어 낸 결과다. 여기에 기업의 접대 방식이 변화한 것도 한몫했다. 더욱이 경제성장이 둔화하면서 비싼 위스키는 주당들의 입맛만 당길 뿐이었다. '룸살롱'에서 수백만 원에 달하는, 권력의 상징 같았던 위스키 '폭탄주' 대신 소주와 맥주를 섞은 '소맥'이 대중적인 폭탄주로 자리를 잡았다.

2000년대 이후 국내에서 유통되는 위스키 가운데 국내산은 4퍼센트에도 미치지 못한다. 나머지는 수입산 위스키다. 그래도 한국의 주당들이 위스키를 즐기는 방식에는 변화가 나타났다. 2010년대 초반 수도권을 중심으로 '위스키 바(whisky bar)'가 생겨났다. '룸살롱'의 문제가 사회적으로 주목받으면

2023년 젊은 세대의 위스키 소비 증가에 따른
편의점 양주 할인 행사

서 위스키를 진심으로 즐기는 주당들이 위스키 바를 찾기 시
작했다. 2020년 코로나19 팬데믹 상황에서 혼자 술을 마시는
'혼술' 경향이 생기면서 젊은 주당들이 위스키에 주목했다. 좋
은 품질, 독특한 맛의 위스키를 찾는 마니아도 생겨났지만, 좀
더 대중적으로 위스키를 즐기게 된 만큼 가성비가 좋은 미국의
버번 위스키(bourbon whiskey) 수입이 급속하게 늘어났다. 또
2020년 이후 한국의 젊은 주당들은 위스키와 탄산음료를 섞은
하이볼(highball)을 즐긴다. 1991년이 한반도에서 진짜 위스키

가 법률적 시민권을 얻은 해라면, 2022년은 위스키의 진정한 맛을 아는 한국인이 탄생한 해로 기록해야 할지도 모르겠다.

《식품공전》의 위스키

위스키는 주류(酒類)의 하나다. 주류는 곡류 등의 전분질 원료나 과실 등의 당질 원료를 주된 원료로 하여 발효, 증류 등의 방법으로 제조·가공한 발효주류, 증류주류, 기타주류, 주정 등으로 나눈다. 위스키는 소주·브랜디·일반증류주·리큐르와 함께 증류주에 속한다. 위스키는 발아된 곡류와 물을 원료로 하거나 발아된 곡류와 물, 곡류를 원료로 하여 발효시킨 술덧을 증류하여 나무통에 1년 이상 저장한 것 또는 이에 주정이나 첨가 재료를 혼합한 것을 가리킨다.

# 아이스크림

한반도의 더위를 잠재운 달콤하고 차가운 그 맛

인생에서 아이스크림을
처음 맛보았을 때보다
더 감동적인 순간이 있을까?

헤이우드 브룬

# *ice cream*

2016년 국내 한 방송 프로그램에 출연한 브라질 출신 카를로스 고리토(Carlos Augusto Cardoso Gorito)는 "한국 아이스크림이 엄청 인기다. 과일 맛과 우유가 많이 들어 있는 아이스크림인 메로나가 브라질 국민 아이스크림이 됐다"라고 말해 사람들을 놀라게 했다. 바로 2008년부터 상파울루에서 인기를 끈 '메로나'라는 상표의 한국 아이스크림을 두고 한 말이다. 그러자 메로나를 생산하는 한국 업체는 메로나 전용 냉동고를 제공하면서 사람들이 붐비는 곳에 일정 기간 팝업 스토어(pop-up store)를 열어 이 열풍을 이어갔다. 1930년 식민지 조선의 한 신문에서는 아이스크림의 맛을 달콤한 애인의 키스에 비유했다. 그로부터 80여 년 후 한국산 아이스크림은 한국을 넘어 세계로 판매망을 넓히고 있다.

# 아이스크림의 글로벌 히스토리

아이스크림의 역사를 알려면 먼저 얼음의 역사를 살펴야 한다. 냉동 기술이 발명되기 이전까지 아이스크림의 주재료는 자연에서 채취한 천연얼음이었다. 고대인들은 얼음을 그대로 먹거나, 아니면 그 속에 여러 가지 맛을 내는 재료를 넣어서 먹었다. 하지만 이런 일도 겨울에 물이 얼 정도로 추운 지역에서만 가능했다. 그런데 겨울이 아니라 여름에도 얼음을 먹고 싶어 하는 이들이 있었다. 권력을 가진 사람들은 겨울에 얼음을 채취하여 '빙고(氷庫)'에 보관해 두었다가 여름에도 먹었다. 얼음을 저장하는 일은 일찍이 고대 중국에서 국가 경영법 일환으로 여길 정도로 중시되었고, 한반도에서도 그 역사가 오래되었다.

하지만 아무리 잘 지어진 '빙고'더라도 겨울에 채취한 얼음이 한여름까지 온전하기는 어렵다. 한여름에도 얼음을 먹기 위한 여러 가지 실험이 시도되었다. 우연히도 중국인·아랍인·인도인 가운데 일부가 얼음에 소금을 뿌리면 녹는점을 낮출 수 있다는 사실을 알아냈다. 하지만 과학적 발견은 16세기 중엽 이탈리아의 과학자가 눈과 질산칼륨을 섞은 양동이에 물그릇을 넣어두면 물이 언다는 사실을 알게 되면서부터였다. 그렇다고 곧장 인공얼음 제조기가 발명되지는 않았다.

그렇다면 오늘날처럼 얼음 걱정 없이 아이스크림을 만들

수 있었던 건 언제일까? 19세기 들어 아이스크림은 발명의 시대를 걷기 시작한다. 1843년 미국의 발명가 낸시 존슨(Nancy Maria Donaldson Johnson, 1794~1890)은 '인공 냉동기(artificial freezer, 아이스크림 제조기)'를 발명하여 같은 해 9월 9일 미국 정부로부터 특허를 얻어냈다. 인공 냉동기의 핵심 기술은 '핸드 크랭크(hand crank)'였다. 사람이 주걱으로 쉬지 않고 젓는 대신 핸드 크랭크 손잡이를 몇 번 돌리기만 하면 아이스크림이 만들어졌다. 냉동기 통 속에 잘게 부순 얼음과 소금, 설탕, 크림을 넣고 뚜껑을 닫은 다음 크랭크와 연결된 손잡이를 빠르게 돌린

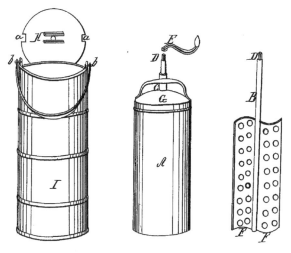

아이스크림 대량생산 시대의 길을 연 1843년
낸시 존슨이 발명한 인공 냉동기

다. 그러면 얼음이 녹지만 차가운 냉동기 표면에 계속 부딪히면서 액체의 온도가 영하 이하로 떨어져 고체 상태의 얼음으로 변한다. 이 간단한 인공 냉동기 덕분에 힘을 크게 들이지 않으면서 비싼 소금을 조금만 넣어도 아이스크림을 만들 수 있었다.

1880년대부터 이탈리아 남부에서 미국으로 이주한 이탈리아 사람들은 뉴욕의 맨해튼 남쪽에 '리틀 이탈리아(Little Italy)'라는 집단 거주지를 형성했다. 이들 중 생계를 위해 여름이면 길거리에서 값싼 '밀크 소르베토(milk sorbetto)'를 파는 사람들이 있었는데, 큰 인기를 얻었다. 특히 무더운 7월 4일 미국의 독립기념일 축제 때 밀크 소르베토의 소비는 매우 많아서 축제 음식으로 자리를 잡았다. 밀크 소르베토는 미국 아이스크림의 원조가 되었다.

유럽에서의 인공얼음 제조 기술은 1870년 독일 과학자 린데(Carl Paul Gottfried von Linde, 1842~1934)가 산업용 냉장 시스템을 개발하면서 큰 진전을 보였다. 하지만 이 기술은 주로 유럽의 맥주 양조업자들에게 주목받았을 뿐, 아이스크림 제조업자들의 시선을 끌지는 못했다. 1920년대 미국의 아이스크림 제조업자들은 린데의 냉동 기술에 주목했다. 이때부터 미국에서 아이스크림이 대량생산되면서 매우 맛있고 다양한 제품이 개발되어 상품으로 선보였다. 오늘날 한국인에게 익숙한 아이스크림 또는 '아이스케키'라는 식품도 알고 보면 19세기 말 이

1870년대 아이스크림 노점상

래 미국의 아이스크림 업체에서 개발한 상품이다.

이탈리아의 역사학자 알베르토 카파티(Alberto Capatti, 1944~ )와 맛시모 몬타나리(Massimo Montanari, 1949~ )는 17세기 후반의 기록에 나오는 '밀크 소르베토'를 오늘날 아이스크림의 기원이라고 본다.[1] 영어로 셔벗(sherbet)이라고 부르는 소르베토는 얼음이나 눈에 설탕과 딸기나 레몬 등으로 만든 과일즙을 섞어서 얼린 디저트다. 그들은 이 소르베토가 '내 할머니의 크림'이라는 뜻인 '크레마 델라 미아 논나(crèma délla mia nonna)'라는 음식과 만나서 밀크 소르베토가 만들어졌다고 주장했다.

따라서 우유나 유가공품이 들어간 아이스크림은 17세기에 이탈리아에서 만들어졌을 가능성이 크다. 하지만 19세기 중엽 아이스크림의 공장제 생산과 대량판매에 성공한 사람들은 미국인이었다. 아이스크림의 역사는 미국에서의 진화 과정이 대부분을 차지한다고 할 만큼 아이스크림에 역사의 반전이 담겨 있는 셈이다.

## 한강 얼음으로 만든 빙수의 유행

삼국시대 역사서에도 빙고에 관한 기록이 나온다. 고려시대 왕실에서도 얼음을 저장해 놓고 여름까지 사용했다. 지금은 지명으로만 남아 있는 서울의 동빙고(東氷庫)와 서빙고(西氷庫)는 조선시대 왕실의 중요한 얼음 저장고였다. 동빙고에는 주로 왕실의 제사에 쓸 얼음을 저장했고, 서빙고에는 평상시 왕실에서 일상적으로 사용하는 얼음과 관료들과 다른 필요한 곳에 나누어 줄 얼음을 저장했다. 조선 왕실에서는 서울의 동빙고와 서빙고뿐 아니라 강화도를 비롯해 여러 곳에 빙고를 설치해 얼음이 나지 않는 음력 3월부터 10월까지 사용했다. 이 얼음들은 식용 외에도 왕실과 관청의 제사 음식의 부패를 방지하기 위해서, 심지어 오늘날 병원에 해당하는 활인서(活人署)와 의금부의

1737년(영조 13)에 지어진 경상북도 안동의 석빙고 모습

감옥에 갇힌 환자를 치료하기 위해서 쓰였다.[2]

1894년 7월 초 갑오개혁이 단행되면서 조선 왕실의 예조에서 담당하던 빙고 업무가 폐지되었다. 그러자 같은 해 음력 12월 31일에 이창(李昶)이란 사람이 원만회사(圓滿會社)를 세워 얼음 저장업에 뛰어들었다.[3] 주요 업무는 겨울에 한강에서 얼음을 캐는 채빙(採氷)과 저장하는 장빙(藏氷)이었다. 하지만 이 회사도 1910년 대한제국의 멸망과 함께 일본인의 손에 넘어갔다. 1913년 4월, 경부선 기차 안에서 시원한 음료를 제공하기 위해 지금의 서울 용산 제1 철로 근처에 일본인이 운영하는 제빙공장이 들어섰다.[4] 1910년대 중반 규모가 큰 근대적 얼음 회사들이 경성에 설립되었다. 그중 경성천연빙회사(京城天然氷會社)와 조선천연빙회사(朝鮮天然氷會社)가 대표적이다.

1920년대 한강에서 채빙하는 모습

　　이들은 인력과 기계를 동원해 한강에서 겨울에 캐낸 얼음을 암모니아 가스를 이용해 녹지 않게 보관했다가 여름에 판매했다. 1920년대 겨울에 채취한 얼음은 날씨에 따라 변화가 있긴 했지만 약 2만 톤에서 4만 톤에 달했다. 한강의 채빙 장소는 지금의 한강대교 북쪽 유역이었다. 1920년대 채빙비는 1,000킬로그램당 1.2원 또는 1.3원이었는데, 여름에 얼음을 팔 때는 3.75킬로그램에 0.7~0.8원을 받았다.[5] 팔 때의 얼음값은 캘 때든 비용의 거의 16배나 되었다.

　　한강을 끼고 있는 서울에서는 겨울에 채빙하여 냉동공장

에 보관했으므로 석빙고에서 보관할 때와 달리 누구나 돈만 있으면 한여름에도 얼음을 구할 수 있었다. 1900년 이후 서울 종로에 빙수점이 등장하기 시작했다. 당시 종로에는 근대화의 바람으로 이전보다 장사가 안 되는 모시 가게 등이 없어지고 빙수점이 생기는 일이 왕왕 있었다. 빙수점의 주인은 서울에 거주하던 일본 상인이었다. 일본인이 주도한 초기의 빙수점에서는 잘게 부순 얼음에 여러 가지 부재료와 설탕, 우유를 넣어 만든 빙수를 판매했다. 이것은 지금도 일본에서 판매되는 '가키고리(かき氷)'와 비슷하다.

1903년 5월 16일자 《제국신문(帝國新聞)》 3면에 '국영당(菊影堂)'이란 상호의 빙수점 개업 광고가 실렸다. 서울 종로에 문을 연 국영당의 주인도 일본인이었다. 국영당에서는 특이하게도 빙수에 유행병 예방약을 '가미'해서 팔았다. 당시 유통되던 얼음은 한겨울 한강에서 채취한 것이어서 식중독 같은 유행병에 걸릴 수 있었다. 국영당은 이 점에 주목하여 빙수에 예방약이 들어간 사실을 강조해 광고했다. 사실 국영당은 우두(牛痘)약을 판매했던 가게였다.

당시 서울의 빙수점에서는 일본에서와 마찬가지로 얼음덩어리를 손으로 깨서 빙수를 제조했다. 철제 빙삭기(氷削機)는 일본에서 1887년경 발명 특허를 얻었지만, 1900년대 후반에야 빙수점에서 쓰이기 시작했다. 철제 빙삭기로 얼음을 갈아 만든

1924년 5월 25일자 《경성일보》에 실린 '빙삭기계의 공전의 대혁명'을 내세운 빙삭기 광고

빙수는 눈을 쌓아놓은 듯 보였다. 당연히 그 인기는 대단했다. 조선총독부의 기관지로 재조일본인을 대상으로 발행된 일본어 신문 《경성일보(京城日報)》 1924년 5월 25일자 2면에 '전에 없던 빙삭기계의 공전의 대혁명(氷削機界に空前の大革命)'이라는 카피를 내세운 오사카의 한 업체가 낸 빙삭기 광고가 실렸다. 조선에서 일확천금을 노렸던 조선의 일본 상인들은 철제 빙삭기로 서울뿐만 아니라 일본인 거주지가 있는 전국의 도시에 빙수점을 열었다.

1929년 8월 1일 발행된 《별건곤》 제22호에는 빙삭기로 얼음을 가는 모습을 생생하게 묘사한 글이 실렸다.[6] "빙삭기에서 써억써억 소리를 내면서 눈발 같은 얼음이 흩어져 날리는 것을 보기만 해도 이마의 땀쯤은 사라진다. 눈이 부시게 하얀 얼음 위에 유리같이 맑게 붉은 딸기 물이 국물을 지을 것처럼 젖어 있"다고 적었다. 그러면서 "빙수에는 바나나 물이나 오렌지 물을 쳐 먹는 이가 있지만 얼음 맛을 정말 고맙게 해주는 것은 새빨간 딸기 물이다"라고 덧붙였다.

1930년대가 되면 조선인이 운영하는 빙수점이 생겼다. 1933년 9월 6일자 《동아일보》 4면에 실린 대전의 양기철(梁基喆)이 쓴 〈빙수업 경영 지식〉은 당시 빙수업 경영 사정을 자세히 알려준다. 양기철은 빙수업의 장점으로 경험이 없어도 소자본으로 할 수 있다는 점, 설비 등이 매우 간단하고 공간이 넓지 않아도 된다는 점, 자본 투자에 비해 이익이 높다는 점 등을 꼽았다.

양기철에 따르면 빙수점을 차릴 때 필요 물품의 구매비는 약 55원이다(표 참조). 당시 서울의 직장인 월급이 50원쯤,[7] 버스 운전사의 월급이 40원쯤[8] 했으니, 가게 임대료를 제외하면 한두 달 치 월급으로 빙수점을 차릴 수 있었다. 양기철은 이 빙수업이 5원 매상에 40퍼센트 정도의 이익이 생기는 괜찮은 사업이라고 했다. 더욱이 매상이 많으면 많을수록 이익이 높아서 10원 매상이라면 50~60퍼센트의 이익이 생긴다고 자기 경험

| 물품명 | 개수 | 값 |
|---|---|---|
| 회전 빙조기 | 1개 | 약 15원 |
| 물단지 | 1개 | 0.5원 |
| 아이스크림 접시 | 3타(三打, '打'는 12개짜리 묶음을 가리켜 총 36개) | 3원 |
| 빙수 접시 | 5타(五打, 60개) | 4원 |
| 얼음 숟갈 | 50자루 | 1원 |
| 물국이 | 1자루 | |
| 소다수 컵 | 각(各) 일타(一打. 12개) | 약 1.5원 |
| 사이다 컵 | | |
| 냉장고 | 1개 | 약 15원 |
| 테이블·걸상 | 3개 | 약 15원 |
| 합계 | | 약 55원 |

**양기철이 〈빙수업 경영 지식〉에 적은 빙수점 개업 시 필요한 물품과 가격**

을 적었다.

빙수업에서 가장 중요한 재료는 얼음이다. 양기철은 얼음을 녹지 않게 잘 보존해야 이문을 남길 수 있다고 했다. 곧 "사용 안 할 적에는 헝겊이나 신문지에 싸서 냉장고에 두"라는 것이다. 이렇게 해두면 냉장고 안에 있는 레모네이드·사이다·우유, 그리고 쉽게 부패하는 팥 따위가 얼음의 냉기로 더욱 차갑게 보관된다고 했다. 여기서 팥은 삶은 팥으로 보인다. 식민지 시기 조선인이 운영했던 빙수점에서는 빙수에 삶은 팥도 넣어 주었던 모양이다.

　한여름 차가운 빙수는 전국의 도시에서 큰 인기를 끌었다. 아동문학가 방정환(方定煥, 1899~1931)은 빙수를 즐긴 것으로 유명했다. 1931년 4월 1일 발행된 잡지 《별건곤(別乾坤)》 제39호에 실린 〈만화경(萬華鏡)〉 기사에는 이런 글이 나온다. "방정환 씨는 빙수를 어찌 좋아하는지 여름에 빙수점에서 파는 빙수 같은 것은 보통 오십 그릇은 범[호랑이] 본 사람의 창(窓) 구멍 감추듯" 먹었다고 했다. 1920~1940년대 한여름이면 식민지 조선의 도시 곳곳에 '氷水(빙수)'라는 간판을 내건 가게들이 차갑고 달콤한 빙수로 손님들을 유혹했다.


## 혀끝을 녹이는 아이스크림의 달콤함

　앞의 양기철 글에서 빙수점 개업 때 아이스크림 접시 36개를 준비하라고 했다. 1920년대 이후 식민지 조선의 빙수점에서 아이스크림도 팔았음을 짐작할 수 있다. 1925년 7월 7일자 《조선일보》 석간 3면에는 〈아이스크림 만드는 법〉이란 기사가 실렸다. 이 기사에서는 "찌는 듯 삶는 듯 여름날에 타는 가슴을 시원케 하는 아이스크림을 어떻게 만드는지 좀 이야기하고자 합니다. 조선에서 할 수 있는 대로 각 가정에 기계를 설치하고 친히 만드는 것도 매우 좋을 줄 압니다"라면서 아이스크림 기계도 소개했다. 그리고 오렌지 향료 넣는 법도 덧붙였다. 이후 매일 이어진 기사에서 능금(사과)·코코아·커피·캐러멜·파인애플 등의 향료를 넣어 아이스크림 만드는 법을 소개했다.

1927년 6월 22일자 《동아일보》 3면에는 〈좋은 아이스크림 만드는 법〉이란 기사가 실렸다.

> 깨끗한 그릇에다가 달걀노른자와 설탕을 같이 넣고 잘 섞어서 크림색이 되거든 그 가운데 끓인 우유를 조금씩 넣어가면서 잘 섞습니다. 그리하여 우유를 다 넣거든 그것을 강한 불에 놓지 말고 약한 불에 걸어놓고 잘 저을 것입니다. 달걀노른자가 굳어지지 않을 만한 정도로 끓여 걸드락케[진하게] 되거든 불에서 내려 체에 밭쳐서 그대로 얼음에다가 채워놓습니다. 아주 차디차게 되거든 바닐라 에센스를 넣고 아이스크림 기계에 넣고 얼음과 소금을 채우고 돌려서 굳게 합니다.

이 기사에서 제시한 아이스크림의 재료는 "설탕 150그램, 달걀노른자 6개 혹은 달걀 3개, 우유 약 541밀리리터, 바닐라 에센스 약간, 얼음과 소금"이다. 하지만 '아이스크림 기계'의 구체적인 구조에 관한 설명이 없다. 아마도 낸시 존슨이 발명한 '인공 냉동기'의 원리가 적용된 아이스크림 제조기가 아니

1926년 6월 22일자《동아일보》에 실린 아이스크림 장수 모습. 사진에서 원통이 아이스크림 제조기이고, 직사각형 통에는 아이스크림 재료가 들어 있었을 것으로 짐작된다.

었을까 추정해본다.

아이스크림 장수가 들고 다닌 아이스크림 제조기의 모습은 1926년 6월 22일자《동아일보》 2면에 실린 아이스크림 장수의 사진을 통해서 확인할 수 있다. 당시 아이스크림 장수는 긴 막대기 한쪽에 원통을, 다른 한쪽에 직사각형의 통을 매단 채 어깨에 메고 다녔다. 원통은 존슨의 '인공 냉동기'와 닮은 아이스크림 제조기이고, 직사각형 통에는 아이스크림 재료를 넣었을 것이다. 아이스크림 장수는 손님의 주문을 받으면 이 통 두 개를 바닥에 놓고 직사각형 통에 들어 있는 재료와 냄비,

그리고 화로를 꺼내 바닐라 향이 나는 아이스크림을 만들었을 것이다.

그렇다면 아이스크림을 처음 맛본 당시 사람들의 반응은 어땠을까? 1930년 6월 8일자 《매일신보》 2면에는 〈여름의 여왕, 애인의 키스보다 한층 더 그리운 여름 하늘 더운 날, 아이스크림 맛〉이라는 글이 실렸다. 글쓴이는 "혀끝을 녹이는 맛이 애인의 '키쓰'도 비할 바가 못" 된다고 적을 정도로 아이스크림 맛에 푹 빠졌던 모양이다.

아이스크림 장수는 한여름에 주로 시내와 강변의 공원을 옮겨 다니며 영업했다. 《동아일보》 1921년 8월 16일자 3면에 사진이 실린 아이스크림 장수는 지금의 서울 탑골공원에서 영업 중이었다. 아이스크림 통을 펼친 좌판 주위에 어린이들과 어른들이 빙 둘러섰다. 같은 해 7월 21일자 《매일신보》 3면에는 기자가 직접 아이스크림 장사 체험 후 작성한 기사 〈나는 아이스크림 장수올시다〉가 실렸다. 그는 아이스크림 장수가 "공원에서 4, 5전을 고작 벌어가지고 다시 휘어진 어깨에 천근 같은 것을 메고 땀은 흘러 온 전신이 물투성이가 된 중에 점심도 못 먹은 허기진 목소리로 아이스크림을 목청을 돋워 외"치는 고된 노동이라고 밝혔다. 당시 달걀 1개의 값이 2, 3전 했으니, 달걀 2개 값도 벌지 못했다. 아이스크림에는 달걀노른자가 반드시 들어갔는데, 팔고도 밑진 셈이었다.

◇ 아이스크림 장사

== 작일 합굠공원에서 ==

1921년 8월 16일자 《동아일보》 3면에 실린
〈아이스크림 장사〉라는 제목의 사진

　달콤한 아이스크림 맛과 달리 아이스크림 장수의 노동 강
도는 엄청났다. 아이스크림 제조기의 크랭크를 돌리는 일도 만
만치 않았을 테고, 아이스크림 하나 팔아서는 큰 이익이 나지
도 않았을 것이다. 날씨마저 도와주지 않으면 하루 장사를 날
릴 수밖에 없었다. 1925년 7월 4일자 《시대일보》 2면에 실린
기사에서 기자는 비가 오면 아이스크림 장수는 "비 맞은 종이

인형 신세"가 된다고 안타까워했다.

　한편, 아이스크림을 먹은 소비자가 배앓이를 하는 일이 자주 일어나자 조선총독부에서는 아이스크림 장사를 하려면 경찰서의 허가를 받도록 했다. 심지어 가짜 아이스크림 재료를 쓰는 일도 있어 사회 문제로 떠올랐다. 1930년 5월 29일자 《매일신보》 5면에는 〈아이스크림을 담은 껍질은 버리시오. 불결하기 짝이 없으니 먹으면 큰 탈이 납니다〉라는 기사가 실릴 정도였다. 이 기사에서는 상점에서 판매하는 아이스크림은 문제가 없지만, 카페·다방·노점 같은 데서는 색소 제품으로 달걀 노른자 색을 내는 일이 많다고 했다. 특히 아이스크림을 담아주는 껍질은 불결하므로 상식이 있는 사람이라면 절대 먹지 말 것을 당부했다.

　아이스크림의 위생 문제는 호텔에서 판매하는 제품에도 나타났다. 1932년 7월 14일자 《매일신보》 2면에는 〈부내(府內) 경성호텔에서 연회객 여덟 명 중독/아이스크림과 쏘세지 먹고 구토 후 인사불성〉이란 기사가 실렸다. 그러면서 이 기사에서는 좋은 아이스크림 구분법도 소개했다.

　아이스크림은 얼른 보아서 전체가 잘 섞이고 빛도 고른 것이 좋은 것입니다. 그리고 찝찔하거나 기름내가 나거나 혹은 특별한 다른 냄새가 나는 것은 모두 못 씁니다. 물론 얼음덩어리가 그대로 섞였거나 혹은 다른 덩어리가 섞인 것도 좋지 않습니다. 좋은 '크림'은 결코 금방 녹아 없어지거나 잠깐 누르기만 해도 무너지거나 하지는 않는 것입니다. 단맛은 20퍼센트 이상입니다마는 인공적으로 너무 달게 한 것도 못 씁니다. 크림의 재료는 우유 버터에다 감미(甘味)를 가하고 과일의 즙(에센스), 달걀, 전분 등을 합하여 섭씨 60도쯤의 온도로 한 30분 덥게 해가지고 살균한 후 얼음에다 소금을 친 것을 크림 용기 밖에다 놓고 크림을 섞어가면서 식힌 것입니다. 그런고로 좋은 것일수록 입에 씹히지 않고 입에 넣기만 하면 향기롭게 스르르 녹는 것입니다.

하지만 1940년대 들어 일본이 전쟁에 매진하면서 식민지 조선에서도 아이스크림의 재료인 설탕이나 향료를 구하기 어렵게 되었다. 1941년 일본이 본격적으로 제2차 세계대전을 일으키면서 아예 설탕과 향료를 넣지 않은 아이스크림이 판매되기도 했다. 하지만 이것은 아이스크림이 아니라 그냥 색소를 넣은 인공얼음에 나무 막대기를 박은 '아이스케키'였다. 이제 사람들은 한여름에 불량 아이스크림조차 먹을 수 없었다.

# 아이스케키에서 하드로

한국전쟁은 모든 산업을 황폐화했다. 이 와중에도 전쟁 이후 서울을 비롯해 전국의 도시에서는 암모니아로 냉동한 '아이스케키'를 파는 가게가 부쩍 늘어났다. 당시 아이스케키는 노란 색소를 탄 설탕물에 팥을 넣어 나무꼬챙이를 꽂아 얼린 얼음 덩어리였다. '아이스케키'의 본래 이름은 '아이스케이크'였지만, 일본어의 영향으로 사람들은 '아이스케키'라고 불렀다. 1950년대 서울에서 판매되던 대표적인 아이스케키의 제품명은 '석빙고'와 '앙꼬'였다. 가난한 가정의 소년들은 아이스케키를 담은 통을 메고 소리치며 골목을 누볐다. 도시의 극장 앞이나 운동회가 열리는 학교도 아이스케키를 팔기 좋은 곳이었다. 하지만 여전히 위생이 문제였다. 당시 아이스케키는 불량식품이었다는 말이다.

1962년 '하드 아이스크림'이 생산되면서 불량식품 아이스케키가 시장에서 점차 사라졌다. 이제 아이스크림은 미국에서 수입한 아이스크림 제조기로 위생적인 공장에서 생산되었다. 더욱이 60개들이 아이스크림 상자에 드라이아이스를 넣어 유통했으므로 쉽게 녹을 위험도 사라졌다. 사람들은 이것을 '하드'라고 불렀다. 하드는 당시 학생들의 군것질거리로 큰 인기를 끌었다.

**해방 후의
아이스케키 통**

뭐니 뭐니 해도 최고의 '하드'는 '삼강하드'였다. 삼강하드는 소규모 수공업 생산에서 대규모 기업화를 꾀한 삼강유지화학(三岡油脂化學)에서 출시한 상품이었다. 그들은 삼강하드에 우유를 넣었다며 '아이스케키'와 달리 '영양식품'이라고 선전했다. 다시 우유가 들어간 진짜 아이스크림이 등장한 것이다. 그런데 이 회사는 1963년 7월 19일 차관을 이용해 면세로 아이스크림 제조 기계를 수입했다가 탈세 혐의로 수사를 받기도 했다. 연유 제조 기계를 수입한다고 신고해 놓고 실제로는 아이스크림 제조 기계를 수입한 때문이었다. 연유 제조 기계는 아동의 건강을 위한 우유 제조에 꼭 필요한 설비여서 차관을 지원받아 면세로 수입할 수 있었다. 하지만 아이스크림 제조 기계는 면세 대상이 아니었다.

1962년 8월 3일자 《조선일보》 1면에 실린 삼강하드 광고. "아이스크림의 대혁신"이라는 카피와 더불어 현대화된 공장 설비 사진을 실었다.

본래 하드 아이스크림 제조는 군소 영세업자들이 주도했지만 '삼강하드 아이스크림'이 나오면서 "하드는 삼강"이라는 인식이 퍼졌다. 삼강유지화학은 삼성그룹 창업자 이병철(1910~1987)의 친형인 이병각(1905?~1971)이 설립한 회사였다. 1958년 유지(油脂) 정제 사업을 시작한 이병각은 1962년 일본의 유키지루시유업(雪印乳業株式会社)과 기술제휴를 맺고 같은 해 7월 '하드 아이스크림'을 생산했다.

'삼강하드'의 성공은 곧장 삼성그룹의 이병철과 연결되어 오해를 사기도 했다. 앞의 사건도 삼성이 저지른 일로 잘못 알려져 국회에서까지 논쟁거리가 될 정도였다. 하지만 실제로 이병각은 독자적으로 삼강유지화학을 운영했다. 삼강하드의 성

1986년 8월 24일자 《조선일보》 10면에 실린 부라보콘 광고. "1969년 탄생"이라는 카피가 눈길을 끈다.

공에 도취하여 무리하게 공장을 증설하는 바람에 경영이 어려워졌고, 결국 1967년 회사를 매각했다. 이후 삼강하드는 1978년 롯데제과에서 브랜드를 인수하여 '롯데삼강'이란 이름으로 판매되었다.

　1970년대 정부의 낙농업 진흥에 힘입어 국내 아이스크림 업체는 국내 우유를 이용한 본격적인 아이스크림 생산에 나섰다. 제과업체로 성공한 해태제과는 1971년 덴마크의 옘사(Hjem-IS)로부터 아이스크림 기계를 들여와 현대적 시설을 갖추고 아이스크림 생산을 시작했다. 해태제과의 빙고아이스바·부라보콘·누가바 등의 제품은 기존 아이스케키와는 품질에서 완전히 다른 아이스크림이었다.

당시 식품업체들은 라디오 광고에 힘을 쏟았다. 인기 통기타 가수가 만든 아이스크림 CM송은 소비자의 귀에 쏙쏙 들어왔다.[9] 1970년에 라디오 전파를 탄 "12시에 만나요 부라보콘~"이라는 부라보콘의 CM송은 이후에도 무의식중에 흥얼거릴 정도로 사람들에게 각인되었다. 부라보콘 덕분에 해태제과는 1974년 국내 아이스크림 시장에서 가장 점유율이 높은 업체로 자리 잡았다. 이에 질세라 대일기업과 롯데삼강 등에서도 내친구, 바밤바, 쮸쮸바, 새로미바 등의 아이스크림을 내놓았다.[10] 이렇게 1970년대는 한반도의 아이스크림 역사에서 불량식품 아이스케키가 물러가고 기업형 브랜드 아이스크림이 등장한 시기였다.

## 21세기, 아이스크림과 냉동 디저트의 전성시대

한국의 아이스크림 역사에서 놓칠 수 없는 사건은 1986년 8월 서울 명동에 미국계 프리미엄급 아이스크림 전문점 배스킨라빈스 제1호점의 개업이었다. 산업화된 아이스크림의 원조인 미국의 '진짜' 아이스크림이 한국에 들어온 것이다. 배스킨라빈스의 한국 운영체인 비알코리아㈜는 지금의 SPC, 당시의 샤니와 배스킨라빈스가 설립한 합작회사다. SPC는 1945년 허창성(1921~2003)이 황해도 홍진군에서 빵집 '상미당'을 설립하고, 1959년 서울에 설립한 법인 '삼립산업제과'에서 출발했다. 한국의 SPC 배스킨라빈스는 2022년 기준 전국에 1,600여 개의 가맹점과 직영점을 개설하여 운영하고 있다.

1988년 서울올림픽대회와 함께 한국에 진출한 미국계 패스트푸드점은 햄버거·피자·프라이드 치킨과 함께 미국의 아이스크림을 국내에 소개하는 데 주력했고, 그 영향력은 대단했다. 배스킨라빈스의 아이스크림은 유지방 함량을 높여 고급 제품을 소비자에게 선보였다. 해태제과에서 판매한 부라보콘의 유지방 함량이 6퍼센트인 데 비해 배스킨라빈스는 15퍼센트에 이르렀다. 유지방은 우유에서 추출한 성분으로 아이스크림의 부드러운 맛을 좌우한다. 이 유지방의 함량이 높을수록 아이스크림의 풍미가 더해진다. 배스킨라빈스의 국내 성공은 부드럽고 진한 아이스크림 맛 때문이었다.

2000년대 들어와서 건강에 대한 사람들의 관심이 커지면서 아이스크림에 대한 우려와 경고가 뒤따랐다. 영양학계에서는 유지방을 많이 먹으면 비만해질 수 있다고 경고했고, 아이스크림을 통한 과당 섭취도 우려했다. 이 점은 국내뿐만 아니라 세계 각국에서 일어난 반(反)아이스크림 운동으로 연결되었다. 소비자들은 칼로리와 유지방 함량이 낮은 아이스크림을 원했다. 소비자들의 이 같은 요구는 아이스크림 시장의 새로운 변화로 이어졌다. 우유를 소화하는 데 어려움을 겪는 수백만 명의 소비자를 위해 미국에서는 두유로 만든 아이스크림 제품이 나와 인기를 끌고 있다. 국내에서도 2010년대 후반부터 유지방 함량을 2퍼센트로 낮춘 저칼로리 아이스크림이 출시되어 많은 사람들로부터 큰 환영을 받고 있다.

2020년대 이후 한국의 아이스크림 시장에는 냉동 디저트가 포함되기 시작했다. 2021년 한국의 아이스크림과 냉동 디저트 시장의 규모는 1조 8,000억 원에 이르렀다. 냉동 디저트는 기존의 과자·빵·케이크류를 아이스크림처럼 냉동해 차갑게 먹는 제품이다. 여러 식품회사에서 냉동 치즈케이크를 시작으로 다양한 냉동 디저트를 선보이고 있다.

식민지 시기 유행한 빙수는 1970년대 삶은 팥이 들어간 한국식 팥빙수로 변신했다. 당시 팥빙수는 문방구와 길거리에서 팔던 길거리 음식이었다. 1980년대 후반 롯데리아에서 팥빙수를 메뉴로 선보였고, 1990년대 중반 중국의 대도시에 진출하면서 '훙도우빙산(紅豆氷山)'이라는 이름으로 큰 인기를 얻었다. 2010년대 이후 여름이면 아이스크림 전문점은 물론이고 제과점·커피 전문점·디저트 전문점 등에서 팥빙수를 팔기 시작했다. 2012년부터 일부 호텔의 로비 라운지에서는 프리미엄 생과일 빙수를 상품으로 내놓았다. 특히 딸기, 블루베리, 애플

망고 등 한 가지 과일을 위주로 만든 고가의 빙수를 내놓아 소비자들로부터 대단한 관심을 받았다. 이때부터 한국의 빙수는 팥빙수를 뛰어넘어 생과일 빙수로 그 범위를 넓혀갔다.

2010년 한 개인이 부산에서 문을 연 한 퓨전 떡 카페에서 떡과 생과일, 초콜릿·쿠키·비스킷 등을 조합한 다양한 빙수를 팔기 시작했다. 이 디저트 카페가 지금은 전국에 퍼져 있는 설빙이다. 설빙은 2015년 중국과 일본, 그리고 동남아시아에까지 진출했다.[11] 하지만 중국에서는 상표권 분쟁으로 실패했고, 타이와 일본에서만 매장을 유지하고 있다. 타이와 일본에서 설빙이 성공한 데는 한류 열풍을 활용한 마케팅 전략이 한몫했다.

2000년대 이후 한국의 아이스크림 업체는 중국과 브라질, 심지어 미국에까지 한국식 아이스크림을 수출하고 있다. 한국식 아이스크림의 탄생에는 정부의 낙농업 진흥과 산업화·도시화 과정에서 새로운 식품에 대한 한국 소비자의 욕구가 맞물려 있었다. 여러 업체가 아이스크림 시장을 놓고 각축을 벌이는 과정에서 다양한 형태의 한국식 아이스크림이 등장했다. 세계 곳곳에서 높아지는 한국식 아이스크림의 인기는 소비자들의 다양성을 끌어낸 결과다.

## 《식품공전》의 아이스크림 정의

아이스크림은 빙과류의 하나다. 빙과류는 우유, 유가공품, 마시는 물에 다른 식품 또는 식품 첨가물 따위를 보탠 후 냉동하여 만든 식품을 가리킨다. 빙과류에는 아이스크림류, 빙과, 아이스크림 믹스류, 식용얼음 등이 있다. 아이스크림류는 우유, 유가공품을 원료로 하여 여기에 다른 식품 또는 식품 첨가물 따위를 보탠 후 냉동하여 단단하게 굳힌 식품이다. 아이스크림 믹스류는 냉동되어 단단하게 굳기 전의 아이스크림을 살균·멸균한 액상 제품과 이를 건조하여 분말로 만든 제품을 일컫는다. 아이스크림류와 아이스크림 믹스류는 우유나 유가공품이 반드시 들어가야 한다. 그래서 이 식품들은 축산물가공품에도 속한다. 음식점에서 직접 제조하여 판매하는 빙수는 공장제 제품이 아니라서 《식품공전》에 규정이 실리지 않았다. 다만, 빙수에 사용하는 식용얼음은 식품의 제조·가공·조리 등에 직접 사용하거나 그대로 먹기 위해 마시는 물을 얼린 얼음이라고 규정한다.

# 초콜릿

"기브 미 초콜릿"을 외치던 나라

초콜릿은 백과 흑이 어우러지는 개념이다.
쾌락과 금도가 직선과 곡선으로 뒤섞이는 개념이다.
초콜릿에 대한 우리의 감정은 그것을
유년의 추억을 간직하고 오감을 만족시키는 신화로 탈바꿈시킨다.

사라 모스, 《초콜릿의 지구사》 중에서

## chocolate

한국전쟁 때 유엔군에게 "기브 미 초콜릿"을 외쳤던 아이들에게 초콜릿은 너무나도 달콤한 서양 식품이었다. 1950~1960년대만 해도 초콜릿은 한국에 주둔한 미군 부대를 통하지 않으면 쉽게 구할 수 없었다. 그런 사정으로 1970년대에 들어와서 국내 식품업체는 외화 낭비를 무릅쓰고 초콜릿 생산에 열을 올렸다. 그 결과는 1980년대 중반 백화점의 '밸런타인데이' 행사로 나타났다. 지금도 밸런타인데이만 되면 초콜릿이 식품매장을 가득 채운다. 오늘날 한국 사회에서 초콜릿은 남녀노소를 가리지 않고 좋아하는 글로벌 푸드로 손꼽히고 있다. 그 사이에 한국식 초코파이와 막대 초콜릿 과자가 세계인의 입맛을 유혹하고 있다.

# 초콜릿의 글로벌 히스토리

초콜릿은 카카오(cacao)나무 열매의 씨를 볶아 분쇄한 가루와 밀크·버터·설탕·향료 등을 섞어 만든 식품이다. 카카오나무는 멕시코와 중앙아메리카 북서부를 포함하는 메소아메리카(Mesoamerica)의 열대 지역이 원산지다. 열매는 긴 타원형으로 길이는 10~30센티미터 정도다. 카카오 열매는 노란색이나 짙은 갈색을 띠면 수확한다. 이 딱딱한 열매 속에는 30~50개 정도의 씨앗(카카오 빈cacao bean)이 들어 있다. 이 씨앗을 발효시키면, 불그스름한 갈색으로 변하면서 향이 난다. 이것을 물로 씻어 건조한 후 가루 낸 것이 바로 초콜릿의 주재료다.

카카오나무는 기원전 2000년부터 메소아메리카의 북위 20도와 남위 20도 사이에 위치한 지역의 습도가 높고 따뜻하되 햇빛이 들지 않는 그늘진 곳에서 자랐다. 13세기 북쪽에서 이동해 온 아스테카족(Aztecan)이 정착해 아스테카문명을 구축했다. 아스테카족은 이곳에서 카카오나무를 발견하고 카카오 열매 가루와 옥수숫가루나 고춧가루, 꿀을 섞어 물에 녹여서 음료로 만들었다. '카카우아 아틀(cacaua atl)'이라고 불린 이 음료는 주로 지배층에서 먹었으며 종교 의례에도 쓰였다. 당시 카카오 열매는 '돈'을 뜻하는 '투와(tuwa)'라고 불렸다. 카카오 열매는 교환이 가능한 가치재였기 때문이다.

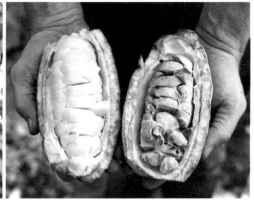

카카오 열매와 씨앗

16세기 초 멕시코 남부로 들어온 유럽인은 '카카우아 아틀'을 초콜릿이라고 불렀다. 그들은 초콜릿의 쓴맛 때문에 마실 엄두를 내지 못했다. 16세기 중반, 니카라과에서 초콜릿 음료를 처음 마셔본 이탈리아의 탐험가 지롤라모 벤초니(Girolamo Benzoni, 1519?~1572?)는 "인간이 마실 음료라기보다 돼지에게 더 적합한 것 같다"라면서 "이곳에 1년 넘게 있었지만 그걸 마시고 싶었던 적은 한 번도 없었다"라고 자신의 여행기 《신세계의 역사(Historia del Mondo Nuovo)》에 적었다.[1] 하지만 세월이 흐르면서 가톨릭 선교사들은 현지인과 교류하면서 초콜릿 음료에 설탕을 넣어 마셨고, 유럽인 중에는 이 음료에 중독된 사람들도 있었다.

16세기 후반 무렵 메소아메리카에서 귀국한 에스파냐의 수도원 수사와 상인이 카카오 열매를 가지고 왔다. 유럽에서 처음 만들어진 초콜릿 음료에는 '카카우아 아틀'처럼 꿀과 고 춧가루가 들어갔다. 하지만 17세기에 이탈리아까지 초콜릿 음료가 퍼지면서 꿀 대신 설탕을, 고춧가루 대신 후추나 계피의 가루를 넣었다. 이로써 메소아메리카의 초콜릿 음료가 유럽화의 길을 걷기 시작했고, 유럽 여러 나라 지배층에서 인기 있는 음료로 자리 잡아갔다.

1828년 네덜란드의 화학자 쿤라트 반 호텐(Coenraad van Houten, 1801~1887)은 카카오 열매 씨앗을 압착해 지방 성분인 카카오 버터를 분리해 내는 기계를 발명했다.[2] 그렇게 하면 초콜릿의 지방 함량을 낮추고 가루를 쉽게 얻음으로써 그 가루를 덩어리로 뭉칠 수도 있었다. 게다가 그는 알칼리염 처리를 해 초콜릿의 떫은맛을 줄이고 더 진한 색을 띠게 했다. 이것이 바로 오늘날에도 유통되는 네덜란드식 초콜릿(Dutch chocolate)이다.

하지만 네덜란드식 초콜릿의 상품화는 1847년 영국인 조셉 프라이(Joseph Storrs Fry, 1769~1835)가 프라이스 앤드 선(Fry's and Son)이란 회사에서 대량생산하면서 시작되었다. 이후 유럽과 북미에서 다양한 종류의 초콜릿을 만들어 지금 우리에게 익숙한 형태의 초콜릿이 세상에 나왔다. 20세기에 들어 초콜릿은 대량생산의 길을 걸었고, 20세기 후반에 이르러서는 다국적 기업의 등장으로 지구촌 구석구석까지 초콜릿이 퍼져나갔다.

《초콜릿의 지구사(Chocolate: A Global History)》를 펴낸 사라 모스(Sarah Moss)와 알렉산더 바데녹(Alexander Badenoch)은 20세기 초콜릿 광고가 여성성, 포르노그래피, 건강과 영양, 어린이, 단란한 가정 등의 이미지를 주로 사용하여 초콜릿을 이상화했다고 보았다. 또 이 광고들 속에 '검은 그림자', 곧 인종, 이국정서, 노예라는 이미지가 판타지로 묘사되었음을 분석해 냈다. 〈헨젤과 그레텔〉, 〈찰리와 초콜릿 공장〉, 〈심슨 가족〉과 같은 동화나 영화, TV 드라마에 그려진 초콜릿의 이미지는 그 이면에 숨어 있는 불공정무역과 노동 착취를 숨기는 장치로, 혹은 그러한 그림자에 빛을 던져주는 도구였다. 한국 기업의 초콜릿 광고에도 이런 양상은 적지 않다. 아프리카의 카카오 열매 생산지인 '가나'가 마치 유토피아처럼 느껴지도록 유도하는 광고가 한때 인기를 누린 것처럼 말이다.

## 식민지기 모리나가 밀크 초콜릿의 유행

식민지 시기 문헌에서 초콜릿은 '초코레트'로 표기되었다. 당시 신문 기사를 검색해 보면, '초코레트'라는 단어가 처음 등장한 것은 소설가 이기영(李箕永, 1895~1984)이 《조선일보》에 연재한 소설 〈유혹〉의 다섯 번째 글이다.[3] 이 소설에는 주인공 삼석이가 서울에서 사 왔다며 옥단에게 '초코레트' 한 개를 주는 장면이 나온다.

1931년 6월 19일자 《동아일보》 4면의 〈초코레트는 언제 생겼나〉라는 기사에서는 "요즈음 어떠한 시골에서든지 초코레트 모르는 곳이 드뭅니다"라고 했다. 이 기사는 1930년대 초반 식민지 조선에 이미 초콜릿이 널리 알려져 있었음을 보여준다. 1933년 2월 1일자 《별건곤》 제60호에는 〈초코레트 이야기〉라는 글을 실어 초콜릿의 기원과 제조, 유럽과 일본의 초콜릿 역사를 간명하게 정리했다.

초콜릿이란 서양 식품이 조선에 알려지게 된 계기는 무엇이었을까? 그 결정적인 계기는 바로 일본 제품 '모리나가(森永) 밀크 초콜릿'이었다. 1929년 11월 9일자 《동아일보》에 모리나가 밀크 초코레트 광고가 실렸다. 이 광고에는 "초코레트는 활동의 까소린"이란 카피가 쓰였다. 여기서 '까소린'은 연료 '가솔린'이다. 곧 초콜릿은 활동하는 데 필요한 에너지라는 말이다.

회사 이름이면서 제품 이름인 모리나가는 모리나가 다이치로(森永太一郎, 1865~1937)가 설립한 회사다. 그는 일본산 도자기를 판매하러 1888년 미국으로 건너갔다가 사업에 실패하고 귀국했다. 그때 서양과자의 사업성에 주목해 다시 미국으로 가

1929년 11월 9일자 《동아일보》 4면에
실린 모리나가 밀크 초코레트 광고

서 기술을 배웠다.[4] 모리나가 다이치로는 케이크·캔디·비스킷·캐러멜과 같은 서양과자 만드는 법을 익혀 1899년 6월 귀국했다. 그리고 곧바로 도쿄 아카사카(赤坂)의 목재상 건물을 빌려 공장을 차리고, 같은 해 8월 15일 시장에 캐러멜을 내놓았다. 캐러멜은 설탕에 높은 열을 가해 녹여 만든 흑갈색의 사탕이다. 그러나 이 미국식 캐러멜은 고온다습한 일본의 기후로 인해 유통 과정에서 녹아버렸다. 그는 이 문제를 해결하는 대안으로 밀크 캐러멜을 만들어 판매했다. 메이지(明治) 정부는 1869년 일본 영토로 편입한 홋카이도에 목장을 만들어 낙농업을 진흥하면서 우유 생산지를 확보했다. 1879년 일본에 편입된 오키나와에서는 사탕수수가 자랐다. 모리나가 밀크 캐러멜은 오키나와의 사탕수수에서 추출한 흑설탕과 홋카이도의 우유로 만든 분유가 만나서 탄생한 것이었다.

1914년 출시된 작은 상자에 담긴 휴대용 모리나가 밀크 캐러멜은 일본에서 엄청난 인기를 끌었다. 모리나가 밀크 캐러멜은 식민지 조선에도 소개되었다. 1922년 7월 30일자《동아일보》에 실린 광고에는 "과자 업계의 초점(焦點)"이라는 카피와 함께 연간 생산량이 1억 8,000만 개라고 자랑했다. 모리나가 밀크 캐러멜은 1920년대 식민지 조선에서 가장 인기 있는 일본판 서양과자였다. 해방 후에도 1920~1930년대에 어린 시절을 보낸 부유한 도시 출신 조선인의 기억에 모리나가 밀크 캐러멜은 추억의 명품으로 남아 있었다.

이어서 모리나가는 1918년 '밀크 초콜릿'을 시장에 내놓았다. 밀크 초콜릿은 모리나가의 독창적인 제품이 아니라 유럽에서 개발된 것이었다. 1879년 스위스의 제과업자인 다니엘 페터(Daniel Peter)는 앙리 네슬레(Henri Nestle)가 개발한 분유를 초콜릿에 섞는 공정을 고안했다.[5] 그는 여기에 카카오버터를 첨가해서 손으로 잡기에 알맞은 고형의 초콜릿을 만들어 냈다. 이것이 19세기 후반 유럽을 휩쓴 밀크 초콜릿이다. 일본에서 밀크 초콜릿의 발매가 늦어진 이유는 일본에서 초콜릿의 원료인 카카오가 재배되지 않기 때문이다. 초콜릿 제품을 일본에서 생산하고 싶었던 모리나가는 서유럽을 방문하여 초콜릿 공장을 견학하고 와서 미국인 기술자를 영입했다. 1918년 모리나가는 카카오 열매를 수입하여 다니엘 페터 방식의 밀크 초콜릿을 생산했다.

모리나가 밀크 초콜릿이 일본에서 큰 성공을 거두자 경쟁업체들의 유사 제품이 우후죽순 생겨났다. 모리나가는 식민지 조선으로 마케팅을 확장하여 매출 증대를 꾀했다. 그것이 1930년대 식민지 조선에서의 밀크 초콜릿 판매였다. 하지만 밀크 캐러멜에 비해 밀크 초콜릿은 식민지 조선에서 큰 인기를 누리지 못했다. 일본의 이른바 '내지인'과 달리 식민지 조선에서는 비싼 값의 밀크 초콜릿을 사 먹을 수 있는 소비자가 많지 않았다. 더욱이 달콤한 밀크 캐러멜의 맛과 달리 밀크 초콜릿이 지닌 카카오의 쓴맛은 조선인에게 크게 환영받지 못했다.

1945년 해방과 함께 일본의 모리나가 밀크 초콜릿은 서울 혼마치(本町, 지금의 명동)의 가게에서 일본인과 함께 점차 사라졌다. 서양인 선교사들을 통해 일부 조선인 신자들이 초콜릿을 맛볼 수 있었지만, 그것은 일부의 경험에 지나지 않았다. 식민지 조선에서 초콜릿이라는 서양 식품이 모리나가 밀크 초콜릿으로 인해 널리 알려지게 되었지만, 초콜릿의 맛을 아는 조선인은 많지 않았다.

# 한국전쟁, "기브 미 초콜릿"

해방 이후 미군정이 시작되면서 미국산 밀크 초콜릿이 한국에 들어왔다. 미군정에서 운영하던 배급품 운영단체인 조선생활품영단(朝鮮生活品營團)에서는 1947년 7월 10일부터 서양과자를 긱 가정에 배급했다.[6] 배급한 서양과자의 품목 중에는 초콜릿도 있었다. 당시 5원쯤 하던 초콜릿을 1인당 한 개씩 배급했다. 같은 해 1월에 무궁화 담배 한 갑의 값이 15원이었으니, 5원짜리 초콜릿은 비싼 편이 아니었다.

이 초콜릿은 미국 초콜릿 업체 허쉬(The Hershey Company)에서 만든 밀크 초콜릿이었다. 허쉬는 밀턴 허쉬(Milton Snavely Hershey, 1857~1945)가 1880년대 창업한 회사로 처음에 캐러멜을 생산했다. 1900년 허쉬는 캐러멜 회사를 매각하고 밀크 초콜릿 바를 만들어 판매했다.[7] 허쉬 초콜릿은 대단한 인기를 끌었다. 1937년부터는 미군 군용 비상식량인 D 레이션의 구성품에 포함되었다. 미군정이 한국에 배급한 초콜릿 역시 허쉬 초콜릿이었다.

당시 미군 부대에서 시중으로 흘러나온 허쉬 초콜릿이 적지 않았다. 소설가 염상섭은 1948년 12월 29일자 《경향신문》 3면에 실린 수필에서 서울 시내 넓은 거리를 걷다가 본 서양 옷을 입은 여성 둘이 '양키(미군)'의 껌과 초콜릿을 먹고 있는 모습을 묘사했다. 당시 미군들이 초콜릿으로 한국의 젊은 여성을 유혹하는 일이 간혹 있었지만, 초콜릿 자체를 잘 알지 못했던 터라 유혹에 넘어간 여성은 거의 없었다.[8] 미군정은 거의 무료로 초콜릿을 시중에 뿌려댔다. 한 언론에서는 갑작스러운 남북 분단으로 북한에서 오던 전기가 끊겨 국민의 생활이 매우 어려운데도 미군정은 남한에도 있는 땅콩과 불필요한 초콜릿만 나누어 준다며 비판했다.[9]

한국전쟁에 유엔군이 참전하면서 미군은 비상식량을 제공했다. 군인들의 주머니에는 초콜릿이 들어 있었다. 한국 어린이들은 유엔군을 만나면 배고픔을 잠시라도 잊으려고 "기브미 초콜릿"을 외쳤다. 1952년 1월 6일자 《동아일보》 2면에는 유엔군의 일원으로 한국전쟁에 참전한 필리핀 병사 디오니오시오 A. 아비아 비가 이승만 대통령에게 보낸 편지가 실렸다. 편지의 제목은 〈그 참상에 눈물이 앞을 가리었소〉이다. 여기에 그대로 옮겨본다.

어느 날 나는 보기에 외로운 어떤 촌락을 우연히 방문하게 되었습니다. 그 촌락에 가까이 갔을 때 나는 슬피 우는 두 어린 목소리를 들었습니다. 나는 그 목소리가 들려 나오는 집을 찾아갔습니다. 집안에는 두 어린 처녀 아이가 금방이라도 숨이 넘어갈 듯한 어머니 옆에 앉아서 울고 있었습니다. 한 아이는 세 살이 되었을까 말았을까 할 정도였고 또 한 아이는 여섯 살가량으로 보였습니다. 그리고 어머니는 많은 한국 민간인들이 고통받고 있는 적리(赤痢, 소화기 계통의 유행성 전염병)에 걸려 있었습니다. 나는 어린 처녀들의 여윈 얼굴을 보았습니다. 그리고 가슴이 뭉클해졌습니다. 그들은 굶고 있는 것이었습니다. 나도 모르게 내 손이 '포케트(pocket)'를 뒤졌습니다. 다행히 '초코레트' 두 개가 있었으므로 나는 그것을 한 아이에게 한 개씩 나누어 주었습니다. 나는 어린애들이 '초코레트'를 먹는 것을 보려고 가만히 서 있었습니다. 그랬더니 큰 아이가 자기의 '초코레트'를 꺾어서 한 조각은 자기 동생에게 주고 또 한쪽은 자기가 가졌습니다. 그리고 나머지 한 개의 꺾지 않은 '초코레트'는 아파서 누워 있는 자기들의 어머니에게 드리는 것이었습니다. 나는 갑자기 눈시울이 뜨거워지면서 눈물이 내 얼굴을 흘러내리는 것을 느꼈습니다. 자기들 자신이 극단한 곤란 속에 있으면서도 어머니를 걱정하는 어린 처녀들의 가련한 정성이 내 가슴을 찔렀던 것입니다.

전쟁의 참화를 입은 한국인 가족에게 필리핀 군인이 준 초콜릿은 약이나 마찬가지였을 것이다.

이렇듯 한국전쟁을 경험한 한국인에게 초콜릿은 맛있고 신기한 음식이었지만, 그렇다고 좋은 추억으로만 남아 있지는 않았다. 미군을 향해 "기브 미 초콜릿"을 외칠 수밖에 없었

한국전쟁 당시 아이들에게 초콜릿을 나누어 주는 미군들

던 비참한 가난을 경험한 1940년대에 태어난 한국인. 이들은 1960년대 박정희 정권이 경제개발을 할 때 '초콜릿 영어 세대'로서 무역의 주역을 맡았다. 그들의 마음속에는 "기브 미 초콜릿"을 외쳤던 비참함이 자리 잡고 있었다. 그래서 그들은 더더욱 독재와 억압 속에서도 '잘살아 보자'는 각오를 다졌을 것이다.

부모가 된 그들 중 일부는 한국전쟁이 끝난 이후에도 미군 부대에서 흘러나온 초콜릿을 사서 자식들에게 먹였다. 초콜릿은 전쟁이라는 비참한 경험의 산물이었지만 이상적인 국가 미국의 이미지를 가지고 있었기 때문이다. 한국전쟁 이후 가내 수공업으로 모리나가 밀크 초콜릿을 모방한 초콜릿 제품을 만들어 팔기도 했다. 하지만 이것은 가짜 초콜릿이었다. 진짜 '오리지널' 초콜릿은 미군 부대에서 나왔다.

## 경제성장으로 분출된 소비 욕구

국내에서는 1970년대 들어서야 원료를 수입해 초콜릿을 생산하기 시작했다. 급속한 경제성장과 더불어 초콜릿의 수요도 증가했다. 당시 제과업으로 이미 굳건하게 자리를 잡은 국내 업체들은 초콜릿 제조에 발 벗고 나섰다. 하지만 이 업체들의 제과 기술은 1965년 일본과 외교 관계를 회복하면서 들여온 일본의 기술이었다. 식민지 경험이 해방 이후에도 지속된 양상은 한국 사회 전반에 나타났지만, 제과업은 그 핵심 중 하나였다. 1950년대 밀항과 밀수로 들여온 일본 기계가 제과업의 기초였다면, 1965년 이후에는 아예 '기술 카피'가 공공연하게 행해졌다.

1970년대 중반 한국의 초콜릿 시장은 매년 거의 두 배 이상의 성장을 거듭했다. 1976년 하반기에는 카카오의 부족으로 생산이 중단될 정도로 초콜릿에 대한 소비자의 욕구가 뜨거웠다. 백화점에서는 어린이날에 초콜릿과 캔디를 무료로 나눠 주는 이벤트를 펼쳤다. 이런 초콜릿 업체들의 다양한 마케팅 전략은 소비자의 욕구에 불을 질렀다.

1980년대 한국 초콜릿은 전성시대를 맞이했다. 그 핵심에 '밸런타인데이'가 자리 잡고 있었다. 2월 14일은 고대 로마제국에서 결혼을 금지한 황제의 명령에 반하여 혼배성사를 해준 발렌티노 성인(Saint Valentine, 226~269)의 축일이다. 그런데 이 축일과 상관없이 초콜릿을 선물하는 '밸런타인데이'가 일본에서 시작되었다. 1960년 2월 14일을 앞두고 모리나가는 "사랑하는 사람에게 초콜릿을 선물하세요"라는 신문광고를 냈다. 그러나 편지에 초콜릿을 넣어 보내라는 모호하고 미적지근한 권장 때문인지, 사람들에게 큰 관심을 끌지 못했다. 오늘날과 같은 밸런타인데이 초콜릿 선물 이벤트는 1968년 처음으로 시도되었다. 소니의 창업자인 모리타 아키오(盛田昭夫, 1921~1999)가 수입잡화전문점인 '소니플라자'에서 밸런타인데이에 자신들이 수입한 초콜릿을 여성이 남성에게 선물하는 이벤트를 열었다. 모리나가에서 시도했던 편지 속 초콜릿과는 완전히 다른 내용이었다. 소니플라자의 이벤트가 점차 자리를 잡으면서 밸런타인데이와 초콜릿의 연관성은 해를 거듭할수록 깊어졌다. 결국 1970년대 후반에는 여성이 남성에게 사랑의 감정을 표현하면서 초콜릿을 선물하는 일본형 밸런타인데이가 온전히 자리 잡아갔다.

1970년대 한국의 언론에서는 밸런타인데이의 유래와 외국의 사례에 관해 간간이 소개했지만, 초콜릿과 연결짓지는 않았다. 심지어 연인의 날로 알려진 밸런타인데이가 "상인의 술수에 놀아난 탓"이라고 비판하는 기사도 있었다.[10] 1975년 2월 14일자 《경향신문》에도 미국을 비롯한 서양의 밸런타인데이 축제를 소개할 뿐 초콜릿 이야기는 전혀 없다. 그런데 1982년 2월 11일자 《매일경제》 10면에는 2월 14일 밸런타인데이를 앞두고 서울 유명 제과점에서 선물 상품을 새로 개발했다고 전했다. "고려당에서는 발렌타인데이 선물을 개발했는데 하트형 초컬리트는 3천 원, 캔디 선물은 2천~3천 원에 거래되고 있다"라고 보도했다. 그러나 이 행사는 소규모 제과점에서 시도했기 때문에 사회적 영향력이 그다지 크지 않았다.

　　서울 시내의 유명 백화점들이 밸런타인데이를 초콜릿 판매에 이용한 원년은 1984년 2월 1일이다. 1970년대 후반 이래 지금까지 일본에서는 백화점이 주도하여 밸런타인데이 일주일 전부터 초콜릿 매장을 별도로 운영하고 있다. 서울의 유명 백화점들에서는 이것을 '카피'하여 1984년 2월 1일부터 14일까지 특설매장을 운영하기 시작했다. 이 이벤트는 대단한 성공을 거두었다. 이후 매년 2월 초순이 되면 서울의 백화점에서는 초콜릿 홍수가 일어났다.

　　그로부터 4년쯤 지나자 밸런타인데이에 대한 비판이 일

**밸런타인데이를 맞아 백화점에 설치된 초콜릿 판매 행사장**

기 시작했다. 특히 1988년 서울올림픽대회의 성공은 한국인에게 한국적인 것에 대한 자신감을 심어주었고, 이것이 초콜릿과 밸런타인데이에 대한 비판으로 이어졌다. 1988년부터 서울 종로 YMCA에서는 밸런타인데이에 맞추어 그에 대한 비판적인 캠페인을 펼쳤다. 하지만 이미 밸런타인데이에 불을 붙인 기업들은 아랑곳하지 않고 더욱 적극적인 마케팅으로 사람들의 소비 심리를 자극했다. 밸런타인데이에 맞춘 기업들의 대대적인 이벤트와 그에 대한 비판은 지금까지도 이어지고 있다. 그러나 초콜릿에 그치지 않고 각종 디저트와 주류 등의 상품이 밸런타인데이 초콜릿의 자리를 넘보는 중이다.

# 한국식 초코파이, 국경을 넘다

비록 초콜릿 자체는 아니지만, 한반도 초콜릿의 역사에서 빠뜨릴 수 없는 사건은 초코파이의 유행이다. 초코파이는 1917년 미국 테네시주의 채타누가 베이커리(Chatanooga Bakeries)에서 발매한 문파이(Moon Pie)가 효시다. 하지만 문파이는 1950년대가 되어서야 미국 사회에서 인기를 끌었다. 일본에서는 모리나가가 1958년 소프트 케이크에 마시멜로와 초콜릿을 입힌 '엔젤마크'라는 제품을 출시했다. 이것이 초코파이의 시작이다.

한국의 제과업체들은 1970년대 초반 '엔젤마크'를 '카피'하여 한국식 초코파이를 선보였다. 1974년 동양제과는 국내 처음으로 초코파이를 발매했다. 당시 초코파이 한 개의 값은 50원이었다. 1974년 1월 서울의 입석 버스 요금이 25원이었으니, 싼값은 아니었다. 그런데 초코파이는 초콜릿과는 다른 매력을 지니고 있었다. 초콜릿과 달리 끼니가 되었고, 밥값에 비하면 가격도 쌌다. 이런 이유로 초코파이는 시판되자마자 대단한 인기를 누렸다. 동양제과는 회사 이름을 오리온으로 바꾸고, 1979년을 '오리온 초코파이 시대'라고 명명했다. 그만큼 오리온은 초코파이 판매에 자신감이 있었다.

1980년대 중반 이후 군대에 입대한 젊은이들은 왕성한 식

1979년 1월 25일자《동아일보》에 실린 초코파이 광고

욕과 함께 사회에서의 추억을 병영에서 초코파이로 풀었다. 초
코파이 광고에서 군대에 가는 애인이 등장한 이유도 여기에 있
었다. 이것이 가족으로 확장되면서 "정(情)을 나누어요"라는 초
코파이의 광고 카피를 만들어 냈다.[11] 1980년대 후반 초코파이
는 한국인의 간식으로 자리매김했다.

1992년 한국과 중국이 수교하면서 오리온은 초코파이를
국제적인 상품으로 만들어 냈다. 빵을 주식으로 먹는 중국인에
게 초코파이는 개혁 개방이 제공한 '서방(西方)'의 입맛이었다.
특히 오리온은 중국에 생산 공장을 설립하고 현지화 전략을 펼
쳐서 일약 최고의 자리에 올랐다. 한국에서 초코파이의 상징은

'정'이었지만, 중국에서는 좋은 친구를 뜻하는 '하오펑이유(好朋友)'로 중국인의 감성을 자극했다. 더욱이 오리온의 현지 공장 운영을 책임졌던 한국 화교 출신 지사장이 보여준 공장 관리와 경영은 중국에서의 성공을 이끈 기반이었다.[12] 중국뿐 아니라 초콜릿을 일찍이 수용했던 러시아에서도 한국산 초코파이가 대단한 인기를 누렸다. 심지어 2010년에는 초코파이의 효시인 문파이의 나라 미국에서도 판매되기 시작하며, 그 세계적 인기를 과시하고 있다.

　한편, 2000년대 들어 카카오 생산지 중의 한 곳인 아프리카 가나의 농장에서 일어난 아동노동 착취가 국내에 알려지기 시작했다. 초콜릿은 태생적으로 노동 착취와 노예 노동 등 어두운 '그림자'를 가지고 있었다. 이후 외국의 '공정무역 초콜릿'에 관한 기사가 국내 언론에 간간이 실렸다. 2008년부터 한국의 생활협동조합에서는 공정무역 초콜릿에 관심을 가지기 시작했다. 여러 곳의 생활협동조합이 연합한 생협연대는 2008년 2월 밸런타인데이를 앞두고 '윤리적 초콜릿 소비 운동'을 펼쳤다. 이 운동은 카카오를 둘러싼 비인간적인 생산구조를 없애는 데 목표를 두었다. 생협연대는 콜롬비아 산지 생산업체와 직거래 계약을 맺고 사회적 기업 지원도 받기로 했다. 이후 생협 매장에는 공정무역 초콜릿이 당당히 자리 잡았다.

　한국인에게 초콜릿이란 어떤 식품일까? 식민지 상황에서

초콜릿을 처음으로 접했고, 한국전쟁이란 극도의 비참한 상황에서 그 맛을 알았다. 하지만 지금까지도 초콜릿의 맛과 환상을 소비하는 데 몰두한 나머지 숨겨진 초콜릿의 이면에는 미처 관심을 두지 못한 듯하다. 초콜릿의 역사에는 제국과 식민지, 향유와 착취라는 양극단이 도사리고 있다. 이는 여전히 현재 진행형이다. 공정무역 초콜릿이 당장 이 양극단을 해소할 가능성은 커 보이지 않는다. 그러나 한 사람 한 사람의 관심과 노력이 차근차근 보태진다면, '신의 열매'를 공정하게 공유하는 기쁨을 누릴 수 있지 않을까?

## 《식품공전》의 초콜릿

초콜릿은 코코아(카카오) 가공품류 또는 초콜릿류의 하나다. 코코아 가공품류 또는 초콜릿류는 테오브로마 카카오(theobroma cacao)의 씨앗으로부터 얻은 코코아매스, 코코아버터, 코코아 분말 등에 식품 또는 식품 첨가물을 보태어 가공한 식품이다. 코코아 가공품, 초콜릿, 밀크 초콜릿, 화이트 초콜릿, 준초콜릿, 초콜릿 가공품 등이 여기에 속한다. 초콜릿류는 코코아 가공품류에 식품 또는 식품 첨가물을 가하여 가공한 초콜릿, 밀크 초콜릿, 화이트 초콜릿, 준초콜릿, 초콜릿 가공품 등을 가리킨다. 초코파이는 초콜릿 가공품에 속한다. 초콜릿 가공품은 견과류, 캔디류, 비스킷류 등 식용이 가능한 식품에 초콜릿류를 혼합하여 코팅, 충전 등의 방법으로 가공한 복합제품으로, 코코아 고형분 함량이 2퍼센트 이상인 식품을 가리킨다.

# 피자

피자파이에서 한국식 피자까지

피자는 우리의 필요와 아쉬움을 충족시키면서
더 광범위한 맛과 욕구의 세계를 열어주는
단순하면서도 복잡한 음식이다.

캐럴 헬스토스키, 《피자의 지구사》 중에서

# *pizza*

---

    2000년대 이후 한국은 어느 나라보다 다양한 종류의 피자를 맛볼 수 있는 나라다. 1988년 서울올림픽대회를 계기로 미국의 피자 프랜차이즈가 한국에 진출하여 지금까지 이어지고 있다. 1990년대 중반 이후 한국 '토종 브랜드' 피자 업체가 프랜차이즈 사업에 뛰어들었고, 한국인이 좋아하는 불고기를 토핑으로 올린 불고기 피자를 메뉴로 내놓았다. 2000년대 이후 이탈리아로 유학 가 본고장의 피자 제조 기술을 배워 온 한국인 셰프가 '이탈리아 전통 피자'를 만들어 팔기 시작했다. 이렇게 미국식, 한국식, 이탈리아식 등 다양한 피자를 즐길 수 있을 뿐 아니라 여러 식품업체의 냉동 피자가 넘쳐난다. 피자는 어떤 외래 음식보다 익숙하지만, 사실 한국 피자의 역사는 놀라울 만큼 짧다.

# 피자의 글로벌 히스토리

피자(pizza)의 이탈리아어 발음은 '피차'다. 이 말의 어원을 두고 두 가지 주장이 있다. 하나는 '납작하게 만들다'라는 뜻의 고대 로마어 'pinsere'의 과거분사인 'pinsa'가 피차가 되었다는 것이다. 또 다른 주장은 '당겨서 팽팽한 상태가 되게 하다'는 뜻의 이탈리아어 'pizzicare'가 오븐에서 잽싸게 꺼내는 피차로 변했다는 것이다. 이 피차가 미국을 만나 '피자'가 되었다.

피자의 두 가지 어원에서도 알 수 있듯이 피자는 본래 납작한 빵을 뜻한다. 납작한 빵은 밀을 주식으로 먹는 지구상의 모든 민족 집단(ethnic group)의 식생활에서 발견할 수 있다. 인도아대륙, 서아시아, 중국 서북 등지에 사는 사람들은 발효시킨 밀가루 반죽을 화덕에서 구워낸 납작한 빵을 오래전부터 주식으로 먹는다. 하지만 피자는 이들의 납작한 빵과 다르다. 납작한 빵과 치즈와 토마토가 조합되어야 진정한 피자가 된다.

토마토의 고향은 아메리카 대륙이다. 1519년 유카탄반도에 도착해 아스테카 제국을 정복한 에스파냐의 행정가 에르난 코르테스(Hernán Cortés, 1485~1547)가 토마토 모종을 고향으로 가져가면서 유럽에 전해졌다. 하지만 열매가 맺히기 전의 토마토를 본 에스파냐인들은 독풀인 벨라돈나(Belladonna)와 비슷해 토마토 열매를 먹지 않았다. 그런데 12~18세기 중엽까지 에스파냐의 영향력 아래 놓여 있던 나폴리왕국의 수도였던 나폴리의 가난한 사람들은 토마토를 납작한 빵 위에 올려서 먹었다. 이것이 납작한 빵, 토마토, 치즈를 사용한 피자의 출발이라 하겠다.

18세기 중반 나폴리는 프랑스 부르봉왕조의 지배에 놓여 있으면서 인구 약 40만 명에 이르는 이탈리아반도 최대의 도시였다. 번화가에는 다양한 음식을 판매하는 음식점이 즐비했다. 이때 나폴리에 피자를 판매하는 점포도 생겨났다. 그렇지만 나폴리 사람들에게 피자는 빈민과 노동자의 음식이었다. 프랑스의 소설가 알렉상드르 뒤마(Alexandre Dumas, 1802~1870)는 이탈리아 여행기 《코리콜로(Le Corricolo)》(1843)에서 당시 나폴리 빈민들이 겨울에 피자로 겨우 끼니를 해결했다고 적었다.[1] 그러면서 나폴리의 피자는 식물성기름·돼지나 소의 비계·치즈·토마토·안초비 등을 재료로 쓴다고 묘사했다. 피자가 이탈리아의 '국민 음식'으로 떠오른 것은, 1889년 나폴리를 방문한 마르게리타 여왕이 먹었다고 해서 이름 붙여진 '마르게리타(margherita)' 피자가 탄생한 후였다.

사람들은 나폴리의 피자를 별도로 '나폴리 피자(Pizza Napoletana)'라고 불러 다른 지역의 피자와 구분한다. 다양한 피자를 만들어 낸 나폴리에는 재료에 따라 피자 이름도 다르

피자

129

1960년경 나폴리에서 구리로 만든 보온 통을 목에 걸고 피자를 파는 소년

다. 이탈리아 농무부에서 '나폴리 피자'로 규정한 피자는 다음
과 같다. 토마토소스·오레가노·마늘·올리브유를 사용한 마리
나라(marinara) 피자, 모차렐라치즈·토마토소스·바질을 사용
한 마르게리타 피자, 그리고 캄파니아(Campania)산 모차렐라
치즈·토마토소스·바질을 사용한 엑스트라 마르게리타(extra
margherita) 피자다.

　　이처럼 나폴리 사람들이 피자를 처음 만들어 냈지만, 오

늘날 세계 각국에서 판매되는 피자는 미국에서 진화한 것이다. 1880년대 미국에 이민해 온 이탈리아인들은 1900년대 초까지 미국 북동부 도시를 중심으로 공동체를 이루어 살며 자신들의 문화를 뿌리내렸다. 뉴욕과 시카고에는 피자를 판매하는 이탈리안 상점이 생겼다. 피자를 본 미국인들은 그것을 '토마토 파이(Tomato Pies)'라 불렀다. 제2차 세계대전 이후 이탈리아계 미국인들은 첨단기술과 실험적인 방법을 동원하여 대중적인 피자를 만들어 냈고, 이후 피자의 인기는 미국 전역으로 뻗어나갔다.

미국식 피자 음식점의 성공 배경에는 배달 시스템이 있었다. 대표적인 회사는 1958년 캔자스주 위치토(Wichita)에서 문을 연 피자헛(Pizza Hut)과 1960년 미시간주 입실란티(Ypsilanti)에서 문을 연 도미노 피자(Domino's Pizza)다.[2] 1960년대 이후 피자는 미국인의 주식 중 하나로 자리 잡아갔다. 미국식 피자는 지역별·인종별 취향에 따라 매우 다양한 모양으로 진화했다. 하지만 피자 프랜차이즈 업체는 전국적인 표준을 만들었다. 이 때문에 미국인 대부분은 이탈리아 원조 피자에 관한 관심보다 대량생산과 규격화로 만들어진 피자를 선호한다.

1960년대 들어 냉장고와 전자레인지의 보급 증가로 미국의 냉동 피자 판매가 급속하게 늘어났다. 1962년 주유소와 구멍가게 등에 냉동 피자를 공급한 툼스톤 바(Tombstone Bars)는

1980년대 중반에 미국 최대 냉동 피자 업체로 성장했다.[3] 유럽에서도 냉동 피자는 큰 인기를 누렸다. 사람들은 집에서 간편하게 피자를 먹을 수 있게 되었다. 스위스의 식품 대기업 네슬레는 2010년대 초반 미국의 크래프트 푸즈(Kraft Foods)와 함께 세계 2대 냉동 피자 업체가 되었다.

패스트푸드식 피자와 냉동 피자의 성장은 나폴리 사람들이 1984년 '정통나폴리피자협회(Associazione Verace Pizza Napoletana)'를 결성하는 데 한몫했다. 이 협회에서는 나폴리 피자에 대한 규정을 정했는데,[4] 밀가루와 소금, 효모, 물만 섞어 나폴리 정통 방식에 따라 손으로만 반죽하고, 토마토 소스·치즈·올리브 오일·바질로만 토핑하고, 430~480도 온도의 장작 화덕에서 구워내며, 피자 중심의 두께는 3밀리미터를, 크러스트(crust, 피자 둘레에 드러난 빵 부분)의 두께는 2센티미터를 넘지 않아야 하는 등 나폴리 피자를 만드는 재료와 방법은 물론 그 모양도 정해져 있다. 이 협회의 회원은 이탈리아 외에도 세계 여러 나라 사

정통나폴리피자협회의 인증 마크

람들로 구성되었다. 이들은 미국식 프랜차이즈 피자와 냉동 피자를 '산업 피자'로 규정하고 '진짜 피자'와 구분할 것을 주장했다.

이런 반작용에도 불구하고 미국식 피자는 1980년대 중반 세계화의 물결을 타고 세계 각국으로 퍼져나갔다. 피자의 세계화 과정에서도 납작한 피자빵과 토마토소스·치즈의 결합은 변하지 않았다. 하지만 피자가 도착한 곳의 사람들이 좋아하는 재료와 향미가 이탈리아인의 취향과는 아무런 상관없이 보태졌다. 2000년대 이후 피자는 이탈리아 음식인 동시에 전 세계의, 그리고 각 나라의 음식이 되었다.


## 미군과 함께 들어온 '피자파이'

제2차 세계대전 이후 미국식 피자가 세계 각국에 전파되는 경로는 미군이 주둔하는 기지를 통해서였다. 한국에서도 한국전쟁 휴전 후 생긴 미군 부대와 그 근처의 음식점에서 '피자파이'라는 미국식 이름으로 팔렸다. 하지만 콜라나 햄버거와 달리 한국인에게 피자파이는 큰 인상을 남기지 못했다. 그래도 '피자파이'라는 이름은 널리 퍼졌다.

1967년 6월 30일자 《동아일보》 3면에 실린 제6대 대통령

취임식에 관한 기사에 '피자파이'가 등장한다. 국빈 대접을 책임진 서울의 워커힐 호텔에서는 "캐나디안클럽 등 30여 종의 술과 구절판 등 한식 안주 13종, 에그롤 등 중국식 안주 18종, 피자파이 등 양식 안주 30종을 장만하느라 잔칫집처럼 떠들썩했다"고 전했다. 미군들은 맥주와 함께 피자파이를 즐겼는데, 호텔 담당 주방장이 그 사정을 알고 피자파이를 양식 안주로 준비했던 모양이다.

1972년 서울 명동의 유네스코회관 지하 1층에 '래양'이라는 상호의 피자집이 문을 열었다. 당시 래양을 방문했던 김혜경 씨는 "래양에서 처음 피자를 먹던 날, 지금도 그날의 정경이 눈앞에 그려져요. 그 맛도. 얄팍한 피자 반죽 위에 다진 고기, 채소와 버섯이 얹혀 있고, 쭉쭉 늘어나는 그 치즈의 고소한 맛. 가벼운 문화적 충격을 느꼈다고나 할까?"라고 회상했다.[5]

하지만 1970년대 중반 서울에 살던 일부 계층을 제외하면 국민 대다수는 피자라는 음식을 알지 못했다. 이탈리아에 머물렀던 경험이 있던 수도여자사범대학(지금의 세종대학교) 성악과 정경순 교수는 1975년 10월 17일자 《경향신문》 4면에서 본고장의 피자를 이렇게 설명했다. "이곳 주부들은 마치 남을 돕기 위해 기다리고 있는 사람들 같다. 이들은 틈만 나면 뜨개질을 하고 폐품을 모으고 피자(과자의 일종)를 만들어 팔곤 하는데 이 것으로 돈을 만들어 양로원, 고아원, 가난한 사람, 외국 학생을

1950년대 미국에서 판매된 피자파이 가루 광고. 배경 사진은 이탈리아 나폴리의 해안이다.

돕는 것이다." 그는 피자를 '과자의 일종'이라고 소개했다. 파이를 양과자로 인식했던 당시 한국인의 시선에서는 피자 역시 '과자의 일종'이었던 것이다.

1978년 5월 3일자 《매일경제》 8면에는 어린이날을 앞두고 별식 몇 가지 요리법을 소개하는 기사가 실렸는데, 그 가운데 '식빵 피자' 요리법이 가장 먼저 나온다. 재료는 식빵 8장, 버터 2큰술, 햄이나 소시지 100g, 치즈 가루 5큰술, 양송이, 피망, 후추, 소금, 콩기름, 토마토소스, 양파 1/4개다. 이 기사에 소개된 요리법은 이렇다. "① 식빵 한쪽에 버터를 발라놓는다. ② 양파와 양송이·소시지를 얇게 썰어놓는다. ③ 버터를 발라 놓은 식빵 위에 토마토소스·양파·햄 등을 놓고 다시 양송이·치즈 등을 놓아서 미리 덥게 한 오븐에 구워 썰어 낸다. ※우유를 곁들여 내면 새콤한 맛이 별미다." 피자빵이 아닌 식빵에 올린 이 음식을 피자라고 부르기는 어렵다. 하지만 일반 가정에서 피자빵을 구하기 어려웠던 당시, 식빵에 피자 토핑을 올렸으니, 변형 피자인 셈이다.

1980년에 들어와서도 한국에서는 피자를 '피자파이'라고 불렀다. 여전히 '피자'가 낯설었기 때문일 것이다. 1980년 4월 20일자 《조선일보》 4면 하단에는 "무엇이 고단백 장수식품일까요?"라는 카피를 단 광고가 실렸다. 광고주는 임실치즈였다. 임실치즈는 지금의 전라북도 임실군에 있는 임실치즈축산업협동조합에서 생산한 치즈를 가리킨다.

임실치즈의 출발에는 1958년 벨기에에서 한국에 온 가톨릭 신부 디디에 세스테벤스(Didier Serstevens, 한국 이름 지정환, 1931~2019)가 있었다.[6] 지정환 신부는 1964년 임실성당의 주임 신부로 근무하면서 임실의 특산물로 산양을 키워 밀크를 판매했다. 산양 밀크의 판매가 부진하자, 신부는 1966년 산양 밀크로 치즈를 만들었다. 하지만 치즈라는 음식을 몰랐던 한국인에게 산양 치즈는 너무 이상한 음식이었다. 그래서 지정환 신부

1980년 4월 20일자《조선일보》에 실린 임실치즈 피자파이 광고

는 우유로 치즈를 만들기로 했다. 프랑스 치즈 회사의 도움을 받아 1968년에 우유 치즈 판매를 시작했지만, 이 역시 주목받지 못했다. 생소한 음식인 데다 품질도 좋지 않아서였다.

지정환 신부는 직접 벨기에·프랑스·이탈리아에 가서 치즈 제조 기술을 배웠다. 1970년 체다치즈 제조에 성공해 서울의 조선호텔 양식당 주방장으로부터 호평을 받았다. 1972년 앞에서 소개했던 서울의 래양 피자집 주인이 지정환 신부를 찾아왔다. 그는 수입해서 사용하는 모차렐라치즈 값이 너무 비싸서 임실에서 공급받고 싶다고 했다. 지정환 신부는 바로 프랑스 치즈 회사에 도움을 요청했고, 마침내 미국의 피자 치즈와 맛이 비슷한 모차렐라치즈를 만들어 냈다.

임실치즈가 광고를 낸 목적은 치즈 판매였다. 광고 문구에 밝혔듯이, "피자파이는 알면서 저희 임실치즈는 모릅니다. 피자치즈는 저희 임실치즈에서만 생산되는 국내 유일의 최초 국산 치즈임을 자부합니다"라고 강조했다. 임실치즈는 1972년에 모차렐라치즈를 생산하기도 했다. 이 광고에서 서울의 코스모스백화점 지하에 있던 '피자의 집'을 비롯해 유명 호텔과 레스토랑에서 임실치즈로 피자파이를 만든다고 했다. 피자파이의 고소한 맛과 풍미는 맥주와 양주의 안주로 일품이라는 홍보도 빠트리지 않았다.

## 간식과 끼니의 사이에서

1970년대 후반 서울의 강남이 개발되고 신시가지가 조성되었다. 1980년 4월, 가수 패티김(1938~ )은 지금의 서울 서초동 교보타워 사거리 근처에 '맘마미아'라는 이탈리아 음식점을 개업했다. 이 음식점에서는 피자와 스파게티 등 이탈리아 음식을 팔았다. 이미 서울 강북의 을지로2가 삼성빌딩 지하에 있던 '라칸타타'와 함께 이탈리아 음식을 먹을 수 있는 명소로 당시 이름을 날렸다. 하지만 이 음식점들이 이탈리아인 주방장을 내세워 본고장의 피자를 판매했다고는 알려지지 않는다.

1981년 1월 15일자 《동아일보》 12면에는 서울 여의도 라이프 쇼핑센터 5층에 개업한 음식점 '반월성(泮月城)' 광고가 실렸다. 이 음식점에서는 양식과 피자를 판매한다고 했다. 1982년에 이화여자대학교 앞이나 강남의 유흥가에 피자를 판매하는 음식점이 생겼다. 심지어 피자 매장을 둔 영화관도 있었다. 1980년을 전후해 피자는 서울의 서양 음식점이나 경양식 음식점의 메뉴로 자리 잡아갔다.

1982년 10월 한국에도 드디어 피자 전문점이 문을 열었다. '피짜리아멜라'라는 피자 전문점은 서울 신촌의 직영점을 시작으로 1983년 5월 서울 왕십리 한양대학교 앞에 한양점을 열어 프랜차이즈의 면모를 보이기도 했다. 이 피자집 메뉴에는 미국식 피자 11가지가 있었다. 지름 20센티미터 피자 한 판의 당시 가격은 1,500~2,000원이었다.[7] 이 피자집은 오래가지 못했지만 싼 가격을 내세워 주로 대학촌을 공략했다. 이후 피자 전문점이 서울 곳곳에 들어섰다. 1984년 새로 문을 연 여의도 백화점의 식당가에도 피자집이 들어섰다.

그렇다고 피자가 한국인의 일상에서 쉽게 접할 수 있는 음식으로 자리를 잡았다는 뜻은 아니다. 여전히 피자는 호텔과 같이 서양풍의 고급 공간에서 맛볼 수 있는 음식이었다. 서울 프라자 호텔에서는 1984년 7월 16일부터 한 달 동안 '피자

페스티벌'을 개최했다. "감미로운 음악과 피자와 생맥주의 여름 축제"를 강조한 이 페스티벌의 광고는 "이태리 피자의 모든 것을 보여드리는 피자 축제에 초대합니다"라는 카피를 내세웠다.[8] 생맥주와 피자는 미국인들이 간단한 파티를 할 때 마련하는 음식 조합이었다. 더욱이 이 광고에서는 '피자 페스티벌'의 참여자로 가족을 꼽았다. 비록 '피자와 생맥주'의 결합이지만, 미국에서 이미 성공을 거둔 '피자=가족'이라는 이미지를 끌어왔던 것이다. 이탈리아 피자를 내세웠지만, 그 소비 방식은 미국식이었음을 이 광고를 통해 확인할 수 있다.

당시 호텔에서 피자를 판매했다는 사실은 다른 의미에서 피자가 결코 대중적인 음식이 아니었음을 알려준다. 서울 신라호텔은 '품위 있는 외식 가이드'를 광고하면서 피자 코너를 신설했다는 소식을 전했다.[9] 특히 피자 코너 신설 부분에는 "창밖으로 아늑한 남산이 보이는 커피숍에서 이태리 정통 로쏘루도 피자 파이 코너를 신설했습니다"라는 카피를 덧붙였다. 당시 이 커피숍에서 판매한 피자의 이름도 피자파이였다. 1980년대 초반 피자는 한국인에게 술안주, 과자, 간식, 간단한 끼니 대용식으로 인식되었다. 아직 한국인의 식탁에서 피자의 위치는 애매했다.

이러한 피자의 애매한 위치는 1985년 미국의 피자 패스트 푸드점 피자헛과 피자인(Pizza Inn)이 서울에서 개점하면서 변화의 길로 들어섰다. 1988년 서울올림픽대회를 준비하면서 한국 정부는 외국의 패스트푸드점을 적극적으로 유치했다. 이미 미국의 패스트푸드점 다수가 서울에서 문을 연 상황에서 피자헛과 피자인의 서울 진출은 시대적 대세였다. 피자헛은 미군 부대와 가깝고 미군의 유흥지로 알려진 서울의 이태원에 1호점을 열었다. 피자인은 서울 강남구의 압구정동에 1호점을 개업했다.

이미 1986년 아시안게임과 1988년 서울올림픽대회를 유치한 1985년의 한국 사회는 정치적 독재와 달리 경제적 풍요가 "밑 빠진 독이 새는 줄도 모르도록" 만들었다. 자욱한 최루탄 연기 속에서도 당시 대학생들은 막걸리와 빈대떡을 즐기면서도 콜라를 마셨으며, 외식할 때는 간혹 피자집을 찾기도 했다. 하지만 1980년대 10대들은 그 이전 세대와는 확연히 다른 태도를 보였다.

1986년 11월 1일자 《동아일보》 11면에 실린 〈식성에도 세대차〉라는 기사는 그러한 사정을 잘 보여준다.

서울 강남구 압구정동에 사는 회사원 이모(42세) 씨는 지난 일요일 저녁 모처럼 식구들과 함께 외식을 하기로 했다. "너희들 뭘 먹고 싶니" 아빠의 물음에 중1, 국교[국민학교] 5년생인 남매는 미리 의논이라도 한 듯 "피자요"라고 대답. 자녀들이 끔찍이도 피자를 좋아하는 것을 알고는 있지만 그렇다고 자신들까지 피자로 저녁을 때울 생각은 전혀 없는 이 씨와 부인 김 씨(40)는 "그럼 너희들은 길 건너 피자집에 가서 좋아하는 것 시켜 먹고 있으렴. 아빠 엄마는 횟집에 가서 저녁 먹고 너희 있는 데로 갈게" 하고 건널목에서 헤어졌다. 식사 후 피자집에 가서 계산을 한 후 자녀들을 데리고 나오면서 '어쩌면 부모 자식 간에 그렇게 자연스럽게 헤어져서 따로 식사를 할 수 있었을까' 하는 생각이 들어 자신이 놀랍더라고 김 씨는 말했다.

피자를 간식이나 술안주 정도로 이해했던 1980년대의 30, 40대 주류 소비자들과 달리 10대들은 피자를 끼니로 받아들였던 것이다. 이 사실은 당시의 10대들이 주류 소비자로 자리 잡은 2010년대에 왜 이렇게 많은 피자집이 한국에서 성업했는지를 잘 말해준다.

## 한국식 피자의 탄생

1980년대 중반 서울 번화가에 피자집이 생기자 피자의 원산지인 이탈리아 피자에 관한 관심이 일어났다. 서울의 조선호텔에서는 이탈리아의 1급 요리사를 초청하여 1987년 2월 24일

오후에 일반 주부를 대상으로 스파게티와 피자 요리 강습회를 열었다. 그 내용은 같은 해 2월 26일자 《동아일보》 11면에 상세히 소개되었다. 기사의 앞부분은 당시 한국에서 스파게티와 피자가 소비되고 있던 상황을 알려준다.

이탈리아 음식인 스파게티와 피자가 요즘 어린이와 청소년 들의 기호식으로 인기를 끌고 있다. 80년대 들어 널리 보급된 스파게티와 피자는 맛이 새콤하고 자극적이어서 청소년들의 입맛에 잘 맞는 데다 영양도 풍부해 별미로 손꼽힌다. 그러나 이 음식들은 가정에서 직접 만들어 먹기보다는 외식으로 즐기거나 냉동 반제품을 사다가 조리해 먹는 경우가 많다.

이탈리아의 1급 요리사 안토니오 알바네스가 요리법을 알려준 피자는 모차렐라 피자였다. 하지만 과연 이러한 조리법을 배운 수강생들이 집에서 그대로 만들어 먹을 수 있었는지는 의문이다. 당시 서울에서는 모차렐라치즈와 파르메산치즈를 구하기 어려웠기 때문이다. 또한 전기 오븐을 갖추고 있는 가정도 많지 않았다. 그래도 당시에 진짜 이탈리아 피자를 찾으려는 사회적 요구가 있었음을 기사를 통해 확인할 수 있다.

그런데 1987년 2월 28일자 《매일경제》 9면 〈우리집 별미〉 코너에 '김치 피자'가 등장했다. '김치 피자'를 소개한 글쓴이는 얼마 전 이탈리아 요리사를 불러서 본고장의 피자 요리 강습회를 열었던 조선호텔의 홍보부장이었다. 당시 한국의 언론은 이탈리아 피자 요리법에 관심을 두는 동시에 한국식 피자의 가능성을 독자에게 알리고 싶었던 듯하다. 식생활의 서양화를 걱정하면서도 서양 음식 소비가 늘어만 가던 당시, 한 전문가가 대안으로 제시한 한국 음식과 서양 음식의 결합이 바로 '김치 피자'였다.

글쓴이는 "피자 만들기를 좋아하던 나는 언젠가부터 피자의 고명으로 김치를 이용하기 시작했는데 맛이 아주 독특하고 그럴듯했다. 특히 신김치가 많이 남을 봄철이면 김치를 이용한 피자 요리가 더욱 인기다. 두 딸의 생일날 등 가족들의 기념일엔 꼭 만드는데 김치와 치즈 맛이 어울려 일품"이라고 적었다. 그러면서 "야채로 전을 부칠 때 신김치를 이용하여 김치전을 부치는 것과 같은 원리다"라고 밝혔다.

김치전을 부치는 원리로 김치 피자를 만든다는 이 발상은 이후 한국식 피자를 만드는 기본적인 인식이었다. 1990년대 들어 불고기를 토핑으로 얹은 불고기 피자가 호텔 서양음식점 메뉴에 올랐다. 급기야 1994년 미국 패스트푸드점 피자헛에서도 불고기 피자와 치킨 피자를 선보였다. 당시 피자헛 마케팅부에서는 "한국인들은 특색 있는 피자보다 무조건 재료가 많이 들어간 컴비네이션이나 빵판이 얇은 신(thin)형을 좋아한

한국식 불고기 피자

다"라면서 성인층을 겨냥해서 불고기 피자를 시판했다고 밝혔다.[10]

  1990년대는 한국 토종 브랜드 피자 업체가 피자 시장에 진출한 시대였다. 1990년 일본 기술을 도입하여 생겨난 국산 피자 업체 미스터피자는 2010년대 들어 한국 피자 시장의 선두 주자 자리를 차지했다. 당시 도시는 물론 읍면 소재지에도 피자집이 없는 곳이 드물었다. 한때 '피자 왕'이라고 불렸던 성신제(1948~2023)는 1983년 미국 피자헛의 한국 총판권을 따낸 인물이다. 그는 1998년 자신의 이름을 내건 '성신제 피자'를 창업해 녹차가 들어간 피자 반죽, 김치와 불고기를 토핑으로 올린 불고기 피자를 메뉴로 내놓아 인기를 끌었다. 2000년대 이후 한국의 피자 시장에서 한국식 피자는 가장 강력한 제품이 되었다. 한국식 피자의 대유행은 이후 춘천닭갈비를 비롯해 떡볶이에도 각종 치즈를 토핑하는 '한식과 치즈의 만남'이라는 진화를 이끌었다.

　2010년대 이후 지금까지 한국 피자 시장은 다양한 양상을 띠고 있다. 스타일로는 한국식 피자, 이탈리아 정통 피자, 미국식 피자로 구분된다. 생산방식에 따라서는 공장에서 1차 가공된 표준형 피자, 주문을 받은 후 매장에서 직접 만드는 수제 피자, 그리고 냉동 피자 등이 있다. 업체별로는 미국의 프랜차이즈와 한국 토종 프랜차이즈, 소규모 체인형 피자집, 개인이 차린 수제 피자집 등으로 나눌 수 있다. 이러다 보니 프랜차이즈 업체는 물론 개인이 차린 동네 피자집이 여럿 등장했다가 사라지기도 한다. 2010년대 중반 이후 한국 피자 시장은 포화상태에 이르렀다. 국내의 포화 상태를 피해 중국이나 홍콩, 동남아시아에 진출한 한국 토종 브랜드의 피자집도 있다. 이 역시 일부는 성공했지만, 실패한 곳도 적지 않다.

　같은 시기 한국의 피자 시장에서 식품회사들이 발매한 냉동 피자가 차지하는 비중이 커지고 있는 점도 주목할 만하다. 이러한 현상은 1980년대 미국과 유럽에서 일어났던 냉동 피자 산업의 성장과 닮아 있다. 공장제 냉동 피자의 종류는 프랜차이즈나 전문점의 피자보다 훨씬 다양해 선택지가 많은 장점이 있다. 또 각 가정에 냉장고와 전자레인지·전기 오븐·에어프라이어가 갖춰지고, 피자집의 비싼 피자값과 배달비를 아끼려는 대안으로 냉동 피자가 떠오르게 된 것이다.[11]

1980년대 중반 세계화 과정에서 피자는 전 세계인의 음식으로 자리 잡으며 전 지구적인 식품이 되었다. 한국식 피자도 그 과정에서 탄생했다. 그리고 2020년대, 한국식 피자는 세계인의 입맛을 사로잡기 위해 끊임없이 진화하고 있다.

## 《식품공전》의 피자

피자는 빵류에 속한다. 빵류는 밀가루 또는 기타 곡분, 설탕, 유지, 달걀 등을 주원료로 하여 이를 발효시키거나 발효하지 않고 반죽한 것 또는 크림, 설탕, 달걀 등을 주원료로 하여 반죽하여 냉동한 것과 익힌 것으로 식빵, 케이크, 카스텔라, 도넛, 피자, 파이, 핫도그, 티라미수, 무스 케이크 등을 말한다. 피자에는 반드시 치즈가 들어간다.

치즈는 유가공품류의 하나다. 치즈는 생우유 또는 유가공품에 유산균, 응유효소, 유기산 등을 가하여 응고, 가열, 농축 등의 공정을 거쳐 제조·가공한 자연 치즈 및 가공 치즈를 말한다. 자연 치즈는 생우유 또는 유가공품에 유산균, 응유효소, 유기산 등을 가하여 응고시킨 후 유청을 제거하여 제조한 것이다. 또 유청 또는 유청에 원유, 유가공품 등을 가한 것을 농축하거나 가열 응고시켜 제조한 제품도 자연 치즈에 속한다. 가공 치즈는 자연 치즈를 원료로 하여 이에 유가공품, 다른 식품 또는 식품첨가물을 가한 후 유화 또는 유화시키지 않고 가공한 것으로 자연 치즈가 18퍼센트 이상인 것을 가리킨다.

음식점의 피자는 빵과 토마토, 치즈를 조합한 음식이다. 밀가루에 물·소금·이스트·설탕·올리브유 등을 섞어 반죽한 다음 일정 시간 동안 발효시킨다. 이 밀가루 반죽을 넓은 원 모양으로 얇게 펼쳐서 모양을 만들고, 그 위에 각종 재료를 올린 후, 오븐이나 전용 솥에 넣고 구워낸다. 피자의 크기는 업체마다 약간씩 다르다.

# 커리

한국 '카레'는 일본 '카레'의 아류?

제국의 중심에서 밖으로 밀려나간 물결은
썰물이 되어 이국의 맛에 길들여진
식민지 개척자들을 본국으로 실어나른다.
그렇게 옛 제국의 심장부는
한때 제국의 신민이었던 이들의 음식으로 물든다.

펠리페 페르난데스 아르메스토

## *curry*

---

    1990년대 초반까지만 해도 한국인 대부분이 아는 커리는 '인스턴트 카레'였다. 심지어 커리가 일본 음식이라고 생각한 한국인도 적지 않았다. 커리는 본래 인도에서 유래된 음식이다. 18세기 후반부터 20세기 중반까지 영국의 식민지였던 인도에 정착한 영국인이 커리파우더(curry powder), 곧 커리 가루를 상품으로 만들었다. 그것이 일본에 전파되어 식민지 시기 한반도에 소개되었다. '카레'는 커리(curry)의 일본어다. 불행히도 식민지기를 겪으면서 커리 대신 카레가 깊이 새겨진 것이다. 지금도 커리 상품 대부분에 '카레'라고 적혀 있으며, 국립국어원 표준어대사전에도 '카레'만 등록되어 있다. 오늘날 한국의 도시에는 수많은 커리 음식점이 존재한다. 그중에는 일본식 커리 전문점도 있다. 한국인은 언제 본고장 커리의 존재

를 알게 되었을까? 또 언제부터 '커리'와 '카레'의 다른 맛을 즐기게 되었을까? 이 복잡한 한국 커리의 역사를 지금부터 살펴보자.

## 커리의 글로벌 히스토리

《커리의 지구사(A Global History of Curry)》를 쓴 콜린 테일러 센(Collen Taylor Sen)은 지구촌 곳곳에 존재하는 커리를 단 하나로 정의하기 어렵다고 밝혔다. 그래도 정의를 내린다면, 커리는 "향신료를 넣은 고기, 생선 또는 채소로 만든 스튜로, 밥과 빵, 옥수숫가루를 비롯한 탄수화물 음식과 함께 먹는다"[1]라고 규정했다. 이 정의대로라면 향신료가 들어간 모든 음식을 커리라 할 수 있지만, 커리가 되기 위해서는 어떤 향신료를 쓰느냐가 중요하다. 센은 커리나무(murraya koenigii)의 잎이나 강황(turmeric, 생강과 식물)과 커민(cumin, 미나리과 식물) 씨, 코리앤더(coriander, 미나리과 식물) 씨, 고추, 호로파(fenugreek, 장미목 콩과 식물)를 섞어 만든 가루로 맛을 낸 모든 음식을 커리라고 볼 수 있다고 했다.

그러나 과거 인도인들은 '커리'라는 단어를 쓰지 않았다.[2] 남부 인도인이 채소와 고기를 기름에 볶은 매콤한 음식을 '카

1910년 영국의 잡지에 실린 커리파우더 광고

릴(karil)' 혹은 '카리(kari)'라고 불렀을 뿐 다른 음식들은 각각
의 이름으로 불렸다. 18세기 들어 앵글로-인도인(Anglo-Indian,
영국인과 인도인 사이의 혼혈 혈통이나 인도에 거주하던 영국인) 사이에서
'카릴'을 영어로 '커리(curry)'라고 지칭했다. 인도에 거주하던
영국인은 저녁 파티의 식탁에 영국 음식과 함께 커리가 들어간
인도 음식을 반드시 차렸다.[3] 19세기 초반 인도에서 귀국한 영
국인 중에는 그곳에서 맛보았던 커리의 맛을 잊지 못하는 사람
이 적지 않았다. 일부는 아예 인도인 요리사를 영국으로 데려
와서 인도 음식, 그중에서도 커리를 만들게 했다.

그렇지 못한 사람들은 런던 커피하우스에서 파는 인도 본고장의 맛과는 다른 커리에 만족해야 했다. 커피하우스의 커리는 '커리파우더'로 만든 음식이었다. 커리파우더는 인도 채소를 수입했던 크로스 앤 블랙웰(Cross & Blackwell)사가 1784년에 시판한 제품이다. 이후 영국의 식품회사에서는 여러 가지 향신료를 사용한 커리파우더를 시장에 내놓았다. 특히 강황은 영국 커리파우더를 상징하는 재료였다.

이렇게 인도에서 출발한 커리는 식민지 제국이었던 영국에서 세계화의 길을 걷기 시작했다. '커리'라는 이름마저도 영국산이다. 그렇다고 영국인들이 오롯이 커리의 세계화를 이끈 것은 아니다. 영국은 커리가 세계로 퍼져나가는 데 거쳐 간 정거장이었다. 커리는 다른 지역으로 이동하면서 커리에 뒤섞인 수많은 향신료의 가짓수만큼이나 다른 역사와 문화를 품게 되었다.


## 일본의 화양절충요리, 라이스카레

일본에서 커리파우더가 들어간 요리법이 처음으로 소개된 책은 1872년에 출간된 《서양요리지남(西洋料理指南)·하(下)》(29쪽)와 《서양요리통(西洋料理通)·하(下)》(17~18쪽; 24쪽)다. 이 두 요리책은 당시 요코하마에 체류 중이던 영국인 요리사로부터

들은 영국의 요리법을 일본어로 옮긴 것이다. 《서양요리지남·하》에서는 요리법의 이름을 일본어로 '카레의 제법(製法)'이라고 적었다. 이 요리법에 적힌 재료는 파·생강·마늘·요구르트·닭고기·새우·도미·굴 등이다. 이 재료들을 함께 넣고 끓인 다음 '카레 가루', 곧 커리파우더를 넣는다고 밝혔다. 당시 일본에서는 커리파우더를 직접 만들지 못했기 때문에 대부분 영국의 크로스 앤 블랙웰사에서 생산항 커리파우더 제품을 썼다.

19세기 말 일본의 문헌에서는 카레라이스를 '라이스카레'라고 불렀다. 이 음식이 언제부터 일본에 등장했는지에 관한 주장은 여럿이다. 그중 하나는 1876년 삿포로농학교(札幌農学校, 지금의 홋카이도대학) 교장을 맡았던 미국인 윌리엄 클락(William Smith Clark, 1826~1886)이 소개했다는 것이다. 또 다른 주장은 1873년 일본 육군의 유년학교(幼年學校)에서 매주 토요일을 '카레의 날'로 정하면서 라이스카레가 널리 알려졌다는 것이다. 하지만 라이스카레가 음식점의 메뉴로 등장한 시기는 1877년경으로 알려진다. 도쿄의 서양음식점 후게쓰도(風月堂)에서 일본 최초로 커리파우더로 만든 소스를 쌀밥 위에 올린 라이스카레를 판매했다. 이후 라이스카레는 대중 음식으로 확산했다.

1903년 일본에서도 커리파우더를 생산하게 되었다. 하지만 일본에서 재배되지 않는 강황의 확보가 문제였다. 그러자

**일본식 라이스카레**

강황과 비슷한 향미를 지니고 일본에서 재배된 울금(鬱金)을 강황 대신 썼다. 그런데 울금을 넣은 커리파우더로 만든 황색 소스가 마치 대변과 닮은 황색이었다. 그러자 커리파우더 제조업체들은 검은색 착색료를 섞어 카레 소스의 색을 짙게 만들었다. 이런 일로 1920~1930년대 일본 사회에서는 가짜 커리파우더 사건이 심심찮게 일어났다.

1912년 6월 28일자 일본의 《산요(山陽)신문》에는 라이스카레에 대한 한 독자의 감상이 실렸다. "서양 요리에 라이스카레라고 부르는 것이 있다. 나는 그것을 먹을 때마다 요사이 (라이스카레만큼) 현대 일본을 표상하고 있는 것이 없다고 생각한다. 서양의 문명과 일본의 문명이 같은 그릇 위에 섞여 있어 일종의 풍미를 드러내고 있다는 점, 거기에 과도(過渡) 시대의 애수가 담겨 있다."[4] 이처럼 1910년대 초반만 해도 일본의 대중은 라이스카레를 서양 요리라고 생각했다.

실제로 라이스카레의 원형은 영국에서 개발된 '커리드 라이스(curried rice)'다. 영국인은 '커리드 라이스'를 내놓을 때 접시에 쌀밥과 커리 소스를 각각 담았다. 하지만 일본의 라이스카레는 돈부리(どんぶり, 덮밥)처럼 쌀밥 위에 커리 소스를 얹었다. 또 일본인의 주식인 쌀밥을 강조하기 위해 '라이스카레'라고 불렀다. 라이스, 곧 쌀밥을 이름 앞에 내세워 소비자가 이 음식에 친근감을 느끼도록 유도한 것이었다.

1910년대 초반 일본 지식인들은 '화양절충요리(和洋折衷料理)'라는 개념을 만들어 냈다. 이 말은 일본을 뜻하는 '화(和)'와 서양을 의미하는 '양(洋)'을 당시 일본 지식인들이 인식한 화양절충요리의 범위는 다음 세 가지였다. 첫째는 서양식으로 요리했지만 겉모양은 일본식인 음식, 둘째는 일본의 재래 간장 따위로 맛을 냈지만 서양 겨자, 후추 같은 서양 재료를 가미한 음식, 셋째는 일본 식재료를 사용했지만 요리 방식이나 조미료는 서양 것을 사용한 음식이었다.[5] 곧 화양절충요리라는 말은 서양의 요리 기술이나 재료로 만든 일본 음식이라는 뜻을 담고 있었다.

# 식민지기 문헌에 등장한 라이스카레 요리법

식민지 조선에서 일본식 라이스카레 요리법이 처음으로 소개된 것은 1925년 4월 8일자 《동아일보》 6면에 실린 〈서양 요리제법〉이라는 칼럼이다. 요리의 이름은 '카레라이스'다. 이때는 일본에서도 '라이스카레'와 '카레라이스'를 섞어 부르고 있었으므로 조선에서도 혼용했다. 당시 카레라이스의 종류가 많았던지 이 신문에 소개된 것은 '소고기를 넣고 만드는 카레라이스'였다. 만드는 재료로 "우육[牛肉, 소고기] 반 근, 파(동그란 파) 두어 개, 카레 가루 세 사시(さし, 숟가락), 감자 약간, 당근 약간, 밀가루 두 사시(큰 것)"라고 적었다. 만드는 법은 매우 상세하다.

먼저 소고기를 잘게 썰고, 감자·파·당근은 어떤 것이든지 작게 반듯반듯하게 뱁니다. 그런데 감자만은 물에 담가서 회즙(灰汁, 전분)을 빼둡니다. 따로 다른 그릇에 기름에 튀는 냄비에 소기름을 녹인 데다가 고기와 파를 얼마쯤만 넣어서 파가 조금 익어서 고기가 맛있는 익은 냄새가 나기까지 익힙니다. 거기다가 카레 가루를 섞어서 뜨거운 물 세 홉쯤 넣어가지고 불에 한 시간쯤 익힌 후에 파·감자·당근을 넣어서 연하게 될 때 소금을 넣습니다. 여기다가 딴 그릇에 밀가루를 물에 탄 것을 저어서 부으면서 익힌 후에 내립니다. 내린 뒤에 지진 달걀을 잘게 썰어 넣으면 맛이 좋습니다. 또 능금

[사과]을 반 개쯤 잘게 썰어서 카레 가루와 더운물을 넣을 때 한꺼번에 넣은즉 맛이 더욱 좋습니다. 이렇게 다 만든 카레가 좀 식어도 밥만 더울 것 같으면 맛이 관계치 않습니다(고기는 소고기가 아니고 닭고기도 좋습니다).

요사이 소고기 카레라이스에는 양파·감자·당근·애호박·마늘 등 다양한 야채를 넣기도 하지만, 이 기사에서는 감자·파·당근을 넣는다고 적었다. 식용유 대신 소고기 기름에 재료를 볶는 방법이 지금과 다르다. 당시 콩기름과 같은 식용유를 구하기가 쉽지 않았기 때문이다. 또 기름에 지진 달걀을 썰어 넣는 요리법도 지금은 보기 어렵다.

앞의 기사가 나오고 이틀이 지난 1925년 4월 10일자《동아일보》2면의 같은 칼럼에서는 '카레 수프 만드는 법'을 소개했다. 카레 수프의 재료는 닭고기·버터·카레 가루·사과·당근·밀가루 등이다. 잘게 썬 닭고기, 사과, 당근 등에 카레 가루와 밀가루를 혼합하여 더운물을 붓고 끓인 다음 닭고기는 건져내고, 나머지는 체에 밭치고 국자로 으깨 수프의 국물을 만든다고 적었다. 여기에 건져놓은 닭고기를 넣으면 카레 수프가 완성된다고 했다.

1934년 3월 10일자《조선일보》조간 1면에는 〈찬밥 치다꺼리에 손쉬운 (서)양요리〉세 가지 중 하나로 라이스카레 요리법을 실었다. 글쓴이는 서양 여성복 전문가였던 임정혁(任貞爀)이다. 그가 소개한 라이스카레의 재료는 닭고기·양파·소금·후춧가루·아지노모토[MSG]·밥과 카레 가루, 그리고 우유 혹은 고깃국물이다. 집에 찬밥이 있으면 이것을 데워서 접시에 담고 그 위에 카레를 끼얹어서 먹는다고 했다.

1934년 12월 8일자 《동아일보》 4면에도 〈겨울에 찬밥으로 맛있게 해 먹는 요리〉 중 하나로 카레밥 요리법이 소개되었다. 재료로는 닭고기가 기본이지만, 돼지고기나 소고기를 사용해도 좋다고 하면서, 소금·술·참기름·찬밥과 카레 가루를 준비하라고 일렀다. 냄비에 참기름을 붓고 카레 가루를 볶다가 좋은 냄새가 나면 찬밥을 넣고 주걱으로 뒤집어 가며 볶는다고 했다. 마지막으로 술 큰 숟가락 하나를 넣고 고기를 볶아 접시나 사발에 담아 상에 올린다고 적었다. 카레 가루만 있으면 매우 간편하게 찬밥을 볶아 먹을 수 있는 요리법이다. 그만큼 카레 가루의 활용법이 다양해졌다.

1936년 5월 28일자 《동아일보》 석간 5면에서는 게 통조림으로 간단하게 만들 수 있는 '게 오므라이스'와 카레라이스를 소개하면서, 카레라이스는 "담백하고 맛이 있으며 속히 되는 것이니 여름 요리에 적당"하다고 덧붙였다. 재료로는 게 통조림·마늘·국국물·버터·밀가루·소금과 카레 가루를 적었다. 냄비에 버터를 넣고 녹인 다음 카레 가루를 넣어 볶다가 국국물을 붓고 걸쭉하게 푼 다음, 국물이 끓으면 게·마늘을 넣고 소금으로 간을 하라고 했다. 마지막에 언급한 주의할 점이 재미있다. 밥 위에 얹어서 먹을 카레는 좀 걸쭉하게 하고, 국처럼 딴 그릇에 담아 먹을 때는 좀 묽게 하라는 것이다. 당시 카레 소스를 묽게 해 국처럼 먹기도 했던 모양이다.

1936년 요리책 《증보 조선무쌍신식요리제법(增補朝鮮無雙新式料理製法)》에도 카레라이스 요리법이 실렸다. 이 요리책은 1924년 영창서관(永昌書館)에서 출판된 《조선무쌍신식요리제법》의 증보판으로, 초판에 없었던 서양 요리 만드는 법이 추가되었다. 그중 다섯 번째로 언급된 음식이 '커리라이스'다. 특이하게 이 책에서는 '라이스카레' 혹은 '카레라이스'가 아니라 '커리라이스'라고 표현했다. 또 커리라이스의 한글 이름을 '쇠고기밥'이라고 썼다. 그 요리법을 살펴보자.

쇠고기 50문(匁, 약 187.5그램)[6]을 잘게 썰어서 볶은 후에 물 세 사발을 붓고 감자 큰 것 한 개 당근 작은 것 한 개를 함께 잘게 썰어서 고기 볶은 데다 넣고 끓인 후에 당근이 흐물흐물하게 익은 후에 양념한 후 다른 그릇에다 밀가루 한 컵 반만 넣고 커리 가루라 하는 것을 시럽 사시로 한 사시 반만 넣고 거기다 물 한 컵 반 붓고 곱게 풀어서 그것을 먼저 끓여서 익힌 데다가 부어서 밀가루가 익은 후에는 그것을 밥에 붓는 것이 커리라이스라 하오.

앞에서 소개했던 1925년 4월 8일자 《동아일보》의 요리법과 비교하면 재료로 소고기·감자·당근·커리 가루가 들어가는 점은 같지만, 파와 사과를 넣지는 않았다. 영국식 커리드 라이스에는 사과나 건포도가 들어가지만, 인도의 커리에는 들어가지 않는다. 《증보 조선무쌍신식요리제법》의 저자는 어떤 경로로 이 요리법을 알게 되었을까? 저간의 사정을 살펴볼 수 있는 자료가 아직 발견되지 않았다. 일본의 요리책이나 조선에 와 있던 영국인을 통해 이 요리법을 알게 되지 않았을까 추정할 뿐이다.

## 서양 음식점과 카페에서 먹었던 라이스카레

1920년대 중반 이후 일본식 라이스카레 혹은 카레라이스는 식민지 조선에 널리 알려졌다. 1935년 5월 3일자 《동아일보》 4면에 실린 〈라이스카레에 대한 인식 부족〉이란 기사에서는 서양 음식의 하나인 라이스카레가 "지금은 우리 조선에서도 시골 궁촌(窮村, 가난하여 살기 어려운 마을)이 아니면 어지간히 보급되어 있습니다"라고 적었다. 사실 1920년대 후반에서 1930년대 초반 사이의 신문 자료에는 카레와 관련된 내용이 제법 많다.

가령 1929년 9월 10일자 《동아일보》 3면의 한 기사에서
는 자극성이 강한 음식은 미용에 좋지 않다면서 고추·후추·겨
자와 함께 카레를 언급했다. 또 1930년 11월 19일자 《동아일
보》 5면에서는 세탁 강습회에서 카레나 겨자가 묻은 옷은 설탕
물을 뿜어가며 빤다고 배웠다는 내용을 실었다. 1930년에 들
어와서 《동아일보》의 연재소설 〈진재전후(震災前後)〉에서 일본
의 음식점 메뉴에 라이스카레가 있다든지,[7] 《조선일보》의 연재
소설 〈약탈자〉에는 집에서 라이스카레를 만들어 먹는 장면이
나온다.[8] 이 기사와 연재소설 들을 통해 라이스카레 혹은 카레
라이스가 널리 소비되고 있었음을 알 수 있다.

　　앞에서 소개했던 1935년 5월 3일자 《동아일보》 4면의 기
사에서는 싼 서양 요릿집에서 내놓는 카레 요리가 맛이 없는
이유도 밝혔다. "여러 가지 재료를 한데 삶다가 나중에 카레를
타서 넣고 바로 내려야 맛있게 되는 줄 아는데 이것은 전혀 카
레의 맛을 모르는 사람의 일입니다. 작은 불에 오래 끓여야 카
레의 독특한 맛이 나오는 것이오. 카레를 넣었다가 바로 먹는
것은 카레를 거죽만 핥게 되는 셈입니다. 싼 (서)양 요릿집에서
카레를 먹을 때 눈물이 나게 맵기만 한 것은 매운맛만 나왔을
때 바로 내리게 된 까닭입니다. 적어도 카레 요리를 해 잡수는
분은 카레에 대한 인식이 똑바로 서야 하겠습니다"라고 했다.

　　1920~1930년대 서울을 비롯한 대도시의 서양 음식점 대

라이스, 카레라는 서양 음식 중 서 맵듯것인데 인도사람이 이때
에 하나는 지금은 우리조선에서 운것을 먹게된 카닭이있습니다
도 시골촌이아니면 어지간이 보 우리조선에서는 고추라는 것이
급보여있습니다 찬이없어도 겸을 밍(?)언때워서 몸이 더워지지마는
에는 집답고라 라이스, 카레를 맵 이카레라는것은 맵은성질이 달라
드러 먹게되엇다. 카레는 맵 서 먹게되면 몸이식어서
그러나 라이스카레에 대한 인 붓는게 아니라 반대로 몸이식어서
식이 부족하시자않는가 합니다. 서늘하게되는 팔케상 인도는 열
원래 이 음식은 열대지방 인도산 대지방이므로 더워견디지 못하는
로 하루미, 카레라는식물열매쿠 인도사람들이 믿은순간에는 불이
줄려 하게된것은 그때만 지나면 몸이식어서 서늘하게되는고로 이
라 나눕고 하는 열사귀를 원료로 정불게되는것이오 생활의 필요로
해가지고 몹시 매운 향뇨를 너허

1935년 5월 3일자 《동아일보》에 실린 〈라이스 카레에 대한 인식 부족〉

부분은 일본인이 운영했다. 서양 음식점 대부분은 화양절충요
리인 돈가스와 오므라이스, 그리고 카레라이스를 팔았다. 모던
보이와 모던걸이 가정을 이룬 집에서는 반찬이 없을 때 카레라
이스를 만들어 먹었다.[9] 그들은 카레라이스에 다양한 재료가
들어가서 간편하게 끼니를 해결하는 데 적합한 음식이라고 여
겼다.

　대도시의 서양 음식점 말고도 서울의 법원 구내식당에서
도 카레라이스를 제공했던 모양이다. 독립운동가 안창호(安昌

浩, 1878~1938)는 1932년 6월 7일 경성지방법원 검사국에서 서대문 경찰서장을 비롯한 사복 경관의 삼엄한 경계 속에서 정오에 법원 구내식당에서 사 온 카레라이스를 먹었다.[10] 안창호는 1932년 4월 윤봉길이 일으킨 상하이 훙커우(虹口) 공원의 폭탄 투척 사건에 연루되어 일본 경찰에 붙잡혀 서울로 송환됐었다.

카페에서도 카레라이스를 팔았다. 1936년 5월 30일자 《동아일보》 석간 2면에는 서울의 한 카페에서 시골 손님에게 카레라이스 한 그릇 값으로 1원 20전의 폭리를 취했다는 기사가 실렸다. 1936년 연초부터 물가가 폭등해 사회적 문제가 되던 때였다. 특급 쌀 1킬로그램에 25전도 비싸다고 난리가 날 정도였다. 설렁탕 한 그릇 값도 20전에서 30전으로 올랐다. 그런데 카레라이스 한 그릇 값이 1원 20전이라니, 한 마디로 폭리를 취했음이 분명하다. 1930년대 중반 어린이들이 좋아하는 음식으로 카레라이스가 꼽히기도 했다.[11]

이 기사들은 1930년대 식민지 조선의 도시에서 카레라이스의 인기가 대단했음을 보여준다. 감자나 당근만 있으면 미리 사둔 통조림과 카레 가루로 집에서 쉽게 요리해서 한 끼를 해결했다. 이러한 간편성과 서양 음식이라는 이미지, 그리고 여러 가지 재료가 한데 어우러져 건강에도 좋은 음식이라는 인식은 카레가 인기를 끌었던 요인이었다.

# 해방 이후 값싼 음식의 대표가 된 카레라이스

1950년 4월 한국 정부는 조선총독부가 1938년에 제정한 '조선물품세령'을 '물품세법'으로 명칭을 바꾸고 세율을 정했다. 물품세법에 따르면 커리파우더 제품을 '즉석 카레'라 일컫고 10퍼센트의 물품세를 부과했다. 물품세는 특정한 과세물품을 제조장에서 실어내거나 그 일부를 판매장에서 판매할 때, 그리고 수입품을 보세구역에서 내올 때 각각의 물품에 대해 과세하는 다단계 소비세를 가리킨다. 처음 제정된 물품세법은 59개 품목에 대해 10~40퍼센트의 세율을 적용했다. 그중 54번째 조미료에 즉석 카레가 포함되었다. 정부에서 즉석 카레의 물품세를 10퍼센트로 책정한 이유는 즉석 카레를 귀중품이 아니라 생필품이라고 판단했기 때문이다. 1930~1940년대를 거치면서 커리파우더는 생필품으로 인식되었음을 물품세법을 통해 확인할 수 있다.

커리파우더가 생필품이 될 정도이니 음식점에서 판매한 카레라이스의 값도 비싸지 않았다. 한국전쟁이 휴전된 이듬해인 1954년 4월, 정부의 물가사정위원회에서는 음식점의 음식 값을 정해 고시했다. 양식 중 돈카츠(돈가스)·비후카츠(비프커틀릿)·오무라이스(오므라이스)·카레라이스는 모두 일본식 서양 음식, 곧 화양절충음식이다. 이 중 카레라이스의 값이 가장 쌌다.

| 한식 | 한정식 | 백반 | 냉면 | 설농탕 | 비빔밥 | 곰탕 | 떡국 | 탕반 | 대구탕* |
|---|---|---|---|---|---|---|---|---|---|
| 우 | 450 | 230 | 150 | 150 | 150 | 150 | 150 | 150 | 150 |
| 양 | 350 | 200 | 120 | 120 | 120 | 120 | 120 | 120 | 120 |
| 가 | 250 | 150 | 80 | 100 | 100 | 100 | 100 | 100 | 100 |
| 양식 | 양정식 | 런취 | 돈카츠 | 비후카츠 | 카레라이스 | 오무라이스 | | | |
| 우 | 650 | 500 | 250 | 200 | **120** | 130 | | | |
| 양 | 500 | 400 | 200 | 180 | **100** | 100 | | | |
| 가 | 400 | 300 | 150 | 150 | **100** | 100 | | | |

*대구탕: 당시 경상북도의 대구식 육개장을 말한다.

**1954년 4월 정부 물가사정위원회 고시 음식값(화폐 단위는 환圜)**

이후 라이스카레라는 이름은 정부와 신문 자료에서 카레라이스로 정착되어 갔다.

개성 출신으로 미식 관련 글을 많이 썼던 동화작가 마해송(馬海松, 1905~1966)은 이열치열의 여름 음식으로 카레라이스를 꼽았다.[12] 하지만 그는 1950년대 후반 서울에 맛있는 카레라이스를 파는 음식점이 없다고 하면서, 재료를 손쉽게 가게에서 살 수 있으니 집에서 만들어 먹는 편이 차라리 좋다고 했다. 당시 요리 연구가들은 채소와 두부, 고기가 주재료인 두부찌개에 커리 가루를 넣는 요리법,[13] 풋고추전에 카레 가루를 넣어 더운 여름 입맛을 살리는 요리법,[14] 볶은 카레를 도시락밥의 위에 올리고 삶은 달걀을 얇게 썰어 덮은 드라이 카레 도시락 요리법[15] 등을 신문 등에 소개했다. 이로 미루어 보아 당시 미국에서 수입한 커리파우더를 시중에서 팔았고, 소비자들은 이것으로 다양한 음식을 만들어 먹었음을 확인할 수 있다.

당시 서양 음식점을 비롯해 관공서의 구내식당, 열차의 식당칸에서는 싼값의 카레라이스를 팔았다. 심지어 서울 시내의 음식점 중에는 카레라이스를 배달해 주던 곳도 있었다. 집에서도 쉽게 커리 가루를 넣은 음식을 만들어 먹을 수 있었으니 이제 커리(혹은 카레)는 대중 음식의 대명사가 되었다.

한국인은 일본식 카레라이스를 받아들였지만, 카레라이스를 먹는 방식에서 일본인과 달랐다. 일본인은 카레 소스와 밥을 섞어서 먹지 않는 반면, 한국인은 비빔밥처럼 비벼 먹는다. 또 당시 음식점에서는 카레라이스에 곁들여 일본식 채소절임인 다쿠앙(たくあん, 단무지)을 반찬으로 내놓았다. 카레라이스에는 고기와 기름도 약간 들어 있어서 한국인의 입맛에 결코 담백한 음식이 아니다. 그래서 다쿠앙을 반찬으로 제공했다. 더욱이 카레라이스를 먹을 때 잘 익은 배추김치가 있으면, 한국인에게는 어느 진수성찬에 비할 바가 아니었다. 카레라이스가 한국에 자리를 잡은 1950~1960년대, 일본식 카레라이스는 한국식으로 변모하는 중이었다.

# 1960년대 분식장려운동과
## 커리파우더가 만나다

1960년대 들어 가정학자들은 카레라이스를 합리적인 식생활 개선을 위한 음식으로 제시했다. 1960년 11월 12~13일 이틀 동안 당시 서울 중구 남대문로5가에 있던 중앙상공장려관에서는 대한가정학회가 주관한 '제2회 합리적인 생활 개선 전시회'가 열렸다. 이 전시에서 대한가정학회 소속 학자들은 감자·당근·돼지고기·양파·밀가루와 카레 소스를 쌀밥 위에 얹고 반찬으로 김치를 내놓으면 좋다고 제안했다. 학자들은 카레라이스가 영양도 만점인 데다 간편하게 만들 수 있어서 도시 노동자의 점심으로 좋다고 제안했다.

1961년 5월 16일 군사쿠데타로 들어선 군사정부에서도 국수에 카레를 얹은 '카레 국수'를 식생활 개선의 대표적인 음식으로 꼽았다. 같은 해 6월 정부는 국가재건최고회의 산하에 '재건국민운동본부'를 발족했다. 재건국민운동본부는 국민을 계몽하는 데 목표를 두고 있었고, 식생활개선운동은 중요한 사업이었다. 이 본부에서는 국민의 체위 향상을 위해 영양적이면서 간단하고 경제적인 요리법을 알려주는 '식생활개선강습회'를 개최했다. 1962년 1월 하순에 열린 '식생활개선강습회'에서 가정대학 교수와 요리학원 원장 들은 카레 국수를 대표적인 음식으로 꼽고 요리법을 소개했다. 미국 정부에서 제공한 공짜 밀가루를 소비할 수 있는 대안으로 카레 국수는 쌀 절약에도 적합한 음식이었다.

이런 상황에서 1963년 서울의 제일식품화성주식회사에서 '스타카레분'이라는 커리파우더를 발매했다. 1962년부터 MSG를 제조·판매한 이 회사에서는 인도와 동남아시아 일대에서 들여온 고가의 향신료로 커리파우더를 만들었다. 1960년 11월 상공부는 커리파우더에 들어가는 각종 향신료의 수입을 허가했다. 이후 제일식품화성주식회사가 커리파우더를 만드는 데 필요한 강황, 커민 씨, 커리나무 잎을 수입해 직접 커리파우더를 만들었다. 그 결과 미국과 일본에서 들여온 커리파우더의 값에 비해 국산 커리파우더의 값이 싸졌다.

1963년 8월부터 신문에는 '스타카레분' 광고가 실렸는데, 커리파우더로 만든 카레 국수와 카레라이스를 주식인 쌀밥을 대체할 수 있는 대용식(代用食)이라고 강조했다. 그러면서 "카레 국수는 삶아놓은 국수 위에 카레라이스와 같이 덮어서 짜장면식으로 하면 됩니다"라고 적었다. 식민지기 조선총독부는 1930년대 후반 확전을 하면서 후방의 국민이 쌀과 고기를 아끼는 방법으로 대용식을 먹어야 한다고 제안했다. 전쟁 때 필요했던 대용식이란 용어를 박정희 군사정부가 채용하자, 커리파우더를 판매하는 기업에서도 잽싸게 광고에 대용식이란 용

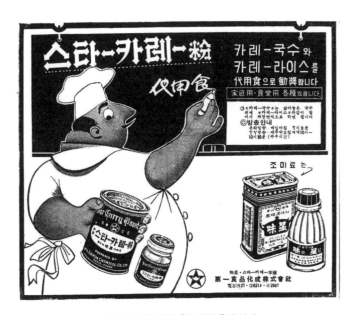

1963년 9월 2일자 《동아일보》에 실린
제일식품화성주식회사의 '스타카레분' 광고


어를 넣었다.

　'카레의 대용식'은 여기에서 멈추지 않았다. 1960년대 중반 정부가 펼친 대용식 운동은 쌀밥 대신 보리밥을 먹자는 혼식(混食)에 초점을 맞추었다. 당시만 해도 남부 지방의 농촌에서는 논에 벼와 보리를 이모작했으므로 보리 생산량이 많았다. 1966년 어느 해보다 보리 생산량이 늘자, 정부에서는 보리밥 위에 카레를 올린 보리밥 카레라이스를 먹자고 제안했다. 이 소식을 접한 서울의 김규희(52세) 씨는 "보리밥은 푹 삶아서 된장, 열무김치와 먹으면 쌀밥보다 더 맛나는 것입니다. 그러나 요즘처럼 '라이스카레'에까지 보리를 섞어서 먹으라고 하면 곤란해요"[16]라고 정부의 제안을 비판했다. 당시 사람들도 카레라이스는 쌀밥이어야 제맛이 난다고 생각했음을 이 기사를 통해 추측할 수 있다.

1967년 6월 소고깃값이 오르자, 여성단체협의회에서는 소고기 대신 생선을 많이 먹자는 캠페인을 벌였다. 그러면서 등장한 음식이 '생선카레튀김'이다. 고등어나 정어리는 비린내가 많이 나므로 "값싼 생선에 카레 가루를 섞어 발라 튀기면 비린내가 가신다"는 점이 생선카레튀김의 장점이라고 밝혔다. 재료는 고등어·카레 가루·밀가루·소금·후추·기름 등이다. 요리법은 이렇다. "깨끗이 다듬은 생선 토막에 소금·후추로 간을 한다. 간이 배면 밀가루에 카레 가루를 고루 섞어 생선 토막에 골고루 묻혀 잔가시도 먹을 수 있게 바싹 튀긴다. 찍어 먹는 간장은 우스터 소스(worcester sauce)가 적당하나 초간장도 무방하다"라고 했다. 하지만 이런 제안이 가정의 부엌에서 얼마나 재현되었는지 의문이다.

1968년 8월 26일 보건사회부가 제시한 절미운동의 기준에는 "양식 및 왜(倭)식당에서 판매하는 카레라이스·오므라이스·덮밥·냄비 식사에는 25퍼센트의 잡곡을 사용토록" 했다.[17]

곰탕·설렁탕·육개장은 반드시 쌀밥 50퍼센트, 보리밥 50퍼센트를 섞도록 지정했지만, 그래도 카레라이스는 쌀밥 75퍼센트, 보리밥 25퍼센트로 완화해 주었다.

　　정부의 절미운동은 1970년대에도 이어졌다. 1972년 2월 정부는 '분식의 날'을 지정하고 담화문을 발표했다. 이 담화문에는 국민이 '지켜주실 사항'이 의무 규정처럼 담겨 있었다. "양식 판매업소에서는 반식(飯食, 쌀밥)을 판매하지 못한다. 다만, 오므라이스, 하이라이스, 카레라이스 등 경양식의 반식을 판매할 경우에는 보리쌀, 밀쌀(밀의 낟알에서 껍질을 벗겨낸 알곡), 밀국수류 또는 잡곡을 원료로 하는 인조미를 20퍼센트 이상 혼합해야 한다"라고 했던 것이다. 담화문 발표 이후 식당 주인 중에는 밥에 잡곡 20퍼센트 이상을 혼합하지 않으려면, 아예 카레라이스 대신 카레국수를 파는 것이 더 낫다고 생각한 사람이 많았다.

　　이런 와중에도 커리파우더의 국산화가 착착 진행되었다. 지금도 국내에서 커리 제품 대표업체로 이름난 ㈜오뚜기의 전신 조흥화학공업주식회사에서는 1968년 10월 '즉석(卽席) 카레'라는 이름으로 커리파우더 판매를 시작했다.[18] 당시 오뚜기의 '즉석 카레'는 강황·고추·후추를 비롯한 향신료에 식용 유지·밀가루·소금·설탕 등을 섞어서 만들었다. 그런데 정부에서는 달러 소비를 줄일 목적으로 커민과 코리앤더 씨의 수입을

秋夕膳物이라면!!

印度가 키운
世界, 最高의 카레를
맛 보십시오.

오랜 歲月에 걸쳐, 카레 香辛料 재배에 전력을
기우린 印度人의 독특한 솜씨로 만든 카레는,
당연 그만이 世界最高로 손꼽히고 있읍니다.
赤道의 뜨거운 太陽熱로 키운 純印度産 카레는
그 神秘한 香味를 더욱 짙게하고,
오뚜기 即席 카레야 말로 韓國에서 맛볼수 있는
唯一한 100% 純粹한 印度産 카레입니다.

朝興化學工業株式會社 食品部
販賣問議處: 電話 서울 ⑧8261~6·販賣部 釜山 ⑤8900 ②4204

1968년 10월 2일자 《조선일보》에 실린 오뚜기 즉석 카레 광고

허가하지 않았다. 반면 강황은 수입 금지 품목에서 빠져 있었다. 강황을 사용할 수밖에 없었던 오뚜기의 '즉석 카레'는 짙은 갈색을 띠는 일본의 카레와 달리 짙은 노란색을 띠었다.

1968년 10~12월 신문에 실린 오뚜기의 '즉석 카레' 광고에는 "인도가 키운 세계 최고의 카레를 맛보십시오"라는 문구가 크게 적혀 있다. 드디어 한국의 카레 제품에서 인도를 내세운 것이었다. 그러면서 "오뚜기 즉석 카레야말로 한국에서 맛볼 수 있는 유일한 100퍼센트 순수한 인도산 카레입니다"라고 강조했다. 하지만 인도 커리는 그 종류가 수천 종에 이르므로 '즉석 카레'를 '순수한 인도산'이라고 한 주장은 과장에 지나지 않았다. 그런데도 오뚜기는 여성 판매사원을 채용하여 홍보와 시식회를 실시하고, 라디오와 TV에 CM송을 비롯한 광고를 내

보내며 매출 증대를 꾀했다. 국산 커리파우더를 접한 소비자들의 반응은 좋았다. 이후 오뚜기의 '즉석 카레'는 정부의 분식장려운동과 결합하여 탄탄한 성장세를 이어갔다.


## 1980년대 엄마표 카레에서
## 2000년대 본고장 커리로

1981년 4월 오뚜기는 '3분 카레'라는 레토르트(retort) 카레 제품을 출시했다. '3분 카레'는 공장에서 양파·감자·사과·당근·소고기·식용유지·사골국물 등에 커리파우더를 섞어 가열한 카레를 가압·살균한 제품이었다. 3분 동안 끓는 물이나 전자레인지에 데워 밥 위에 바로 올려 먹을 수 있었다.

당시 서울을 비롯한 대도시의 가정에서는 높은 물가와 교육비, 그리고 집값을 감당하려면 부부가 맞벌이할 수밖에 없었다. 가정마다 이미 냉장고와 전기밥솥은 갖추고 있던 때라, 레토르트 카레 제품으로 손쉽게 카레라이스를 만들어 먹었다. 맞벌이하지 않는 가정에서도 카레는 인기였다. 당근·감자·소고기를 추가한 엄마표 카레는 가족 모두의 입맛을 당기는 특별한 식사였다.

1988년 서울올림픽대회 이후 서울을 중심으로 외국 음식을 파는 음식점이 많이 생겼다. 1990년대 서울에는 인도·파키스탄·네팔 음식점이 문을 열었다. 이들의 메뉴에서는 카레라이스나 카레국수는 찾아볼 수 없었다. 대신 한국인들은 다양한 향과 맛이 나는 커리에 탄두르 화덕에서 구워낸 '난'을 찍어 먹으며 인도 본고장의 맛을 즐길 수 있게 되었다.

2000년대 이후 인도를 방문하는 한국인이 증가하면서 '카레'라는 이름도 '커리'로 바뀌어 갔다. 2021년 3월 한 식품회사에서는 인도의 델리와 마드라스, 타이의 유명한 커리들을 레토르트 제품으로 내놓아 대단한 인기를 끌었다. 전자레인지에 1분만 돌리면 바로 먹을 수 있는 이 제품은 국내 '카레' 시장의 판도를 바꾸어 놓았다. 그러자 기존 '카레' 시장을 독점해 오다시피 한 기업에서도 본고장의 맛에 가까운 커리 제품을 시장에 내놓았다. 2022년 현재 한국의 '커리' 시장은 어느 업체의 제품이 본고장의 커리 맛에 가까운가를 두고 경쟁 중이다.

1980년대 이후 음식의 역사를 연구하는 일부 학자들은 제국과 식민지의 관계가 해체된 후에 오히려 식민지의 음식이 제국으로 이동하는 사례가 있음을 증명하기 시작했다. 가장 대표적인 사례가 커리다.[19] 인도 사람들이 외국으로 나가면서 커리는 다양한 형태로 진화했다. 영국인이 만들어 낸 커리파우더는 북미와 오스트레일리아와 일본으로 전해졌다.

1960년대부터 한국 사회는 일본식 카레를 한국식으로 바

구어 갔다. 이 과정에서 카레 국수·생선카레튀김·카레참치캔·
카레치킨프라이드 등이 개발되었다. 그러나 2000년대 중반 이
후 한국인은 인도아대륙과 동남아시아의 본고장 커리 맛에 푹
빠져 있다. 미국의 민속학자 루시 M. 롱(Lucy M. Long)은 국제
적 관광이 확장될수록 사람들은 관광지에서 맛보았던 음식을
귀국 후에도 먹고 싶어 한다고 보았다.[20] 2010년대 이후 한국
커리 시장의 변화는 해외여행을 통한 한국인의 타 문화 경험이
가져온 결과다. 본고장의 커리 맛을 알고 즐기는 사이에 한국
식 카레의 자취도 엷어지고 있다.

---

**《식품공전》의 커리**

카레(커리)는 조미식품에 속한다. 명칭은 '카레(커리)'다. 조미식
품은 식품의 제조·가공·조리 과정에서 풍미를 돋우기 위한 목적
으로 사용되는 제품이다. 식초, 소스류, 카레(커리), 고춧가루 또
는 실고추, 향신료 가공품, 식염 등이 있다. 카레(커리)는 향신료
를 원료로 한 카레(커리) 가루 또는 여기에 식품이나 식품첨가
물 따위를 더해 만든 제품을 가리킨다. 따라서 카레(커리)는 커
리파우더인 카레(커리) 가루와 카레(커리) 가루를 넣고 만든 음
식인 카레(커리)로 나눌 수 있다.

# 우유

근현대 한국사를 품은 우유의 역사

우유는 하얀 독약인가,
아니면 하얀 묘약인가?

끊이지 않는 우유에 대한 논쟁

# milk

---

우유는 영어로 '밀크(milk)'다. 밀크는 '젖을 짜다'라는 의미의 게르만어 '메올크(meolc)'에서 유래했다. 여기서 젖은 포유류의 어미에게서 나오는 유즙을 가리킨다. 하지만 한국과 일본에서는 한자로 우유(牛乳)라고 표기한다. 중국에서는 대부분은 '니우나이(牛奶)'로 표기한다. 동북아시아 세 나라 사람들은 '밀크'를 '소의 젖'이라고 생각한다. 하지만 유럽과 북미, 그리고 중앙아시아와 서아시아 사람들은 소의 젖뿐만 아니라 양과 말의 젖도 먹는다. 20세기 초반부터 미국과 영국에서는 산업화한 저온 살균 밀크와 유리 보호병에 든 밀크가 유통되었다. 구미에서의 밀크는 적어도 1960년대까지 남녀노소 모두 마셔야 하는 영양 음료였다. 하지만 1970년대부터 식품학자 사이에서 우유에 대한 논쟁이 일어났다. 1960년대부터 2000년대

까지 우유의 전성시대였던 한국에서도 2010년대 이후 이 논쟁에 빠져들었다.

## 우유의 글로벌 히스토리

오늘날 세계에서 유통되는 밀크 대부분은 소의 젖을 가공한 우유다. 이렇게 우유가 밀크의 대명사가 된 배경에는 북미와 서유럽의 여러 나라에서 19세기 이래 우유를 중심으로 산업화를 시도하여 성공했기 때문이다. 밀크의 산업화 과정에서 소젖이 다른 포유동물의 젖을 다 제치게 된 것은 많은 양을 편리하게 생산할 수 있다는 장점이었다. 19세기 말 서유럽에서 구축된 소젖 위주의 산업화에 영향을 받은 일본이 '밀크'를 '우유'라고 번역한 이유 역시 그 때문이다. 일본을 통해서 산업화한 소젖의 제조 기술이 한반도에 전해졌다. 그래서 한국에서도 '밀크'를 '우유'라고 번역한다.

18세기 이후 영국에서는 런던을 중심으로 소젖 위주의 밀크가 시민을 위한 건강식품으로 자리 잡았다. 우유가 인기를 끌자 불량 우유가 등장하기도 했다.[1] 당시 런던의 낙농업자 중에는 오래된 소젖에 소의 골을 넣어 거품을 내 신선한 우유인 것처럼 만들어 판매하는 사람이 있었다. 이 불량 우유 때문에

1900년경의 전통적인 우유 배달 방식으로, 개가 끄는 수레와 우유 파는 여성

큰 고통을 겪었던 사람은 빈곤층이었다. 자본가들은 어린아이에게 모유 대신 우유를 먹이게 함으로써 어머니들을 공장으로 내몰아 육아 대신 노동을 하게 했고, 불량 우유를 먹은 아이들은 목숨을 잃었다.

불량 우유의 문제를 해결한 사람은 프랑스의 미생물학자 루이 파스퇴르(Louis Pasteur, 1822~1895)였다.[2] 그는 자칫 병균 덩어리일 수 있는 불량 우유를 건강에 좋은 음식으로 만드는 기술인 '저온 살균법'을 발명했다. 그래서 '저온 살균'의 영어

1910년경 미국 최신식 낙농장의 우유 저온 살균 시설

인 '패스처라이제이션(pasteurization)'에 그의 이름이 붙었다. 우
유의 저온 살균법은 파스퇴르 이후에도 논쟁거리였지만, 20세
기 초반 미국 정부가 저온 살균한 우유를 학교 급식으로 제공
하면서 우유의 전성시대를 열었다. 학자들은 이 우유를 '산업
우유'라고 부른다.

20세기 후반부터 북미와 서유럽에서 산업 우유의 소비는
급격하게 줄어들었다. 산업 우유가 좋은지 나쁜지를 두고 과학
적 논쟁이 끝없이 일어났기 때문이다.[3] 이에 반해 1970년대 이
후 라틴아메리카와 아시아의 몇몇 나라에서는 산업 우유의 소

비량이 빠르게 늘어났다. 급속한 경제성장을 이루고 있던 이 국가들은 우유를 국민 영양을 지키는 출발이라 판단하고 공공보건 차원에서 산업 우유 공급을 적극적으로 지원했다.[4] 이 국가들의 대다수 국민 또한 산업 우유를 선진국의 상징으로 여겨 매일 마셔야 하는 영양 음료로 인식했다.

## 조선총독부, 우유 영업을 단속하다

1911년 5월 15일 조선총독부 경무총감부는 부령(部令) 제7호 '우유영업취체규칙(牛乳營業取締規則)'을 발포했다.[5] 여기에서 '취체'는 '단속'을 뜻하는 일본어로, 우유 영업을 단속하는 규칙이다. 이 규칙의 제1조에서는 각종 유제품의 정의를 밝혀놓았다. 이를 통해 당시에 유통되었던 우유의 종류를 가늠할수 있다.

우유영업취체규칙에서는 먼저 "우유라고 칭하는 것은 판매용으로 공급되는 전유(全乳) 및 탈지유(脫脂乳)를 가리"킨다고 밝혔다. 암소에서 갓 짜낸 우유에는 수분이 약 88퍼센트, 지방·단백질·당 따위의 고형물이 약 12퍼센트 들어 있다. 전유는 고형물을 제거하지 않은 '생우유' 혹은 '원유'이다. 탈지유는 생우유에서 지방을 분리한 것이다. 생우유를 놓아두면 윗부

1907년 10월 8일자《황성신문》에 실린 '신선우유' 광고. 당시 황실의 궁내부에 납품한다는 점을 강조했다.

분에 크림층을 이룬 지방이 뜬다. 산업 우유 제조 과정에서는 원심분리기에 생우유를 넣고 돌리는데, 지방이 거의 제거되어 지방 함량이 매우 낮은 탈지유를 얻을 수 있다.

1907년 10월 8일자《황성신문》에는 신선우유(新鮮牛乳)를 판매하는 한국축산주식회사(韓國畜産株式會社)의 광고가 실렸다. 한국축산주식회사는 당시 남대문 밖의 도동(桃洞, 지금의 용산구 도자동과 후암동 일대)에 있었다. 이 회사는 도동에서 서양 젖소 10여 마리를 키우면서 증기기계와 여과기를 갖추고 탈지유를 생산했다. 광고에서는 대한제국 황실에 납품한다는 사실을 강조했다.

우유영업취체규칙에서는 "유제품이라 칭하는 것은 판매용으로 공급되는 연유(煉乳) 및 분유(粉乳)를 가리"킨다고 유제품을 정의했다. 연유는 우유를 농축하여 만든 가공식품이다. 당분을 넣어 가공한 가당연유와 그렇지 않은 무당연유의 두 가지가 있다. 가당연유에는 설탕이 40퍼센트 정도 들어가는데, 맛을 달게도 하지만 긴 저장 기간을 확보하기 위한 가공방식에서 나온 것이다. 무당연유는 소화가 잘되므로 주로 이유식의 재료로 쓰인다. 1910년대 서울을 비롯한 근대도시에서 구입할 수 있었던 연유 제품은 가당연유였다. 설탕을 제조하는 제당업과 연유 생산은 밀접하게 관련되어 있었다. 앞에서 소개한 1907년 10월 8일자 《황성신문》에 실린 한국축산주식회사의 광고에서는 '양철통 연유(洋鐵桶 煉乳)'도 판매한다고 밝혔다.

분유는 생우유나 탈지유에서 수분을 증발시켜 가루로 만든 것이다. 생우유로 만든 분유를 전지분유, 탈지유로 만든 분유를 탈지분유, 설탕과 같은 당분을 넣은 분유를 가당분유, 설탕 외에 다른 재료를 넣은 분유를 혼합분유라고 부른다. 1910년대 식민지 조선에서 판매된 분유 대부분은 일본에서 수입한 것이었다.

유제품에 대한 정의에 이어서 우유를 제조·판매하는 영업자에 관해 정의하고 있다. "우유 영업자라고 칭하는 것은 우유

의 착취(搾取), 유제품의 제조 또는 우유 유제품의 판매 혹은 청
매(請賣, 물건을 받아다 팖)를 업으로 하는 자를 가리키며, 영업장
이라 칭하는 것은 우사(牛舍), 우유 취급실(우유 착취장) 및 치장
(置場, 보관 장소)을 포함, 운동장과 그 부속 건물 및 유제품 제조
장, 유제품 진열장, 저장장(貯藏場), 기타 영업용으로 쓰이는 건
물 혹은 장소를 가리킨다"라고 했다. 이에 따르면 한국축산주
식회사도 우유 영업자에 해당한다.

1911년 조선총독부가 '우유영업취체규칙'을 발포한 이유
는 당시 식민지 조선에도 경성을 중심으로 생우유·탈지유·연
유·분유 등을 제조·판매하는 회사가 있었기 때문이다. 하지만
이 규칙 제정의 또 다른 배경은 일본의 유제품을 식민지 조선
에 들여오기 위함이었다.


## 메이지 유신 시기 일본의 유제품

1854년 일본 바쿠후와 미국 정부 사이에 미일화친조약
이 체결되었다. 이후 일본은 서양의 여러 나라에 문을 열었다.
1856년 미국에서 만든 가당연유가 태평양을 건너 요코하마 항
구에 도착했다. 일본의 메이지 정부는 근대화를 목표로 홋카이
도에 서양식 낙농업 시설을 갖추었다. 에도시대 홋카이도는 바

쿠후의 직접적인 관할 지역이 아니었다. 메이지 정부에 들어와서 오기칠도(五畿七道)의 하나에 포함되면서 도(道)라는 이름을 얻었다.

메이지 정부는 홋카이도 개발을 위해 본격적으로 개척사(開拓使)라는 기관을 설치하고 개척 정책을 펼쳤다. 그 과정에서 홋카이도의 기후가 낙농업을 하기에 적당한 곳이라 판단하고 낙농 사업을 펼쳤다. 이로부터 일본의 근대 낙농업이 시작되었다. 홋카이도에서 우유의 품종 개량과 연유의 생산 등을 시도하여 성공했다. 그 결과 일본 열도 각지에 민간 목장이 만들어지면서 도시로 우유를 매일 배달하는 사업이 시작되었다.

1882년 메이지 정부가 개척사 제도를 폐지하면서 홋카이도의 낙농업은 민간 중심으로 바뀌었다.[6] 낙농업의 성장과 도시에서의 우유 소비가 증가하면서 메이지 정부는 1886년 2월 1일에 '우유취체규칙(牛乳取締規則)'을 시행했다. 서유럽과 북미에서 저온 살균 우유가 개발되기 이전에 우유는 비위생적인 생산과 유통의 문제로 여러 가지 어려움을 겪었다. 이런 일은 일본에서도 마찬가지로 나타났다. 19세기 말 일본 우유업자들은 연유 생산 기술을 갖추지 못했다. 일부 우유업자는 생우유에 쌀가루를 넣은 가짜 연유를 판매했다. 그런데 결핵에 걸린 암소의 젖을 이용한 경우 이것을 먹은 어린이들이 결핵에 걸리는 사태가 발생하기도 했다.

그럼에도 불구하고 메이지 정부는 국민에게 우유를 마실 것을 적극적으로 권장했다. 에도시대 일본의 지배층은 불교의 교리에 따라 소고기를 먹지 않았다. 메이지 유신 이후 서양인의 큰 체격을 닮고 싶었던 그들은 소고기와 함께 우유를 먹자는 다양한 정책과 캠페인을 전개했다. 1871년 12월, 일본 천왕이 생활하는 궁중에서의 육식금지령이 해제되었다.[7]

소고기를 먹자는 캠페인에 앞장섰던 인물은 문명개화론자인 후쿠자와 유키치(福澤諭吉, 1835~1901)였다. 그는 영양학적 관점에서 육식의 중요성을 강조하는 글을 발표해 소고기 먹기를 권장했다. 메이지 유신에 대한 반작용으로 1877년 규슈 남부에서 일어났던 세이난(西南) 전쟁을 승리로 이끈 오쿠보 도시미치(大久保利通, 1830~1878)는 "구미 제국에서는 유아 때부터 우유를 마시고 소고기를 먹는 생활을 하고 있다. 구미인이 현명한 것은 당연하다. 실로 건강한 두뇌는 건강한 신체에서 비롯된다. 우리 국민의 식생활을 개선하여 심신이 모두 건강한 국민으로 만드는 것이 제군들의 임무다"[8]라고 강조했다.

1897년에 일본에서 사육된 젖소의 수는 1만 8,000마리에 이르렀다. 이후에도 꾸준히 늘어나 1899년에는 2만 마리를 넘어섰다.[9] 도쿄와 오사카 같은 대도시에서는 공급 과잉으로 우윳값이 떨어졌고, 이에 따라 더 많은 사람에게 우유를 마시도록 유도하는 마케팅 전략을 펼치기도 했다.

1900년대 초 도쿄에는 '밀크홀'이라는 서양 음식점이 유행했다. 밀크홀에서는 유리병에 든 우유와 서양 요리를 판매했다.[10] 1910년대 이후 밀크홀은 일본의 도시뿐만 아니라 조선의 서울을 비롯한 재조일본인 거주지에도 있었다. 1960년대까지 한국의 도시에는 밀크홀이 다방처럼 영업했다.

하지만 우유에 대한 일본 사람들의 반응은 그다지 좋지 않았다. 1902년 한 신문에서는 "처음 우유를 마신 사람들의 태도"를 조사했는데, 결과는 부정적이었다. 이 조사에서 우유를 처음 마시는 사람에게 우유에 설탕을 넣어서 시험했더니, 우유에 손을 담그는 사람, 얼굴을 돌리는 사람, 마지못해 삼키는 사람들이 나왔다. 전체 시음 참가자 57명 가운데 우유를 마신 사람은 십수 명에 지나지 않았다.[11] 반면에 분유는 인기를 끌었다. 보관도 편하고, 익숙한 재료를 넣어 마셔도 좋았기 때문이다. 따라서 많은 우유업자는 유통 기간이 긴 분유 생산에 뛰어들었다.

## 일본산 분유 3파전

일본에서의 분유 성공은 식민지 조선에도 영향을 미쳤다. 식민지 조선에서는 1920년대부터 분유는 유아의 영양식이면서 겨울에 마시는 따뜻한 음료로 선전되었다. 1924년 4월 15일자 《동아일보》 1면에는 "따뜻한 동(冬)의 자양(滋養) 분말순유(粉末純乳) 라구도-겐"이라는 광고가 실렸다. 여기서 '라구도겐'은 우유의 주성분인 락토겐(lactogen)을 가리킨다. 락토겐은 미국 네슬레의 분유 제품이었다. 광고에는 오사카에 본사를 둔 이누이우(乾卯) 식료품주식회사가 판매한다고 밝혔다.

1927년 8월 3일자 《조선일보》 석간 3면에는 〈유아의 소화불량〉이란 기사가 실렸다. 이 기사에서는 여름에 주의할 점으로 "젖 먹는 어린아이들의 가장 위험한 병은 소화불량입니다. 더욱이 나서 일 년쯤 된 아이는 젖만 먹고 생장하는 것이 본무이므로 위장의 동작이 가장 중대합니다"라고 지적했다. 그러면서 모유를 먹일 때 세 시간 정도의 간격을 두고 규칙적으로 먹여야 한다고 했다. 또 만약 우유를 먹일 때는 소독에 주의할 것을 강조하면서, "가루우유[분유]를 씀이 좋고 이것만으로는 비타민B(밀감에 많다)가 부족할 터인즉 이것을 적당히 보충함이 좋을 것입니다"라고 덧붙였다. 짐작건대 이 기사의 목적은 여름 분유 소비를 촉진하는 것이었을 테다.

그로부터 2개월여가 지난 1927년 10월 26일자 《동아일보》 3면에는 아이가 젖을 뗄 때 분유로 대신하면 좋다는 기사가 실렸다.

우유를 먹이는 데는 조선서는 생유보다 가루우유나 통우유[연유]를 먹이는 것이 좋을 것입니다. 왜 그러냐 하면 아직 우유 시험 제도가 완전히 성립되지 못했으므로 생유는 병균을 포함하기 쉬워 잘못하면 전염병에 걸리는 고로 위험천만입니다. 그보다는 안전한 가루우유나 '콘텐스밀크[연유]'를 사용함이 자양 가치는 떨어지더라도 부득이 그것을 쓰라고 하는 것입니다. 외국품으로는 '그라낀', '락도겐', '클림' 등이 있고 근래에는 일본 제품도 있습니다.

이 기사는 연유보다 분유가 좋다고 하면서, 특히 일본산 분유를 선전하고 있다.

앞에서 소개한 이누이우 식료품주식회사의 '라구도겐' 분유 광고는 1930년대 초반까지 간간이 신문에 게재되었다. 분유는 따뜻한 겨울 음료이면서 모유 대용으로 좋다는 내용이었다. 1930년 9~10월 《조선일보》에는 지금도 운영되는 일본 분유회사 와코도(和光堂) 주식회사에서 만든 '기노미루'라는 상품의 분유 광고가 실렸다. 광고에서는 "모친들이 처음으로 안심할 수 있는 분(粉) 밀크"라는 문안을 넣어 분유가 모유를 대신함을 강조했다. 1930년대 초반 도시에서는 분유를 찾는 어머니들이 상당히 있었다. 그런데 유사 분유나 유통 기간이 지난 분유가 제법 있었던지, 《조선일보》 1932년 3월 17일자 5면의 〈분 밀크는 재미롭지 못하다〉라는 기사에서 '신용 있는 상표'의

1930년 10월 10일자 《조선일보》에 실린 '기노미루' 분유 광고. "특색으로 순국산 따라서 신선한 모유와 같은 영양가 있고 사용 중 변질하는 일 없고 풀면 곧 먹여집니다"라고 했다.


분유를 구매하라고 권고했다.

　　일본에서 과자와 캐러멜 판매로 대기업이 된 모리나가제과주식회사에서 운영한 모리나가연유주식회사는 1932년 11월 5일자 《동아일보》 4면에 '드라이 밀크(dry milk)'라는 이름의 분유 광고를 게재했다. 이 광고에서는 모리나가의 드라이 밀크가 "모유에 가장 가까운 표준 분유"라고 내세웠다. 이 제품 역시 일본에서 생산한 것이었다. 1930년대 초반 식민지 조선의 분유 시장은 일본 회사인 이누이우·와코도·모리나가의 3파전이 벌어지고 있었다. 1934년 7월 이누이우에서는 무당분유를 일본에서 들여와 판매했다. 하지만 1940년부터 제국 일본이 세계 전쟁을 일으키면서 분유의 공급이 그 전과 달리 원활하지 못하자, 결국 조선총독부는 분유 가격을 통제했다.

## 식민지 시기 조선인이 마신 우유

앞에서 소개한 1911년 5월 15일 조선총독부 경무총감부령 제7호 '우유영업취체규칙'에서도 알 수 있듯이 식민지 조선에서도 우유가 생산되었다. 1929년 8월 17일자 《동아일보》 6면에 실린 〈각도 우유 생산〉이란 기사는 당시의 낙농업 현황을 알려준다. 이 기사에 따르면, 당시 조선에는 우유용 목우장이 100곳 있었다. 1곳의 연간 우유 생산량은 9,559승(升)이라고 했다. 1905년 이후 '1승'은 1.8리터이므로[12] 목우장 한 곳에서 약 1만 7,206리터를 생산한 것이다. 100곳을 합하면 전국의 우유 생산량은 172만 600리터로, 1,726톤이었다. 이 가운데 5분의 1에 해당하는 344톤은 경성을 포함한 경기도에서 생산되었다. 따라서 우유의 주요 소비처는 경성이었음을 짐작할 수 있다. 2022년 국내 원유 생산량 197만 8,000톤과 비교하면 당시 우유 생산량은 극히 적었다.

1929년 12월 12일자 《동아일보》 6면에는 〈주요 도시 우유 수급 개황 개요(1)〉라는 기사가 실렸다. 그런데 이 기사에서 나타난 가장 큰 문제는 주요 도시의 우유 소비량에 비해 착유

| 지역 | 경성 | 부산 | 대구 | 목포 | 군산 | 인천 | 원산 | 평양 | 진남포 | 청진 | 신의주 |
|---|---|---|---|---|---|---|---|---|---|---|---|
| 소비량(石) | 2,880 | 370 | 350 | 54 | 98 | 290 | 109 | 561 | 70 | 63 | 83 |
| 착유고(石) | 729 | 370 | 600 | 64 | 98 | – | 67 | 586 | 80 | – | 128 |

**1927년 12월 12일자 《동아일보》 6면에 실린 주요 도시의 우유 수급 현황**

고(생산량)가 부족한 것이었다. 가령 경성의 착유고는 729석(石)
으로 13만 1,220리터에 지나지 않지만, 소비량은 무려 네 배에
이르는 2,880석(51만 8,400리터)이었다. 이에 따라 철도를 이용해
대구·예산·성환(지금의 천안시 성환읍)은 물론이고 심지어 강원도
난곡(지금의 강릉시 난곡동)에서 생산된 우유가 경성에 공급되었
다. 만약 우유가 부족하면 산양유(山羊乳)로 충당 공급했다.

　그런데 여름철 철도로 먼 거리에서 운송된 우유는 부패할
위험이 있었다. 그러자 여름철 아기에게 우유를 먹이는 가정에
서 조심해야 할 점이 신문에 기사로 실리기도 했다.[13]

　우유는 우유집[제조장]에서 소독을 하야가지고 배달하게 되어 있
습니다. 그러나 그 소독법이 아직 불충분합니다. 의사의 연구에 의
하면 우유는 너무 높은 온도로 소독해도 아니 되고 또 너무 낮은
온도로 해도 아니 된답니다. 너무 높은 열을 가하면 우유 속에 포
함되어 있는 비타민이 파괴되어 버리고 너무 낮은 온도로 하면 그
속에 있는 미균[黴菌, 세균]이 죽지 않습니다. 이 점으로 보아서 우

유의 소독은 극히 곤란한 것입니다. 제일 적당한 것은 섭씨 63도의 온도로 30분간 소독하는 것입니다. 소독한 후에 섭씨 10도 이내의 온도에 두어야 합니다.

그러면서 목장을 믿을 수밖에 없다는 말을 덧붙였다.

목장은 크고 신용 있는 목장을 선택할 필요가 있습니다. 우유가 배달되거든 곧 그것을 냉장고에 넣거나 냉장고가 없으면 조그마한 나무 괴[櫃, 통]를 준비하야 두고 그 속에 톱밥을 넣고 그 속에 얼음을 넣고 그 속에 우유를 두도록 해야 합니다. 그리고 아기에게 먹일 때는 필요한 분량을 따라내어서 그것을 데워서 먹입니다. 만약 섭씨 10도 이하의 온도에 두지 아니하면 여하히 소독한 것일지라도 곧 상하게 됩니다.

당시 냉장고는 지금의 전기냉장고가 아니다. 나무로 만든 가구의 맨 위 칸에 얼음을 넣은 목제 냉장고였다. 이것도 여간 비싼 것이 아니어서 기사에서는 톱밥 냉장고를 제안했다. 1931년 6월 13일자 《동아일보》 4면에는 우유를 먹고 설사하는 이유를 유당이 유산으로 변해서라고 하면서 보다 구체적으로 여름철 우유에 대한 주의 사항을 소개했다.

이것을 고치려면 우유에다가 소다를 조금 넣고 저어 마시면 좋을 것입니다. 만일 우유가 맛이 소다로 하여 좋지 못할 지경이면 더운 물에다가 소다를 타서 먼저 마시고 그다음에 우유를 마시는 것이 좋습니다. 또 커피를 섞어서 마시어도 설사는 멈출 것입니다. 그리고 우유는 한꺼번에 주르르 마시면 설사하기 쉽습니다.

또 이 기사에는 여름에 배달 우유를 받는 방식에 대해서도 적어놓았다.

한 시간 혹은 두 시간 전에 짠 것이면 신구(新舊)를 말할 필요도 없겠지마는 일기가 더운 때에 장마까지 겸할 때에는 아침에 짠 우유를 점심때까지 배달하든지 점심때 짠 우유를 저녁때까지 배달한다든지 더 심하면 아침나절에 짠 우유를 저녁때까지 배달한다면 그것은 반드시 부패했을 것입니다.

식민지 조선의 우유업자 대부분은 일본인이었다. 조선인 우유업자도 있었지만, 그들의 목장은 소규모였다. 우유 소비자 역시 주로 재조일본인이었다. 하지만 1920년대 이후 조선인 가정에서도 우유를 마시는 일이 늘어났다. 특히 모던걸 어머니는 모유를 먹이는 일보다는 우유나 분유로 아이를 키우는 일이 더욱 '모던' 하다고 생각했다.

당시 조선에 와 있던 가톨릭과 개신교의 서양인 선교사가 우유 보급에 앞장서기도 했다. 신학 연구자 황미숙은 미국 감리교회 선교사 마렌 보딩(Maren P. Bording)이 1926년 6월에 공주·대전 지역에서 유아 복지를 위해 우유 급식소(Milk Station) 사업을 전개했다고 소개했다.[14] 마렌 보딩은 다음과 같은 글을 남겼다.

> 이곳에 120명의 사랑스러운 아기들이 등록되어 있다. 30명에서 40명 사이의 아기들이 클리닉[의료원]을 방문하고 있다. 우리 우유 급식소 아기들은 일주일에 한두 번 정도 방문한다. 한 달 동안 클리닉에 오기 어려운 경우 나와 다른 간호사나 방문 진료를 받는다. 지난해 동안 조선의 전체 사망률 35퍼센트와 비교해 볼 때, 우리의 복지를 받는 유아사망률은 5퍼센트였다. 우리의 사업이 빛을 본 것이 아닐까? 우리의 아기들은 사회계층을 막론하고 태어나서 4세까지 있다. 엄마들은 아기들을 데리고 도움과 조언을 받기 위해 온다. 어떤 엄마는 아기가 아파서, 어떤 엄마는 앞을 멀리 보기 위해서, 어떤 엄마는 아기를 잘 키우기 위한 조언을 위해서.[15]

그런데 문제는 조선인 엄마들이 소젖을 아이에게 먹이려고 하지 않았다는 점이다. 보딩은 설득을 통해 이 문제를 해결할 수 있었지만, 더 큰 문제로 우유 급식 비용의 조달을 꼽았다.

결국 그는 미국의 가정과 조선의 아이를 결연시켜 그들의 지원을 받는 방식으로 이 문제를 해결했다.

또 다른 문제는 비용이 마련되어도 우유를 적절하게 공급받기 어려웠다는 점이다. 젖소의 부족이 문제였다. 조선 암소의 젖을 짤 수 있었지만 그 양이 젖소와는 비교되지 않았다. 비록 조선시대에도 타락죽을 마련하기 위해 왕실에서 암소의 젖을 수시로 받았지만, 그 양은 죽을 만드는 데 쓸 정도로 적었다.[16] 심지어 영조는 자신이 먹기 위해 암소의 젖을 짜는 일마저 성리학적으로 적절치 않다며 금지 명령을 내린 적도 있었다. 그만큼 조선의 암소는 젖을 전문적으로 짤 수 있는 소가 아니었다. 식민지 시기의 우유업자는 처음에 산양이나 염소의 젖을 짜서 팔기도 했다. 하지만 수요가 늘어나면서 결국 서양의 젖소를 수입할 수밖에 없었다.

1924년 5월 9일자 《동아일보》 3면의 〈유용종우이입(乳用種牛移入)〉이란 기사에서는 경기도에서 2,000여 원을 투자해 미국 미네소타주에서 일본 홋카이도로 수출한 '홀스타인 프리지언' 종의 젖소를 들여왔다고 보도했다. 구체적으로 몇 마리가 들어왔는지에 대한 정보는 없지만, 2012년 현재 한국 젖소의 주종인 홀스타인(holstein)이 이때 한반도에 들어왔음을 확인할 수 있다. 그것도 "조선 전국에서 조선총독부의 지원을 받아 행한 첫 사업"이라 할 정도로 대대적인 젖소의 유입이 이루어졌다.

그런데 조선총독부는 왜 우유 공급에 이렇게 많은 돈을 투자했을까? 국민에게 우유를 마시게 하는 일은 '내지'의 일본인뿐 아니라 식민지 조선인들의 육체를 서양인처럼 만드는 데 결정적인 자양분이었기 때문이다. 특히 유아를 우량아로 만드는 일은 국민의 체격과 체력을 키워 국가에 필요한 자원으로 만드는 지름길이었다. 1940년대 초반 식민지 말기 조선에는 젖소가 무려 2,660여 마리에 이르렀다. 하지만 해방 이후 한국전쟁을 겪고 미국으로부터 분유 원조를 받으면서 그 수는 845두로 줄어들었다.[17]

## 유니세프 분유에서
## 국가 주도 우유 생산까지

1950년 한국전쟁이 일어나기 전인 3월, 유니세프에서는 극빈국 한국의 유아 영양 문제를 해결하기 위해 많은 양의 '밀크'를 각 기관에 배당하기로 정했다. 같은 해 3월 25일 한국 정부와 유니세프 사이에 체결된 협정서에 따르면, "제1차 원조물자로 분유 20만 파운드와 연유 2만 파운드와 간유 100만 개가 4월 초순에 한국에 도착할 예정"이었다.[18] 유니세프의 원조 밀크 중 분유는 먼저 보육원의 영양 불량 아동에게 제공될 예정

한국전쟁 당시 한 피난민촌에서 우유죽 배급을 기다리는 아이들

이었고, 초등학교 아동에 대한 공급은 당분간 보류했다. 부족한 분유를 효과적으로 공급하려면 초등학교 공급은 당시만 해도 어려웠을 것이다.

한국전쟁 이후에도 이러한 사정은 계속 이어졌다. 1955년부터 유니세프의 구호물자로 두 달 치 분유 3,523.4톤이 한국에 들어와 전국에 배정되었다. 그야말로 최악의 빈곤 상태에서 미국 등지로부터 공수된 분유가 아이들의 영양을 책임지는 시대가 열린 셈이었다.

하지만 우유의 소비는 1960년대가 되어도 그다지 늘어나

지 않았다. 1971년 정부가 보유하거나 외국에서 차관으로 들여
온 젖소가 3만여 마리에 이르렀지만, 우유의 소비량은 생산량
을 따라가지 못했다. 1971년 말 우유 생산량은 6만여 톤이나
되었지만, 남아도는 우유는 7,000여 톤에 달했다. 1975년 1월
14일 박정희 대통령은 연두 기자회견에서 다음과 같이 말했다.

> 쑥스러운 얘기지만 나는 지금도 목장 우유라든지 데우지 않은 우
> 유는 먹지 못한다. 그동안 양식을 많이 먹었지만 어릴 때 꽁보리밥
> 에 깍두기를 먹어서 큰 배 속이 되어서 목장 우유나 생우유를 먹으
> 면 배탈이 난다. 그러나 우리 아이들은 어릴 때부터 훈련이 되어서
> 잘 먹는다.[19]

비록 이 말은 민주주의도 한국 체질에 맞도록 해야지, 그
렇지 않으면 탈이 날 수밖에 없음을 우유에 빗대어 한 것에 지
나지 않지만, 1970년대 성인 한국인에게 우유는 체질에 맞지
않는 식품이었던 것은 사실이다.

하지만 우유는 한국전쟁 이후 베이비붐 세대에게는 매우
중요한 영양식품으로 자리를 잡아갔다. 가령 1937년에 경성우
유동업조합으로 시작된 서울우유협동조합은 1945년 9월에 서
울우유동업조합으로 이름을 바꾸었고, 1962년 1월에 다시 지
금의 상호로 바꾸면서 외형을 늘려갔다. 1960년대 초반부터

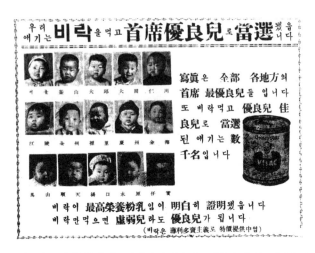

1958년 5월 25일 《경향신문》 4면에 실린 비락 광고. "우리 애기는 비락을 먹고 수석 우량아로 당선됐습니다"라는 카피를 내세웠다.

저온 살균 처리를 한 우유가 유리병에 담겨 집집이 배달되었다.

분유업체에서는 식민지 시기의 우량아 포상제도를 본떠 1956년부터 우량아 선발대회를 열었다. 1956년 영성무역주식회사는 미국의 분유 제품인 비락(Vilac, 肥樂)을 수입했으며, 그해 5월 5일 어린이날에 맞추어 우량아 선발대회를 개최했다. 1962년 1월 5일자 《경향신문》 2면에 실린 '제6회 비락 최우량아' 광고에서는 "비락 먹는 아가는 살이 포동포동 쪄서 우량아가 됩니다"라며 우량아를 우유와 연결했다. 심지어 광고에 1961년 제6회 대회에서 일등 최우량아로 선발된 아이의 사진을 이름, 주소와 함께 실리기도 했다. 1971년에는 신설 우유 회사 남양유업이 문화방송과 손을 잡고 제1회 전국 우량아 선발 대회를 열었다.

## 좀처럼 늘지 않는 한국인의 우유 소비

1960년대 이후에 태어난 한국의 아이들은 '우유 키드(milk kid)'라고 불러도 될 정도로 그 전 세대에 비해 우유를 많이 마셨다. 정부의 낙농업 육성정책도 우유 키드 육성에 있었다. 오늘날 낙농업 연구자들은 한국 낙농업의 시작 시기를 1960년대 중반으로 본다.[20] 하지만 1970년대 낙농업과 우유 판매업은 순탄치 않았다. 대장균 파동과 우유의 과잉생산, 그리고 식품첨가물인 화학 물질 카세인나트륨(Sodium Caseinate)으로 만든 모조 분유의 판매 등으로 우유는 여전히 설사를 일으킨다는 인식과 함께, 한국인이 가까이하기에 먼 식품이었다. 하지만 '우유 키드'가 주된 소비자가 된 1990년대에 우유는 다양한 변신을 거듭했고 가정에서 빠지면 안 되는 식품으로 자리를 잡았다.

2010년 9월 20일자 《주간동아》(제755호)에서는 "우유 소비량은 1980년 27만 9,056톤에서 1997년 170만 2,756톤으로 급증했고 현재도 이 추세를 유지하고 있다"라고 밝혔다. 그리고 1990년대와 2000년대 일반 우유(백색 시유, 시중에 유통되는 우유)를 주력으로 생산하던 유가공 업체들이 경영난으로 잇달아 문을 닫았는데, 이는 1997년 이후 국민 1인당 우유 소비량이 늘지 않은 요인이 컸다고 보았다.

경제성장으로 우유 소비량이 증가했지만, 더 이상 우유 소비량이 늘지 않는 데에는 여러 요인이 있다. 특히 우유의 장단점에 관한 식품학계와 의학계에서의 극단적 논쟁은 2020년대 들어 우유 소비량을 급격하게 감소시켰다. 더욱이 박정희 정부 때 낙농업 육성정책으로 설립된 전국의 낙농업 목장의 종사자들은 사료와 약품 등의 값이 올라 적자에 허덕이고 있다. 그런데도 국내 유가공 업체는 외국산 유제품 수입에 여념이 없다.

2020년대 이후 급속하게 진행되고 있는 한국 사회의 저출생 현상 역시 우유 소비가 늘지 않는 이유 중 하나다. 결국 2022년 국민 1인당 백색 우유 소비량은 26.3kg으로 21년 만에 최저치를 기록했다. 또 세계 각국과 맺은 자유무역협정(FTA) 발효로 2026년부터 미국산을 시작으로 무관세로 수입산 우유가 들어올 예정이다. 2020년대 들어 외국산 유제품, 특히 치즈의 수입 또한 날로 늘고 있는 추세다.

한국인이 지난 100여 년 동안 경험해 온 우유·분유·연유의 소비 양상에는 식민지·전쟁·냉전·압축 성장의 과정과 맞물려 있다. 이 굴곡의 역사 틈새에 지정환 신부가 시작한 임실 치즈는 마을 주민들의 협력체로 단단해져 가고 있다.[21] 과연 이 사례에서 한국 우유 산업의 미래를 발견할 수 있을까?

《식품공전》의 우유

우유는 유가공품에 속한다. 유가공품은 〈축산물 위생관리법〉에 따른 원유를 주원료로 하여 가공한 우유류, 가공유류, 산양유, 발효유류, 버터유, 농축유류, 유크림류, 버터류, 치즈류, 분유류, 유청류, 유당, 유단백가수분해식품, 유함유가공품 등을 말한다. 다만, 음용을 목적으로 하는 커피 고형분이 0.5퍼센트 이상 함유된 제품은 원유가 들어갔다고 해도 유가공품이 아니다. 이 글에서는 우유류와 분유류를 주로 다루었다. 우유류는 원유를 살균 또는 멸균 처리한 것(원유의 유지방분을 부분 제거한 것 포함)이거나 유지방 성분을 조정한 것 또는 유가공품으로 원유 성분과 유사하게 환원한 것을 가리킨다. 분유류는 원유 또는 탈지유를 그대로, 또는 여기에 식품 또는 식품첨가물을 보태 가공한 분말 상태의 제품이다.

# 빵

## 한국에서 빵이 비싼 이유

당신이 빵 한 조각을 맛보면
모든 별과 하늘을 맛보는 것이다.

로버트 브라우닝

# bread

독일의 한 소비자 데이터 분석 기업은 2018년 기준 전 세
계 도시 중 바게트, 식빵, 롤빵같이 반죽을 부풀려 만든 로프브
레드(loaf bread) 1킬로그램당 값이 가장 비싼 도시로 서울을 꼽
았다. 서울의 1킬로그램당 빵값이 15.59달러인 데 비해, 파리
는 6.33달러, 홍콩은 4.16달러였다.[1] 왜 서울 빵값이 세계에서
제일 비쌀까? 빵 재료 대부분을 수입에 의존하기 때문이다. 하
지만 밀과 설탕을 수입하는 홍콩도, 심지어 도쿄의 편의점에서
판매하는 빵값도 서울보다 훨씬 싸다. 몇몇 대기업이 빵집 프
랜차이즈를 독점하고 있다는 것과 빵은 한국인의 주식이 아니
어서 정부의 물가 통제 대상에 들지 않는다는 점을 그 이유로
들 수 있다. 20세기 100년 동안 빵은 한국인에게 어떤 음식이
었을까?

# 빵의 글로벌 히스토리

빵은 유럽을 비롯해 세계 절반 이상의 지역에서 주식으로 먹는 음식이다. 서양 사람은 물론이고 밀을 생산하는 대다수 지역의 사람들은 매일 빵으로 끼니를 해결한다. 그런데 빵의 정의가 어렵다는 점이 문제다. 《옥스퍼드 영어사전(Oxford English Dictionary)》에서는 빵을 "곡물가루나 밀가루에 물이나 다른 용액에 흔히 이스트(yeast)나 팽창제를 더해 반죽을 만들고 그것을 구워서 만든 주식(staple food)"이라고 정의한다.

이와 같은 빵의 정의는 밀가루만 아니라 다른 곡물가루도 주재료가 될 수 있음을 알려준다. 그래서 빵을 주식으로 하는 지역은 쌀을 익혀서 주식으로 먹는 동아시아와 남아시아 지역을 제외한 전 지구라고 해도 과언이 아니다.

밀가루와 이스트를 이용해 빵을 처음 만든 것은 기원전 4500년경 서아시아의 비옥한 초승달 지대에 살던 사람들이었다.[2] 고대 사람들은 움푹한 갈판에 채집하거나 수확한 밀을 올려놓고 갈돌로 갈아서 밀가루를 마련했다. 이런 제분 작업은 주로 여성들이 담당했을 것으로 짐작된다. 그렇다면 처음 빵을 만든 사람도 여성이었을 가능성이 크다. 갈판과 갈돌을 이용해 만든 밀가루에서 밀의 껍질과 배아를 체에 쳐서 골라내고 나서야만 흰 밀가루가 얻어진다. 하지만 이 같은 밀가루를 얻기까지는

기원전 3000년경의 식량에 대해 기록한 설형문자. 아래 가운데의 삼각형이 '빵'으로, 바로 왼쪽 옆 사람 머리 모양과 함께 있으면 '먹다'라는 뜻으로 풀이한다.

공정도 복잡한 데다 곡물의 손실도 컸기 때문에 흰 밀가루로 만든 빵은 지배층에서만 먹을 수 있었다. 반면 피지배층에서는 껍질과 배아가 포함된 거친 밀가루로 빵을 만들었다.

밀가루 외에도 빵을 만드는 데 필요한 재료는 효모다. 효모를 넣으면 밀가루 반죽이 부풀어 먹기에 좋게 된다. 빵을 부풀리는 방법은 역사상 세 가지가 있었다. 하나는 강한 열을 반죽에 가해 반죽에서 나오는 증기로 부풀리는 방법이다. 효모를 사용하지 않고 이렇게 만든 빵이 플랫브레드(flat bread, 납작한 빵)다. 다른 하나는 공기 중의 젖산균(lactobacilli)을 이용해 자연적으로 발효시키는 사워도(sourdough) 발효법이고, 또 다른 하나는 이스트 발효법이다. 사워도 발효법과 이스트 발효법을 이용해 만든 것이 로프브레드다.

빵의 역사를 연구한 학자들은 고대 이집트에서 보리술을 만들면서 생긴 박테리아가 제빵사에게 전해져서 사워도 발효빵이 만들어졌다고 추정한다.[3] 19세기 후반까지 유럽의 제빵사 대부분은 보리술, 그중에서 에일(ale, 상온에서 보리술을 발효시켜 만든 맥주)을 만드는 과정에서 생긴 침전물에서 이스트를 구해 밀가루나 곡물가루의 반죽에 넣어 빵을 부풀려 구워냈다.

19세기 초반까지도 유럽의 일부 부유층만 지금과 같은 흰빵을 먹을 수 있었다. 18세기까지 유럽인 대부분은 호밀 가루로 만든 거칠고 딱딱하며 시커먼 호밀빵을 먹었다. 1700년까지만 해도 영국에서는 빵의 40퍼센트가 호밀빵이었다. 19세기 초가 되어서야 일반 대중도 밀가루로 만든 빵을 일상 음식으로 먹었다. 영국 북부의 농촌에서 귀리·보리·호밀 대신 밀 재배를 본격적으로 시행했고, 예전보다 풍부해진 밀 생산량 덕분에 영국인 대부분이 밀가루로 만든 빵을 먹게 되었다.

특히 아메리카 대륙에서 이루어진 밀 농사는 19세기 후반 영국인들에게서 호밀빵에 대한 기억을 지워냈다. 1777년 미국의 테네시와 켄터키에서 처음 밀을 재배했는데 90여 년이 지난 1865년 미국은 전 세계에 밀을 공급하는 밀 농장이 되었다.

이미 서유럽에서 개발된 기계식 농기구는 미국 밀 생산의 기계화와 대량생산 체제를 갖추는 데 크게 기여했다. 여기에 미국의 동서를 관통하는 철로 개설은 유럽으로 밀을 수출할 수 있는 길을 열어주었다. 19세기 말 유럽인들은 러시아와 우크라이나, 그리고 미국과 오스트레일리아에서 생산된 밀로 만든 다양한 흰색의 빵을 일상 음식으로 소비했다.

20세기 초반 빵 소비가 늘자 제빵업은 산업화의 길에 들어섰다.[4] 1862년 영국 화학자 존 도글리시(John Dauglish, 1824~1866)는 효모 대신 이산화탄소가 용해된 물을 사용해 저렴한 로프브레드를 만드는 방법을 개발했다. 그는 티룸(tea room)인 에어레이트 브레드 컴퍼니(Aerated Bread Company Ltd, ABC)를 설립하여 공장에서 대량생산한 빵을 전국에 판매하는 산업화의 길을 열었다. 이로써 산업 빵(industrial bread)의 시대가 열렸다.

이후 산업 빵은 제조 도구의 기계화와 공장제 이스트의 개발로 이어졌다. 특히 1961년 영국에서 개발된 '콜리우드 제빵 공정(Chorleywood Bread Process, CBP)'은 빵의 산업화를 이끈 핵심 기술이었다. 이는 이스트를 넣고 빠르게 반죽하여 푹신한 빵을 만들 수 있는 반죽 생산 방법이었다.

영국의 철학자 마틴 코언(Martin Cohen)은 콜리우드 제빵 공정으로 만든 산업 빵은 '가짜 빵'이라고 주장한다. 그는 '진

현대화된 기계 시설을 갖춘 빵 공장

짜 빵'에는 밀가루, 제빵용 이스트, 소금, 물 등 네 가지만 들어
가지만, 공장에서 생산된 빵에는 꽤 많은 화학 첨가물이 들어
간다는 사실을 밝혔다.[5] 그의 주장에 따르면 산업 빵은 발효 속
도를 높이고 반죽을 치대는 수고를 덜고 더 크게 부풀려 생산
단가를 낮추고 단맛을 강화하고 보존 기간을 늘리기 위해, 더
많은 글루텐·콩기름·각종 지방·황산칼륨·고과당 옥수수 시
럽·유화제·곰팡이 제거제 등 수많은 첨가물과 화학 물질을 가
미한다. 그의 이런 주장은 극단적일 수도 있다. 하지만 1960년

대 이후 지금까지 이어지고 있는 한국 제빵업의 역사 또한 마틴 코언의 주장과 비판을 피할 수는 없다.

## 조선인이 처음 맛본 '서양떡'

19세기 말 서양인들이 본격적으로 한반도에 들어오면서 그들이 먹는 빵을 맛본 조선인들이 생겨났다. 하지만 이들보다 먼저 빵 맛을 본 조선인이 있었다. 바로 이기지(李器之, 1690~1722)이다. 그는 1720년 아버지 이이명(李頤命, 1658~1722)이 연행사로 연경(지금의 베이징)에 갈 때 수행했었다. 그는 연경의 천주당(天主堂, 가톨릭 성당)에서 '서양떡(西洋餅)'을 먹어본 경험을 자신의 《일암연기(一庵燕記)》라는 기행문에 다음과 같이 적었다.[6]

소림(蘇霖, Saurez, 수아레즈), 장안다(張安多), 맥대성(麥大成) 세 사람이 모두 있었다. 대진현(戴進賢, Kögler, 쾨글러)도 있었는데, 얼굴이 세 사람에 비해 맑고 환했다. 소림, 장안다, 맥대성은 모두 나를 보고 반갑게 맞이하며 악수를 하고 정을 표하였다. … 나는 더 자세히 보고 싶어 홀로 남았다. 서양인들이 나를 다른 방으로 맞아들여 앉도록 했다. 나는 다시 부채 세 자루를 지난번에 만났던 세 사람에게

주고, 또 부채와 여러 빛깔의 선자지(扇子紙)를 대진현에게 주고, 그
와 더불어 대화를 나누었다. 음식을 대접하기에 이미 먹었다고 사
양하니, '서양떡' 서른 개를 내왔다. 그 모양이 우리나라의 박계(薄
桂)[밀가루에 참기름과 꿀을 넣고 반죽해 직사각형으로 큼직하게
썰어 기름에 지진 약과의 하나로, 한자로 '중박계(中朴桂)'라고 쓴
다]와 비슷했는데, 부드럽고 달았으며 입에 들어가자마자 녹았으
니 참으로 기이한 맛이었다. 만드는 방법을 묻자, 사탕과 달걀, 밀
가루로 만든다고 했다. 선왕[숙종]께서 말년에 늘 먹는 음식에 물
려 색다른 맛을 찾자, 어의(御醫) 이시필이 말하길 "연경에 갔을 때
심양장군(瀋陽將軍) 송주(松珠)의 병을 치료해 주고 달걀떡(雞卵餅)을
받아 먹었는데, 그 맛이 매우 부드럽고 뛰어났습니다. 저들 또한
매우 진귀한 음식으로 여겼습니다"라고 했다. 이시필이 그 제조법
에 따라 만들기를 청하여 내국(內局)에서 만들었지만 끝내 좋은 맛
을 낼 수가 없었는데, 바로 이 음식이었다. 내가 한 조각을 먹자 그
들이 곧 차를 내왔는데, 대개 이것을 먹은 후에 차를 마시면 소화
가 잘되어 체하지 않기 때문이다. 배 속이 매우 편안했으며, 배가
부르지 않았지만 시장기를 잊을 수 있었다.[7]

이기지는 자신이 맛본 '서양떡'에 사탕, 달걀, 밀가루가 들
어갔다고 했다. 아마도 그 떡은 카스텔라(castella)였을 것이다.
카스텔라는 달걀노른자와 설탕·물엿·꿀을 섞어 충분히 젓고,

달걀흰자는 따로 거품을 내어두었다가 나중에 함께 섞은 뒤 여기에 밀가루를 넣어 가볍게 저은 다음 팬에 부어 굽는다. 이것을 다시 팬에 넣고 철판으로 눌러 180℃ 정도에서 한 시간 동안 굽는다. 이 카스텔라는 '카스티야의 빵'이란 뜻의 포르투갈어 '팡 드 카스텔라(pão de Castela)에서 유래했다. 포르투갈을 비롯해 에스파냐·프랑스·이탈리아·그리스 등지에서 '스페인(에스파냐) 빵'이란 이름으로 소비되었다.

　동아시아에 소개된 카스텔라는 포르투갈의 무역선을 타고 들어왔다. 16세기 초반 이미 타이완을 점령했던 포르투갈의 무역선에는 아시아 선교에 열중했던 서유럽 출신 예수회 신부들이 타고 있었다. 이들은 중국 대륙과 일본 열도 남단에 도착해 성당을 짓고 선교에 나섰다. 그중 연경에 도착한 프랑스와 포르투갈 출신 예수회 신부들은 오븐을 구할 수 없자 그 대용으로 벽돌로 만든 난로에 카스텔라를 구워 자신들도 먹고 현지인에게도 나누어 주었다. 이기지가 연경에서 카스텔라를 맛볼 수 있었던 것도 예수회 신부 덕택이었다. 그 맛에 반했던 사람 중에서 이기지의 글에 등장하는 이시필(李時弼, 1657~1724)이란 의관도 있다. 그는 이 카스텔라를 조선에서 다시 만들어 보려고 애썼다. 하지만 이시필의 저서 《소문사설(謏聞事說)》에는 카스텔라, 곧 '달걀떡' 만드는 법이 나오지 않는 것으로 보아 실패했던 모양이다.[8]

빵의 주재료는 밀가루다. 그런데 한반도에서 생산되는 밀은 주로 겨울에 파종해서 한여름인 음력 6월에야 추수하는 겨울밀(winter wheat)이다. 그것도 황해도를 비롯해 극히 일부 지역에서만 생산되었다. 겨울밀은 봄밀(spring wheat)에 비해 글루텐 성분이 적어서 반죽이 쉽게 되지 않았다. 또 이스트도 설탕도 없었던 조선에서 카스텔라를 만들 수 없었을 것이다.

이기지가 카스텔라를 '서양떡'이라고 적은 이유는 떡처럼 보였기 때문이다. '빵'은 일본에서 전해진 말이다. 18세기 일본인은 포르투갈어 '팡데로(Pão-de-ló)'를 '팡'이라 불렀다. 19세기 말 일본인의 발음을 들은 조선인들은 '팡' 또는 '빵'이라고 적었다. 빵 파는 가게도 팡집이나 빵집이라 불렸다. 해방 이후 '빵'으로 표기법이 정리되었다. 1882년 임오군란 이후 일본인이 서울에 많이 거주하면서 팡과 빵이 서양떡이란 말을 대체했다. 그러니 19세기 말부터 시작된 한반도 빵의 역사는 일본에서 개량된 일본식 빵의 도입에서 출발한다.

## 한반도에 들어온 일본식 빵

1868년 사쓰마(薩摩, 지금의 가고시마鹿兒島현)의 메이지유신 주동자들은 당시 에도(江戸, 지금의 도쿄)에 있던 후게쓰도(風月

堂)라는 과자점에 군용 빵을 만들어 달라고 요구했다. 서양식 군대를 창설하고 싶었던 메이지 유신 전후의 일부 사무라이들도 전투식량으로 빵이 안성맞춤이라고 생각했다. 17세기부터 20세기 초까지 영국군의 전투 식량으로 제공된 하드 택(hard tack)은 일본 해군에서 쉽게 모방할 수 있었던 빵이었다.

　일본 해군은 러일전쟁 중이던 1905년 밀가루와 쌀가루에 달걀을 배합해 맥주 이스트로 발효시킨 '갑면포(甲麵麭)'라는 빵을 개발했다.[9] 이 갑면포는 '간팡(カンパン, 乾パン)'이라고도 불렸다. 간팡은 보존과 휴대가 편리하도록 비스킷 모양으로 만든 빵이다. 구울 때 일반 빵처럼 공기 구멍 없이 성형해서 가마에 넣으면 터져버리기 쉽다. 그래서 간팡에는 구멍이 두 개나 있다. 굽는 방식은 비스킷과 같지만, 그 발상은 빵에서 나온 것이다. 마른 빵이란 의미에서 '건(乾)' 자를 붙여 '간팡'이라고 불렀다. 1990년대까지 한국의 군대에서 지급했던 건빵이 바로 이 '간팡'에서 유래한 것이다.

　간팡 외에도 맥주 이스트를 많이 쓰지 않은 다양한 일본식 빵이 선보였다. 그중에서 한반도에 큰 영향을 끼친 빵이 '안팡(あんパン, 餡パン)'이다. 한국어로 '팥빵'이라고 부른다. 이스트를 구하기 어려워 청주를 만들 때 쓰는 쌀누룩에서 얻은 효모를 밀가루 반죽에 넣고 부풀린 다음, 속에 팥소를 넣은 안팡이 1874년 도쿄의 기무라(木村屋)라는 빵집에서 개발되었다.[10]

소를 넣은 만두를 연상시키는 이 빵은 일본인들 사이에 급속하게 퍼져나갔다. 안팡의 인기는 식민지 조선에서도 마찬가지였다. 특히 팥의 단맛은 익숙지 않았던 빵을 친숙하게 만들어 주었다. 1927년 9월, 안팡이 인기를 끌자 이익을 좀 더 남기려고 팥 대신 석탄타르에서 뽑아낸 착색료를 묻혀 안팡을 만드는 업자도 경성에서 나타났다.[11]

또 학교 운동회에서는 '다마고(卵)빵'을 빵 먹기 경기에 사용했다. 다마고빵은 밀가루에 설탕·달걀·탄산수소나트륨을 섞은 다음 달걀 모양의 틀에 구워낸 마른 빵이다. 당시 구하기 어려웠던 이스트를 대신해 탄산수소나트륨을 넣어 부풀렸다. 다마고빵은 다른 빵에 비해 단맛이 강해서 식민지 조선의 어린이와 젊은이 들에게 인기였다. 사람들은 생긴 모양 때문에 다마고빵을 '계란빵'이라고도 불렀다. 1921년 4월 21일자 《매일신보》 3면에는 경성의학전문학교(1916년 경성에 설립된 관립의학전문학교, 해방 후 서울대학교 의과대학에 흡수)의 운동회에서 학생들이 실에 매달린 다마고빵을 따 먹으려고 애쓰는 장면이 실렸다.

현미로 만든 겐마이(玄米)빵도 인기를 끌었다. 겐마이빵은 밀가루 대신 현미 가루를 반죽해 청주 만들 때 쓰는 누룩을 넣어 부풀려 만든다. 1927년에 11월 30일자 《조선일보》 3면의 〈학생문예〉에는 부산제2상고 2학년 김규직이 쓴 시 〈빵〉이 실렸다. "빵빵 겐마이빵／깊은 밤에 외로이 들리는 저 소리／고학

1921년 4월 21일자 《매일신보》에 실린
경성의학전문학교의 운동회에서 빵 따 먹기 경쟁 장면

1923년 2월 4일자 《매일신보》에 실린 겐마이빵 행상 아이들

생이 부르는 생명의 빵 소리/불평한 사회를 호소하는 듯/줄기차게 줄기차게 외우친다/그 소리 위대한 힘 가진 그 소리/나는 절하고 싶네." 김규직은 생활이 어려운 고학생이 교복을 입고 밤 늦게 도시의 골목길을 돌아다니면서 겐마이빵을 파는 소리를 듣고 이 시를 지었다. 식민지 조선에서 빵은 빈부의 극단을 넘나드는 음식이었다. 큰 나무 상자에 빵을 넣고 돌아다니면서 파는 학생의 사진이 1923년 2월 4일자 《매일신보》 3면에 실렸다. 겐마이빵은 그 인기만큼 고학생의 애환이 담긴 음식이었다.

## 일본인의 제과점, 조선인의 빵 행상

1927년 7월 5일자 《동아일보》 3면의 〈가정고문〉이란 칼럼에는 '빵 제조법'에 대한 질문이 실렸다. 서울 삼청동에 사는 '삼녀생(三女生, 셋째 딸)'이란 독자는 "빵 제조법을 가르쳐 주시오. 빵을 먹으면 밥보다 자양이 못 하지 않습니까"라는 질문을 보냈다. 이에 대한 '답'은 다음과 같다.

빵을 만들려면 먼저 난로가 필요합니다. 빵은 밑으로 지지는 것이 아니고 위에서부터 내리 물김을 쏘여야 하는 까닭입니다. 여러 가지 방법이 있으나 한 가지를 예로 들면 맥분(麥粉) 2합(合)[밀가루 2되, 3.6리터], 생유 7작[우유 7홉, 1.2리터], 사탕 8작[설탕 8홉, 1.44리터], 누룩(베이킹파우더) 2시(匙)[2큰술, 30cc], 식염(食鹽) 2시를 가지고 먼저 밀가루, 누룩, 소금, 사탕을 채 쳐서 그릇에 두고 잘 섞은 후 우유를 두어 반죽하여 나무판에 놓고 약 한 치가량 두께 되게 눌러서 칼로써 베어가지고 쇠로 만든 판에 기름을 바르고 그 위에 둔 후 한 오륙 분간 재어서 아주 센 불에 넣고 십이 분 안에 구워냅니다. 자세한 것은 책사[서점]에 가서 거기 관한 책을 주문하여 보시오.

여기에서 누룩은 이스트를 가리킨다. 그런데 괄호 안에 '베이킹파우더'라고 적어놓았다. 베이킹파우더는 이스트가 아니다. 이스트를 구하지 못할 경우, 빵을 부풀게 하고 풍미를 더해주는 합성팽창제인 베이킹파우더를 사용하라는 뜻으로 적어넣은 듯하다. 밀가루와 소금·우유·사탕 따위야 당시에도 어렵지 않게 구할 수 있는 재료였다. 하지만 이스트는 흔한 재료가 아니었고, 오븐을 갖춘 가정 또한 거의 없었다. 그런 사정을 충분히 알았던 기자는 자세한 내용은 책을 사서 읽어보라고 글을 마무리했다.

《동아일보》에서는 이 기사보다 1년 3개월여 전에 〈빵 만드는 법〉이란 글을 여섯 차례에 걸쳐 연재했었다. 1925년 3월

23일자 6면에 실린 첫 번째 기사는 이렇게 시작한다. "우리 가정에서도 차차 '빵'을 먹게 되었습니다. 그런데 빵을 비싸게 사오는 것보다는 집에서 만드는 것이 절약도 될뿐더러 맘대로 맛있게 할 수 있습니다. 빵은 찌는 것과 굽는 것 두 가지가 있는데 먼저 굽는 빵 만드는 법을 이야기하겠습니다." 하지만 기사 내용과 달리 당시 집에서 빵을 만들어 먹는 조선인은 거의 없었다.

당시 식민지 조선 사람들은 주로 '빵집' 혹은 '팡집'이라고 부르던 제과점(製菓店)에서 빵을 샀다. 식민지 조선에 문을 연 제과점은 대부분 일본인이 운영하던 화양과자(和洋菓子) 전문점이었다. 이러한 제과점에서 판매한 빵과 과자는 서양식 빵과 과자를 일본식으로 바꾼 것이므로 '화양과자'라 불렸다. 1920년 일본인에 의해 최초로 서양식 빵과 과자만 판매하는 제과점이 경성에 문을 열었다. 일본인 상인 중에는 공장제 이스트를 일본에 들여와 판 사람도 있었다. 그래서 일본인이 운영한 제과점에서는 공장제 이스트를 넣은 부드러운 빵도 팔았다. 1940년이 되면 경성에만 140여 개의 제과점이 있었다.

1926년 도쿄에서 출판된 《화양과자 만드는 법(和洋菓子の作り方)》에서는 빵류, 크림 및 퐁당(fondant)류, 대형 장식과자, 소형 장식과자, 식후 디저트와 같은 양과자 요리법을 소개했다. 조선총독부에서 주최하는 공식적인 파티에는 대형 케이크

가 등장해 조선인의 이목을 끌었다. 중세 서유럽에서 생일을 축하하기 위해 만들었던 케이크는 1920년대 경성에서도 맛볼 수 있었다. 당시 상류층에서는 케이크를 떡과 함께 '축하 음식'으로 사용했다. 1930년대 기독교를 믿는 조선인 상류층 가정에서는 아이 돌상에 케이크를 올리기도 했다.

일본인이 운영하는 제과점에서는 식빵도 팔았다. 프랑스어로는 '팡드미(pain de mie)', 영어로는 '로프 오브 브레드(loaf of bread)'라고 부르는 식빵은 일본어로 '쇼쿠팡(しょくパン, 食パン)이라고 한다. 20세기 들어와서 일본 가정에서는 '쇼쿠팡'을 주로 아침 식사 대용으로 먹었다. 1927년 7월 22일자 《동아일보》 3면에 〈식빵 보존법〉이란 기사가 실렸을 정도로 식민지 조선에서도 구매하는 사람이 적지 않았다. 하지만 값이 비싸다 보니 아껴 먹다가 문제가 생기기도 했다. 이 신문 기사에서는 "식빵을 사서 오래 두면 굳어진다. 서양 털[뜨개질하는 데 쓰는 서양 털실] 관 속에 넣고 뚜껑을 꼭 덮어두면 얼마든지 연한 대로 있다"라고 비법을 알려주었다. 식민지 조선의 모던보이와 모던걸이 아침 식사로 식빵을 즐겼을 것이라 여겨진다.

일본인은 제과점을 운영했지만, 조선인은 빵 행상을 했다. 빵 행상은 큰 자본 없이도 가능했다. 1932년 1월 1일자 《별건곤》 제47호에 실린 김원진의 〈나는 왜 이렇게 됐나, 나는 왜 빵 행상을 하나〉에서 당시 조선인 빵 행상의 실상을 엿볼 수 있다.

학교 교사였던 김원진은 돈이 없어서 빵 행상을 한다며 "먹어야 살고 입어야 사는 인간이니 돈 없는 우리는 품팔이도 하고 자유 행상도 하게 되는 것입니다"라고 자신의 빵 행상 이유를 밝혔다. "간혹 학생들의 하숙을 찾아가면 그전 나에게 배움을 받은 학생들이 있어서 '선생님' 하고 매우 측은해하는 기색을 종종 보게 됩니다. 그때마다 나는 아무 말 없이 '빵 사세요' 하고 딴청을 부립니다. 나는 길가에서 그전부터 아는 친구, 동무, 동지 들을 만나게 됩니다. 나를 보고 피하는 친구도 있고 혹은 달려와서 '자네 이게 웬일인가?' 하고 손목을 잡고 묻는 친구도 있습니다"라면서 신세를 한탄했다. 그러면서 결국 그는 "내가 빵 장사 하는 이유 그것 아무 이유 없소. 먹고 입기 위하여 하오. 거기 다른 이유를 붙이려면 그는 소부르주아적 위선이요 가면(假面)인 것입니다"라고 자신을 변명했다.

빵 행상에 나선 조선인 수가 적지 않았다. 1932년 부산에는 빵 제조업체가 15곳 있었는데, 빵 행상은 300명이 넘었다. 당시 밀가루값이 갑자기 오르자 부산의 빵 제조업자들은 조합을 조직하고 9월 1일부터 빵값을 인상하기로 했다. 당시 조선총독부는 물가 안정이라는 명목 아래 빵값을 통제했기 때문에 빵값이 오르면 소매업자인 빵 행상들이 손해를 볼 가능성이 컸다. 소매가 5전짜리 빵의 도매가는 3.5전이었는데 이것을 4전으로 올리면 빵 행상만 0.5전을 손해 보게 되었다.[12]

1930년 10월 11일자 《조선일보》 2면에 실린, 조선청년총동맹 전남연맹의 독서집회 장소로 쓰였던 1930년 전라남도 광주의 장재성(張載性) 빵집. 큰 종이에 "싸고도 배부른!!"이란 문구가 적혀 있다.

빵의 주재료는 밀가루다. 1919년 5월 평양의 관문 항구인 진남포에 일본인이 제분 공장을 세웠다. 진남포 제분 공장에서는 조선산·만주산·미국산·캐나다산 밀을 중개업자를 통하거나 직접 구매했다.[13] 이 중 캐나다산 밀은 강력분을 만들 수 있었으므로 빵 재료로 가장 알맞았다. 1921년 11월 서울 용산에도 일본인이 풍국제분주식회사를 설립했다. 1936년 7월 4일 일본의 닛신제분(日淸製粉)은 지금의 서울 영등포구 문래동 일대에 조선제분주식회사를 설립했다. 왜 이렇게 일본인이 한반도에 제분 회사를 설립했을까?

가다 나오지(賀田直治, 1877~?)가 1934년에 출간한 《조선공업조사기본개요(朝鮮工業調査基本概要)》에서는 당시 조선의 "밀가루의 수요는 연간 8,000만 근, 200만 포대 정도가 되지만, 조선에서 생산하는 양이 반도 되지 않으므로 매년 일본에서 6,000만 근을 들여온다"라고 했다.[14] 19세기 말부터 조선미(朝鮮米)가 일본으로 대량 유출되는 바람에 조선인은 끼니를 해결하는 데 큰 어려움을 겪었다. 조선인은 쌀 대신에 중국 동북지방에서 들여온 밀을 가루 낸 밀가루로 만든 음식으로 끼니를 해결할 수밖에 없었다. 제분 공장에서 생산한 밀가루는 중국식 국수류, 일본식 우동, 그리고 빵을 만드는 데 사용되었다. 당시 한반도에는 그 어느 때보다 밀가루 수요가 많았다.

빵을 만드는 데 필요한 밀가루는 확보되었지만, '빵 굽는 기계'를 구하는 문제도 해결해야 했다. 처음에 빵을 굽는 데 도자기 굽는 가마를 이용했다. 그러나 대형 가마 시설을 갖추기 어려웠던 도시의 제과점에서는 옹기를 오븐 대용으로 썼다. 숯불 위를 시루로 덮고 그 위에 빵 반죽을 올려놓은 다음 다시 자배기로 뚜껑을 덮어 빵을 구웠다.[15]

옹기를 이용한 방법은 제법 효과적이었지만 사고가 잦았다. 1933년 5월 18일자 《매일신보》 3면에는 "빵 만들던 가마

터져 4명이 중경상"이라는 기사가 실렸다. 용산에 있던 일본 육군 병기부에서 빵을 굽다 가마가 터져서 조선인 네 명이 다쳤고, 그중 세 명은 중상을 입어 생명이 위독하다는 내용의 기사다.

1937년 중일전쟁을 일으켜 만주를 장악한 일본은 만주산 밀을 손에 넣었다. 이런 상황에서 일본인 위주였던 빵 제조업에 조선인도 뛰어들었다. 1942년 제과·제빵업에 종사했던 일본인 업자 수는 155명인 데 비해, 조선인의 수는 두 배가 넘는 323명이었다.[16] 군납을 위한 빵 제조에 조선인이 뛰어든 결과였다. 조선인 제빵업자 비율의 반등은 조선인이 일본식 빵 제조와 판매에 깊이 결부되는 결과를 낳았다. 해방 이후 일본인이 떠난 뒤에도 조선인이 주도하는 일본식 빵집이 지속될 수 있던 것도 이 때문이었다.


## 해방 이후 열린 공장제 빵의 시대

해방과 함께 미군의 남한 주둔은 빵에 대한 사람들의 관심을 지속시켰다. 1930년대 식민지 조선의 상류층 중에는 빵에 익숙한 사람들이 제법 많았다. 그들은 해방 후 미군이 제공하는 밀가루와 설탕으로 만든 빵을 무척 반겼다. 허창성(許昌

成, 1914~2003)은 이러한 사정을 꿰뚫어 보고 제과업에 뛰어들었다. 허창성은 황해도 옹진(지금의 북한 황해남도 옹진군) 출신으로 어려운 가정 형편 때문에 14세 때부터 옹진의 제과점에서 점원으로 일했다. 이 경험을 바탕으로 그는 1945년 10월 말 소규모 제분업을 했던 형의 도움과 미군 부대에서 쏟아져 나오는 설탕·버터·캔디 등을 이용해 빵과 과자를 제조하는 '상미당(賞美堂)'이란 상호의 제과점을 옹진에 열었다.[17]

일본인과 조선인 제빵업자들이 만들었던 기존 빵 유통망을 잘 알고 있던 허창성은 고향에서 제과업으로 성공했다. 이에 자신감을 얻은 그는 1948년 5월 서울 을지로로 상미당을 옮겼다. 하지만 상미당의 영업은 부진했다. 주변에 제과점이 너무 많았기 때문이다. 어떻게 하면 싼값의 빵을 팔 수 있을까 고민하던 허창성은 중국인이 운영하던 호떡집에서 무연탄 가루로 불을 때는 가마에 주목했다.

허창성은 이 가마를 응용해 벽돌로 '제빵용 무연탄 가마'를 만들었다. 무려 연료비를 90퍼센트까지 절약할 수 있었다. 하지만 한국전쟁으로 그의 사업은 지속되지 못했다. 허창성은 전쟁이 끝난 후 다시 서울에서 상미당을 운영하다가, 1959년 용산에 빵과 비스킷을 대량생산할 수 있는 공장을 세웠다. 이것이 바로 '삼립산업제과주식회사'다. 이 회사는 1961년 10월부터 빵과 비스킷을 대량생산하기 시작했다. 특히 1968년 5월,

주한미군에 빵을 납품[18]하면서 당시 국내에서 내로라하는 대형 제빵업체가 되었다.

상미당보다 조금 늦은 1947년 5월, 서울역 뒤편 중림동에 '영일당제과'가 문을 열었다. 이 제과점의 주인 윤태현(尹台鉉, 1910~1999)은 전라남도 해남 출신으로 식민지기 서울의 미쓰코시(三越)백화점에서 양복 기술자로 일했었다. 해방 이후 그는 미군이 한국 사회에 풀어놓은 밀가루에 주목해 5년만 제과점을 운영해 돈 모을 생각을 했다.[19] 그런데 한국전쟁 이후에도 과자와 빵 사업이 계속해서 호황을 누리자 제과점을 접지 않고 계속 이어갔다. 특히 1956년에 일본식 과자를 응용하여 만든 '산도'로 대단한 성공을 거두었다. 1950년대 이 '산도'라는 과자는 국민 한 사람당 1년에 50개 이상을 먹었을 정도로 잘 팔렸다

('산도'에 얽힌 이야기는 1999년 한 방송사에서 주인공을 여성으로 바꿔 〈국회〉라는 드라마로 만들어졌다).

상미당은 삼립산업제과주식회사로, 다시 삼립식품과 샤니로 변화를 거치면서 사업을 확장했다. 특히 허창성의 차남이 운영한 샤니는 1980년대 이후 찐빵 판매와 함께 파리바게뜨와 파리크라상 같은 프랜차이즈 빵집을 열어 사업적인 성공을 거두었다. 2019년 기준 파리바게뜨의 국내 매장은 무려 3,400여 개에 이른다. 파리바게뜨와 경쟁하는 CJ(씨제이)의 뚜레쥬르는 1,300여 개의 매장을 가지고 있다. 영일당제과는 '산도'의 포장지에 새겨놓은 '크라운' 마크를 응용해 1956년 회사 이름을 크라운제과로 바꾸었다. 2005년 해태제과를 인수하면서 국내 굴지의 제과기업이 되었다.

1960년대 이후 한국의 빵은 이른바 '양산업체'라고 부르는 공장에서 대량생산되었다. 이 양산업체가 지속될 수 있었던 배경에는 군대라는 대량 소비처가 있었다. 이름난 회사뿐 아니라, 강원도 원주 같은 군사 도시에는 전문적으로 군대에 빵을 납품하는 소규모 공장이 여럿 있었다. 이곳 사장들 대부분은 군부대의 납품 담당 장교나 부사관과 혈연, 지연 혹은 학연으로 연결되어 있었다. 그들은 미국에서 싼값으로 밀을 들여와 제분한 밀가루를 군대를 통해 쉽게 확보해 큰돈을 벌었다. 1953년 미국의 원조식량에 의지해 실시된 초등학교 급식빵 제도도 양산업체가 성장하는 데 힘을 보탰다. 박정희 정부의 혼분식 장려 정책은 양산업체를 본격적으로 키운 토양이 되었다.

빵 양산업체는 반드시 공장제 이스트가 필요했다. 양산업체가 본격적으로 성장한 1960년대 한국에서도 공장제 이스트를 생산하기 시작했다. 공장제 이스트 생산의 대표적인 업체는 제일물산양행(第一物産洋行, 지금의 제니코식품)이었다. 이 회사는 이미 1959년 8월에 독일의 BMA사와 협력해 이스트 생산 공장을 신설했다. 뒤이어 조흥화학(지금의 주식회사 조흥)도 이스트 생산에 뛰어들었다. 이 두 업체는 원재료인 당밀을 동남아시아에서 수입하여 공장제 이스트인 드라이 이스트를 생산해 판매했다. 특히 두 업체는 가격 담합을 이룰 정도로 업계의 주도권을 쥐고 있었다. 1967년 정부에서는 생이스트 판매를 금지하고 드라이 이스트만 유통하라는 행정지시를 내렸다. 생이스트가 대장균을 발생시킬 수 있다는 판단에 따른 조치였지만, 결과적으로 드라이 이스트를 생산·판매하던 두 업체를 키운 꼴이 되었다.

두 업체가 공장제 이스트 생산을 독점하면서 수시로 가격 밀약을 하자, 제빵업계에서도 가만있지 않았다. 제빵공업협동조합의 이사장을 맡고 있던 삼립식품의 허창성은 1970년 5월 회원사 80여 개 업체와 함께 이스트 공장 건설을 추진했다.[20] 이들이 이스트 공장 건설을 추진한 배경에는 당시 초등학교 급

1963년 7월 25일자 《경향신문》 8면에 실린 제일물산양행의 '이스트 효모' 광고. "영양이 풍부한 빵식으로 식생활을 개선합시다"라는 카피와 함께 "이스트로 빵을 만들면 잘 부풀고, 빵 맛이 좋고, 소화가 잘되고, 영양가가 많다"라고 했다.

식빵의 공급가 문제도 있었다. 하루 평균 200만 개를 공급하기로 문교부와 장기 계약을 맺은 제빵업체들은 개당 수수료 1원 53전 가운데 이스트 값으로 무려 64전을 지급해 이문을 거의 남기지 못했다.

　비록 이때 이스트 공장 건설 계획은 실현되지 못했지만, 1970년대 초 학교 급식빵 공급의 자유화는 또다시 제빵업체들이 이스트 공장 건설을 추진하게 한 원인이 되었다. 이스트 공장 추진은 일종의 단체행동이었다. 그런데도 1972년 보건사회부의 자료에 의하면, 빵과 과자류 제조업체는 3,382곳, 빵과 양과자 제조업체는 2,165곳이나 되었다.[21] 이렇게 제빵업체가 늘어난 이유는 영세기업이 급식빵 사업에 뛰어들었기 때문이다. 하지만 1977년 급식빵을 먹은 초등학생이 숨지는 사고가 발생하면서 급식빵 제도가 폐지되었다. 이후 영세한 제빵업체는 쇠락의 길을 걸었다. 결국 1970년대 후반부터 한국의 제빵업계는 대기업 중심으로 재편되었고, 이러한 현상은 오늘날까지도 지속되고 있다.

## 21세기 초입, 재벌 빵집이 장악한 한국 빵

그렇다고 1960~1970년대 한국인이 먹은 빵이 모두 양산업체에서 생산된 빵이었다고 말할 수 없다. 당시 서울을 비롯한 도시의 중심가에는 반드시 유명한 빵집이 있었다. 특히 1960년대 정부가 나서서 분식을 장려하면서 개인이 운영하는 빵집이 급속하게 늘어났다.[22] 당시 빵집의 이름은 '○○당'이나 '○○사'와 같은 일본식 이름이 거의 3분의 2에 이르렀다. 식민지기 재조일본인이 운영했던 빵집의 영향이 1960년대까지 지속된 것이다. 2000년대 이후 전국에 이름이 난 군산의 '이성당 (李姓堂)'은 1920년 일본인 히로세 야스타로(広瀬安太郎, 1869~?)

가 일본식 과자와 빵 기술을 가지고 와서 세운 '이즈모야(出雲屋)'라는 제과점이었다.[23] 해방 이후 이즈모야 옆 판잣집에서 제과점을 하던 '이씨'가 적산가옥으로 나온 이즈모야를 구입해 '이성당'이란 상호로 다시 제과점을 개업했다.

1950년대 중반 이후 생긴 빵집들은 서양의 나라나 도시 이름을 붙였다. 독일빵집, 뉴욕빵집, 뉴시카고 등. 한국전쟁 이후 서양의 영향력이 빵에 개입된 결과였다. '독일' 혹은 '뉴욕'과 같은 빵집 이름에서 알 수 있듯이 서양에서도 번성한 지역의 이름일수록 소비자의 주목을 받았다.[24] 1960~1970년대에 청소년기를 보낸 사람 중에는 아버지가 퇴근길에 빵집에서 사온 달콤한 빵 맛을 추억으로 간직한 사람이 많을 것이다. 그 당시만 해도 뉴욕제과·고려당·태극당 등에서 빵을 사 왔다고 하면 형제자매가 서로 먹겠다고 다투기까지 했다. 하지만 '베이커리(bakery)'라고 불린 고급 호텔의 제과점에서 만든 빵을 맛보는 경험은 특별한 계층이 아니면 어려웠던 시절이었다.

1980년대 이후는 소규모의 지역 빵집 가운데 몇몇이 기업형 대형화의 길을 걸었다. 그중 고려당·뉴욕제과·신라명과 등의 제과점이 공장에서 빵을 생산하는 프랜차이즈 사업에 본격적으로 뛰어들면서 빵 양산업체의 판도가 달라지기 시작했다. 유명 빵집의 약진으로 1960~1970년대부터 운영되어 온 양산업체 일부가 문을 닫았다. 그런데 2000년대 이후 파리바게뜨와 뚜레쥬르라는 두 프랜차이즈 업체가 다른 양산업체와 함께 동네 빵집까지 시장에서 몰아내기 시작했다.

이 프랜차이즈 업체를 단순히 빵집이라고 부르는 것은 적절치 않다. 이들은 대규모 공장에서 각종 빵을 대량생산한다. 사람들은 이 업체들을 비롯해 재벌가의 자식들이 속속 문을 여는 빵집을 두고 '재벌 빵집'이라고 부른다. 1994년 '태인샤니 그룹'을 출범하며 빵 양산업체 1위의 자리에 오른 파리바게뜨는 2002년 본가였던 삼립식품을 역으로 인수하며 2004년 SPC 그룹을 출범했다. 2023년 현재 SPC그룹은 파리바게뜨, 삼립, 샤니, 파리크라상, 던킨도너츠, 배스킨라빈스 등을 운영하고 있다. 오늘날 한국 사회에서 빵은 여전히 부식의 자리에 머물면서 공장에서 찍어낸 틀에 박힌 맛과 종류로 사람들의 입맛을 장악하고 있다. 몇몇 '재벌 빵집'의 시장 독점은 서울의 빵값을 세계에서 가장 비싸게 만들었다. 이런 상황에서 여전히 많은 한국인이 세계화 시대를 살면서도 빵을 주식으로 받아들이지 않는다.

한편 2000년대 이후, 어릴 때부터 빵 굽는 일에 열중해 온 젊은이들이 자존심을 걸고 빵집을 열고 있다. 수제 빵집이 공장제 빵 맛에 길든 한국인에게 새로운 세상을 열어주고 있지만, 수제 빵집의 빵값 역시 비쌀 수밖에 없다. 《빵의 지구사》[25]를 쓴 윌리엄 루벨은 "빵이란 물, 밀가루, 발효종을 어떻게 섞을 것이냐에 대한 발상에 지나지 않는다"라고 했다. 그만큼 지역 사정에 맞춘 빵의 변신은 무죄라는 말이다. 한국 빵의 변신은 재벌 빵집과 동네 빵집의 끊임없는 투쟁에서 나올 것이다. 그 과정에서 누구라도 즐길 수 있으면서 다채로운 맛을 지닌 한국 빵의 시대를 기대해 본다.

---

**《식품공전》의 빵**

빵은 '과자류, 빵류 또는 떡류'에 속한다. 과자류, 빵류 또는 떡류는 곡분, 설탕, 달걀, 유제품 등을 주원료로 하여 가공한 과자, 캔디류, 추잉껌, 빵류, 떡류를 가리킨다. 빵류는 밀가루 또는 기타 곡분, 설탕, 유지, 달걀 등을 주원료로 하여 이를 발효하거나, 발효하지 않고 반죽한 것 또는 크림, 설탕, 달걀 등을 주원료로 하여 반죽하여 냉동한 것, 이를 익힌 제품 등이다. 빵류에는 식빵, 케이크, 카스텔라, 도넛, 피자, 파이, 핫도그, 티라미수, 무스케이크 등이 있다.

# 차

한반도 사람들은 왜 차를 마시지 않았을까?

세상이 지옥이 될지라도
나는 항상 차를 마시겠다.

도스토옙스키

**tea**

---

차(茶)는 참 어렵다. 종류도 수십 가지, 빛깔도 수백 가지, 제품명도 수천 가지, 심지어 맛은 헤아릴 수 없을 정도로 무궁무진하다. 세상에는 찻잎만 우려 마시는 사람, 찻잎을 우려낸 물에 밀크를 타 마시는 사람, 설탕을 넣어 마시는 사람, 여러 가지 찻잎을 배합해 마시는 사람, 찻잎 대신 다른 식물이나 곡물을 우려 차라고 마시는 사람이 있는가 하면, 쌉쌀한 차를 마시면서 달콤하다거나 머리가 맑아지는 듯하다고 좋아하는 사람도 있다. 그래서 차를 변화무쌍한 카멜레온이라고도 부른다. 한국인들은 찻잎이 전혀 들어가지 않은 음료에도 곧잘 '차'라는 이름을 붙인다. 하지만 엄격하게 말하면, 차는 찻잎이 들어간 음료를 가리킨다. 왜 한국인은 찻잎이 들어가지 않은 율무차·생강차·귤차·꿀차 등에 '차'라는 이름을 붙일까?

# 차의 글로벌 히스토리

차의 이름은 여러 가지다. 중국 당나라 이전에 찻잎을 가리키는 한자는 다(茶)를 비롯해 도(荼), 가(檟), 설(蔎), 명(茗), 천(荈) 등이 있었다. 이 많은 한자 이름이 당나라 후기에 '다'로 통일되면서 발음도 오늘날의 시안(西安)식으로 다(dà)라고 불리게 되었다. 그런데 송나라 때 중국 정치의 중심이 창강(長江, 양쯔강) 하류로 옮겨가면서 그 지역 발음에 따라 차(chà)라고 불리기 시작했다. 하지만 시안은 물론 남방의 일부 지역에서는 여전히 '다'라고 발음했다. 한반도에서는 '차'와 '다' 두 가지를 모두 받아들였다. 그래서 지금도 한자 '茶'의 음은 두 가지다.

17세기 초 중국과 차 무역을 시작한 네덜란드 상인들은 푸젠성(福建省)의 샤먼(廈門)에서 차를 구매해 유럽에 팔았다. 18세기 영국의 차 무역이 활발해지면서 차는 영어로 '티(tea)'라고 불렀다. 네덜란드 상인들보다 먼저 찻잎을 상품으로 알아본 사람은 포르투갈 상인들이었다. 이들은 네덜란드 상인들보다 앞선 15세기에 마카오와 광둥(廣東)의 항구에서 차를 처음으로 보았다. 중국의 비단과 함께 차도 포르투갈 무역선에 실렸다. 그러나 차를 마셔본 포르투갈인들은 그 맛이 쓰기만 하여 미처 상품으로 팔 생각을 하지 못했다. 유럽인 대부분이 차를 '티'라고 부르지만, 포르투갈인은 광둥어 발음 그대로 '차(cha)'

전라남도 보성군의 차밭

라고 부른다. 네덜란드인보다 포르투갈인이 먼저 유럽에 차를 팔았다면, 차의 영어는 '티'가 아니라 '차'가 되었을지도 모른다.

중국에서 시작된 '차'라는 음료는 그것을 받아들인 지역마다 매우 복잡한 역사를 지니고 있다. 이를 이해하기 위해서는 차의 역사를 전 지구적으로 살펴보아야 한다. 동아시아 지역에서 차의 전파는 중국 당나라 때 불교의 확산과 함께 이루어졌다. 하지만 이때의 차는 불교의 승려와 지배층에서만 소비되었다. 그래서 한반도와 일본에서 차는 대중화되지 못했다.

한반도에서는 기후 조건으로 인해 차가 남해안과 가까운 남부 지방에서만 재배되었다. 불교를 국가 종교로 인정한 고려왕조의 지배층은 공식적인 행사에서 중요한 제물로 차를 썼다. 불교식 제사에서 차는 없으면 안 되는 제물이었다. 하지만 생산량이 적어서 간혹 중국에서 찻잎을 수입했다. 성리학을 국가 경영의 철학으로 수용한 조선왕조 때는 남해안 일대에서 재배되던 차나무도 야생으로 돌아가고 말았고, 차를 마시는 사람도 매우 적었다.

일본에서 차 재배는 9세기 초 중국에서 차나무의 씨앗을 가지고 오면서 시작되었다. 주로 불교 사원에서 찻잎을 우려 마셨다. 지금의 일본 차는 송나라에 유학한 에이사이 선사(榮西禪師, 1141~1215)가 공부를 마치고 귀국하면서 종자를 가지고 와 지금의 규슈 나가사키 근처에 심으면서 시작되었다. 그가 송나라에서 배운 차 만드는 방법은 찻잎을 맷돌에 곱게 갈아 뜨거운 물을 부어 마시는 가루차의 방식이었다. 찻잎을 볶아서 맷돌에 곱게 간 가루차는 송나라(宋, 960~1279) 초엽까지 중국인의 차 만드는 방법이었다.

에이사이 선사는 불교의 '선(禪)'을 널리 보급하기 위해서 차 마시기를 권장했다. 그가 쓴 《끽다양생기(喫茶養生記)》(1214)에는 차를 마심으로써 불교의 가르침을 깨닫는 데 이르고 수양의 길로 삼으면 된다고 적혀 있다. 특히 사무라이가 각 지역

왼쪽에서부터 송나라 흑유대피문 다완(黑釉玳皮文茶盌),
조선 백자 다완, 18세기 일본 백자 다완

에서 새로운 지배 세력으로 등장하여 일본 천황을 대신하는 통
치 집단이 된 가마쿠라 막부(鎌倉幕府) 시대에 차 마시기가 에이
사이 선사가 소개한 선종(禪宗)과 결합하여 지역 영주들 사이에
서 유행했다. 그래서 오늘날 일본의 말차(抹茶)는 송나라 시기
의 차 만드는 방법에서 진화한 것이다. 일본의 다도 역시 13세
기에 형성되어 20세기 들어와 여학교에서 다도교육(茶道敎育)
을 통해 대중화되었다. 일본의 다도에 쓰이는 다구 역시 중국
제 '가라모노(唐物)'와 한국제 '고려차완(高麗茶盌)'에서 출발해
자기화의 길을 걸은 것이다.

한반도와 일본에서 차나무를 재배해 찻잎을 구했다면, 티
베트에서는 당나라 시기에 쓰촨(四川)과 윈난(雲南)에서 재배한
차로 만든 차 덩어리, 곧 벽돌 형태의 차를 수입했다. '차마고
도(茶馬古道)'로 알려진 교역로를 통해 티베트의 말[馬]과 쓰촨·

윈난의 차가 교환되었다. 차는 641년에 처음으로 티베트에 소개되었다.[1] 이때 당나라의 문성(文成) 공주가 티베트의 33대 왕인 쑹짼간부(松贊幹布)와 혼인했는데, 예물로 차가 포함되었다. 이후 티베트인은 차를 즐겨 마셨지만, 차 수입량이 적었다. 티베트인은 이를 보완하고 영양도 챙길 수 있도록 야크젖이나 야크젖으로 만든 버터를 넣은 버터티(Tibetan butter tea, 酥油茶)를 마셨다. 이 버터티는 '보자(bod ja)' 혹은 '포차(po cha)'라고 불린다. '차마고도'는 티베트에서 멈추지 않고 미얀마·라오스·베트남·인도 등지로 이어졌다. 기존의 또 다른 무역로인 실크로드(silk road)를 통해 차가 서아시아로 전해진 것은 13세기 칭기즈칸과 그의 후예들에 의해서였다.

유럽에 중국의 차가 전해진 것은 앞서 언급했듯이 17세기 들어서다. 당시의 차는 녹차(綠茶, green tea)였다. 16세기 초 포르투갈 상인들이 개척한 인도와의 무역로는 동남아시아와 중국 남부까지 이어졌다. 맛은 쏨쏠하지만 건강에 좋다는 인식이 퍼지면서 17세기 초 유럽 각국의 지배층에서는 녹차를 약용 음료로 받아들였다.[2] 1645년경 영국에도 차가 전해졌다. 이미 커피가 이국적 음료로 인기를 끌고 있었던 당시 커피하우스에서 차가 판매되기 시작했다. 개러웨이 커피하우스(Garraways Coffee House)를 운영하고 있던 토머스 개러웨이(Thomas Garaway)는 1657년 녹차를 판매했다. 이 커피하우스에서는 찻물에 밀크를

넣기도 했는데, 이것이 오늘날 영국식 차의 시작이다. 1720년
대 홍차(紅茶, black tea)가 녹차의 인기를 제치면서 쓴맛을 완화
하기 위해 밀크에 더해 설탕을 넣어 마셨다.[3]

　홍차는 차나무의 어린잎을 발효시켜 말린 것이다. 끓는
물에 넣으면 맑은 홍색을 띠고 향기가 난다. 영국인이 차를 즐
겨 마시자, 중국의 찻잎을 수입하는 데 들어가는 비용이 사회
적 문제가 되었다. 그러자 1848년 영국의 식물학자 로버트 포
춘(Robert Fortune, 1812~1880)은 중국 상인이나 몽골 관리로 변
장해 중국에 숨어 들어가 차 제조 방법을 알아냈다.[4] 포춘이 훔
친 기문종차(祁門種茶, 안후이성安徽省 치먼현祁門縣에서 나는 차)의 씨
앗과 묘목은 인도 북동부 히말라야산맥의 네팔과 부탄, 시킴주
접경지대에 있는 마을 다르질링(Darjeeling)에서 재배에 성공을
거두었다. 이로써 '다르질링 홍차'가 탄생했다.

　이후 영국 상선들은 본격적으로 차 무역에 뛰어들었다.
19세기 중반에 이르면 중국의 푸저우(福州)에서 런던 사이를
오가는 범선들이 중국 남부의 차를 더 빨리 런던으로 실어 날
으기 위해 경쟁을 벌였다.[5] 이 범선은 아편을 싣고 가서 중국에
내려놓고 찻잎을 싣고 오는 방식의 무역을 하여 '아편 범선'이
라고도 불렸다. 중국 정부는 이 범선의 아편을 몰수했고, 영국
정부는 이에 분노하여 아편전쟁(1840~1842)을 일으켰다.

　1773년 미국의 보스턴에서 일어난 '보스턴 차 사건(Boston

1866년 푸저우에서 런던으로 돌아가는 쾌속 범선 태평(Taeping)호와 애리얼 (Ariel)호의 경주를 묘사한 〈그레이트 차이나 레이스(Great China Race)〉

Tea Party)'은 차에 세금을 과도하게 매긴 영국 정부에 대한 미국인의 대응에서 일어났다. 이 사건은 미국독립전쟁의 발단이 되었다. 당시 미국에서 차는 탄압의 상징이 되어 이 사건 이후 미국인은 커피를 더 많이 마셨다. 1860년 무렵 차에 얼음을 넣은 아이스티가 세인트루이스 세계무역박람회에서 선보이자 미국에서 인기를 끌었다. 1910년대 초반 뉴욕의 차 수입업자 토머스 설리번(Thomas Sullivan)이 티백(tea bag)을 발명했다.[6] 미국의 차 회사 립톤 티(Lipton Teas)는 1952년 '투과형' 티백을 개발해 특허를 얻었다. 영국에서는 1950년대 이후 티백을 받아들여 2007년에는 차 시장의 96퍼센트를 티백 제품이 차지할 정도로 인기를 끌고 있다.

2000년대 이후 서유럽과 북아메리카의 차 시장에서 여러 종류의 차를 황금 비율로 섞은 블렌딩티(blending tea)가 유행하고 있다. 블렌딩티 대부분은 홍차로만 구성된다. 오늘날 블렌딩티 제조업체에서는 컴퓨터에 '레시피'를 입력해 창고에 보관한 각종 홍차를 자동으로 혼합 드럼에 넣어 차를 제조한다. 17세기의 유럽인이 쓴맛의 녹차에서 건강에 좋은 성질을 주목했듯이, 오늘날 구미에서 블렌딩티는 건강에 좋은 음료로 소비되고 있다. 하지만 차는 여전히 음료 시장에서 커피를 뛰어넘지 못하고 있다.

## 차 맛을 모르는 한반도 사람들

윌리엄 그리피스(William E. Griffis, 1843~1928)는 《조선, 은자의 나라(Corea: The Hermit Nation)》(1882)에서 이렇게 말했다.

이상스럽게 보일는지 모르지만 조선의 농민들은 세계 양대 차 생산국인 일본과 중국의 중간에 살고 있는 동시에 위도상으로도 차 생산권에 살고 있으면서도 차의 맛을 거의 모르고 있다. 향초(香草, 차)는 거의 사용되지 않는데, 이는 일본에서 커피를 마시지 않는 것과 정도가 같다. … 조선인들이 가장 즐겨 마시는 것은 숭늉이다. 말린 인삼과 귤 껍질 또는 새앙[생강]을 섞어서 끓인 차는 잔치 때나 마시며, 이것을 만들 수 없을 때는 꿀을 쓴다. 그러나 전형적인 아일랜드인과 마찬가지로 조선인들이 말하는 '차'는 무엇을 섞어서 달인 것을 의미한다.

한반도를 한 번도 방문한 적이 없었던 윌리엄 그리피스이지만, 이 글은 적어도 19세기 말 조선인들의 음료 관습에 대해 매우 정확히 묘사했다. 그러나 오류도 보인다. 그중 하나가 바로 한반도를 두고 중국과 일본의 중간 지역이고 위도상으로 차의 생산지라고 한 것이다. 중국 대륙에서 차나무가 자라는 북방한계선은 북위 38선인 산둥반도다. 일본의 경우에는 북위 42도 선인 아오모리(青森)현의 구로이시(黑石)시까지 차나무가 재배된다. 만약 일본과 마찬가지로 한반도에서 북위 42도 선까지 차나무가 자란다면 백두산 이남에서는 모두 차를 생산할 수 있다. 그러나 한반도의 경우 일본과 달리 겨울에는 대륙성 한류의 영향으로 기온이 매우 낮고 봄에는 건조하고 서리도 내리며 비가 적게 온다. 1985년에 실시된 한국 차나무 분포지 조사에 따르면 당시의 전라북도 익산군 웅포면 봉화산 남서쪽(북위 36도 3분)에 차나무가 야생하고 있다는 사실이 밝혀졌다.[7]

그렇다고 차가 많이 생산된 것은 아니다. 차나무는 크게 온대 지방에서 자라는 소엽종(중국)과 열대 지방에서 자라는 대엽종(아삼)으로 나뉜다.[8] 근대 이전 한반도에서 자란 차나무는 소엽종이었다. 차나무는 차나무과(theaceae)에 속하는 아열대성 상록식물이다. 차나무는 기온이 영하 5도 밑으로 내려가면 얼어 죽는다. 10~15도 사이의 지역에서는 뿌리는 자라지만 잎이 자라지 못한다. 결국 기온이 15도 이상을 유지하는 곳에서만 찻잎을 수확할 수 있다. 북위 36도 선까지 차나무가 자란다고 하더라도 한반도의 남해안 연안을 제외한 다른 지역에서는 좋은 찻잎을 구할 수가 없다. 윌리엄 그리피스는 이 점을 몰랐다. 한반도의 차 역사를 살필 때 찻잎의 생산량이 적어서 차를 마시고 싶어도 마실 수 없었던 사정을 반드시 염두에 두어야 하는 이유가 이 때문이다.

## 서긍이 본 고려의 차 문화

당나라 때부터 차를 마시는 일은 동아시아 지배층에서 일종의 문명적 행위였다. 신라 선덕여왕 때 한반도에 차가 알려졌지만,[9] 재배는 신라 흥덕왕 3년(828)에 대렴(大廉)이 당에서 차 씨앗을 얻어 와 지리산에 심으면서부터였다. 겨울 기온이 1도 이상인 남해안 연안이 차 종자를 심기에 가장 적합한 곳이었다. 하지만 생산량이 많지 않은 데다 품질도 중국 남방에서 나는 차에 비할 바가 못 되었다. 한반도의 남쪽에서 나는 찻잎 은 "화살촉처럼 좁고 끝이 날카로운 소엽"[10]이었기 때문이다.

고려 인종 때인 1123년 6월 13일 개경에 한 달 정도를 머물렀던 송나라 사신 서긍(徐兢)은 《고려도경(高麗圖經)》에서 "고려에서 나는 차는 맛이 쓰고 떫어서 입에 넣을 수가 없다. 오직 중국의 납다(臘茶)와 용봉사단(龍鳳賜團)만을 좋은 차라고 여긴 다. 황제가 하사해 준 것 외에도 상인들 역시 중국에서 가져다 팔기 때문에 최근에는 차 마시기를 매우 좋아하게 되었다"[11]라고 적었다. 《고려도경》은 서긍이 송나라 황제 휘종(徽宗)에게 고려의 사정을 보고하기 위해 쓴 책이므로 서긍의 개인적 견해를 배제할 수는 없다. 그렇다고 이 내용을 거짓으로 보기는 어렵다.

서긍은 개경 사람들의 차 마시는 모습도 기록했는데, 먼저 연회에서의 차 마시는 장면이다.

대개 연회가 열리면 마당의 가운데서 차를 끓인다. 끓인 차를 은으로 만든 연잎 모양의 작은 쟁반인 은하(銀荷)로 덮어서 천천히 걸어가 손님에게 올린다. 그런데 진행자[贊者]가 차를 다 돌렸다는 말을 한 후에 마시게 되니 늘 식어버린 차를 마실 수밖에 없다.[12]

뜨겁게 끓인 차라도 참석자 모두에게 따라준 후에 마시게 되니 차가 식어버린 것이다. 또 관사에서 관리들이 차를 마시는 모습도 서긍이 보기에는 특이했다.

붉은색 상 위에 다구(茶具)를 모두 차려놓고 붉은색 비단 보자기로 덮어두었다. 매일 세 차례 모여서 차를 마신다. 그런데 차를 마신 다음에 이어서 또 탕(湯)을 낸다. 고려인은 탕을 가리켜 약(藥)이라고 부른다. 매번 우리 사신들이 탕을 다 마시는지 살핀다. 다 마시면 기뻐하고, 혹 다 마시지 못하면 자기를 깔본다고 여기고 기분 나빠하며 가버린다. 그래서 늘 억지로 다 마시려 노력했다.[13]

고려는 도자기의 나라였기에 개경의 관청에는 다구가 제대로 갖추어져 있었고, 차도 세 차례씩 공식적으로 마셨다. 그런데 이상한 점은 차를 마신 다음에 다시 '탕'을 마신 일이다. 조선시대 왕실에서도 '다음(茶飮)'이라 부른 탕약이 있었다. '다음'은 탕제에 비해 마시기 쉬운 약이었다[14]. 강귤차(薑橘茶)나 계귤차(桂橘茶)가 대표적인 '다음'이다. 아마도 고려에서 나는 소엽종 찻잎으로 끓인 차에서는 대엽종 찻잎으로 끓인 차에서 나는 묘한 단맛의 여운이 약한 탓에 차를 마신 후 입에 남은 떫고 쓴맛을 없애기 위해 이런 탕을 마셨던 것으로 여겨진다.

차는 불교와 연관이 깊다. 특히 선종이 유행하면서 사찰에서 차 마시는 일이 하나의 의례가 되었다. 차에는 정신을 각성시키는 테인(thein)이란 성분이 들어 있어 처음에는 승려들이 수도(修道)할 때 졸음을 막기 위해 마시곤 했다. 고려시대에는 왕이 주관하는 불교 행사로 팔관재(八關齋, 팔관회)와 공덕재(功德齋)가 열렸는데, 이 행사에서 차는 반드시 갖추어야 하는 의례 음료였다. 왕은 이 행사에서 친히 차를 달여 제상에 올렸다. 또 의례가 끝나면 신하들이 왕에게 차를 올리는 헌다식(獻茶式)과, 이에 응해 왕이 신하에게 차를 내리는 사다식(賜茶式)이 있었다. 이뿐 아니라 왕이 조정의 중신들에게 내리는 하사품에도 차가 포함되었다.

《고려사(高麗史)》에는 재상까지 오른 최승로(崔承老, 927~989)가 죽자 성종이 매우 슬퍼하며 교서를 내리고 그의 공훈과 덕행을 표창하면서, 부의로 "베 1천 필, 밀가루 3백 석, 쌀 5백 석, 유향(乳香) 1백 냥, 뇌원차(腦原茶) 2백 각(角), 대차(大茶) 10근을 주었다"[15]라는 기록이 있다. 또 외교가 서희(徐熙, 942~998)가 목종 원년(998)에 57세의 나이로 죽자 왕이 몹시 애도하며, "베 1천 필과 보리 3백 석, 쌀 5백 석 뇌원차 2백 각, 대차 10근, 전향(旃香) 3백 냥"[16]을 부의로 주었다.

# 시대별 차 만드는 방법과 마시는 법

　시대마다 차를 일컫는 명칭뿐 아니라 제조하여 마시는 방법도 다양했다. 먼저 차의 원산지 중국의 사정부터 살펴보자. 육우(陸羽, 733~804)가 《다경》에서 소개한 가장 오래된 차는 다죽(茶粥)이다. 육우는 진(晉)나라의 부함(傅咸, 239~294)이 쓴 《사예교(司隸敎)》에서 어느 가난한 노파가 시장에서 다죽을 팔았는데, 사찰 업무를 맡은 염사가 이를 막으며 노파의 그릇을 모두 깨뜨려 버렸다는 이야기를 인용했다. 다죽의 형태를 자세하게 알 수는 없지만 찻잎을 죽처럼 만든 것으로 추정된다. 이 방법을 '죽다법(粥茶法)'이라고 부른다.[17] 그러나 이 다죽은 한반도에 전해지지 않았다. 중국에서 다죽을 즐겨 먹던 시기에 한반도에는 아직 차나무가 재배되지 않았기 때문이다.

　죽다법 다음으로 나온 방식은 차를 끓이면서 여러 첨가물을 넣는 것이다. 이 방법 역시 《다경》에서 소개하고 있는데, 위(魏)나라의 장읍(張揖)이 편찬한 어학사전 《광아(廣雅)》를 인용해 이렇게 적었다. "후베이와 쓰촨에서는 찻잎을 따서 떡처럼 만든다. 잎이 질긴 것은 쌀죽[米膏]에 담갔다 꺼내 모양을 만든다. 차를 달여 마시려면 먼저 잎이 붉은색을 띨 때까지 구워서 찧어 가루를 내고, 자기(瓷器)에 담아 끓인 물을 붓고 뚜껑을 덮는다. 여기에 파·생강·귤껍질 따위도 함께 넣는다. 그것을 마시면 술이 깨고 잠이 잘 오지 않는다."**18**

그런데 육우는 같은 책의 다른 부분에서 이렇게 만든 차를 '병차(餠茶, 떡차)' 혹은 '암차(痷茶)'라고도 불렀다.**19** 병차와 암차 만드는 법은 앞에서 언급한 것과 비슷하다. 다만 파·생강·귤껍질 외에 대추·수유·박하 등이 추가되었다. 육우는 차를 끓일 때 위로 떠오르는 부유물이나 거품을 걷어내야 한다고 했다. 그렇지 않으면 차라리 하수구에 버리는 게 낫다고 꼬집었다.

육우가 살았던 8세기에는 차를 만드는 방법에 따라 크게 네 가지로 나누었다. 하나는 '추차(麤茶)'다. 이 차는 찻잎을 쪼개거나 잘라서 만드는데, 잎과 가지를 함께 넣고 끓인 차다. 두 번째로 찻잎을 덖거나 찌거나 말려서 보관했다가 마시는 산차(散茶)다.**20** 이것도 찻잎 자체를 덩어리로 보관했다가 덖은 다음에 끓는 물에 우려낸 것으로 여겨진다. 그리고 불에 말린 '말차(末茶)'다. 오늘날 가루 형태의 말차와 달리 찻잎을 불에 구워 가루를 내어 끓는 물에 타 마시는 차다. 마지막으로 절구에 찧어서 만드는 '병차(餠茶)'다. 떡처럼 만든 찻잎 덩어리를 절구에 찧은 다음 끓는 물을 부어 마신다. 앞에서 소개한 암차가 바로 병차의 일종이다.

후대 학자들은 육우의 《다경》에 나오는 이 네 가지 차 만드는 방법에 대한 글을 해석하는 데 어려움을 겪었다. 육우가 살던 시대에 일반적으로 가장 많이 마신 차는 병차였을 것으로 보는 학자가 많다.[21] 병차는 주전자에 넣고 끓이기 때문에 '전다법(煎茶法)'이라고 불렀다. 이 전다법은 당나라 때부터 송나라 이전까지 가장 널리 알려진 차 마시는 방법이었다. 앞에서 소개했던 고려의 성종과 목종이 총애하는 신하들에게 나누어 주었던 뇌원차와 대차 역시 병차였다. 당시 고려에서도 차를 주전자에 넣고 끓여서 마셨다.

그런데 송나라 대에 들어와 차 마시는 방법에 변화가 생겼다. 차나무를 재배하는 방식이 개선되면서 찻잎이 작아졌다. 작은 찻잎을 병차로 만드는 방법에는 큰 변화가 없었지만, 가루를 내어 가루차의 형태로 마시기 시작한 것이다. 형태는 다르지만, 육우 시대에 존재했던 가루차는 송나라 때 일상의 음료로 자리를 잡았다. 북송의 황정견(黃庭堅, 1045~1105)은 시 〈품령(品令)·영차(詠茶)〉에서 다음과 같이 차 마시는 법을 묘사했다.

봉무단(鳳舞團) 단병(團餅)을

나누어 쪼개서 따로 떨어트리려니 안타깝네

쇠맷돌을 깨끗이 씻어 외바퀴로 천천히 갈아내니

옥과 같은 가루가 빛을 내는구나[22]

봉무단은 송나라 황제에게 올렸던 차의 이름이다. 단병(떡차)을 만든 후 밀랍으로 싸고 그 위에 용과 봉황 무늬가 새겨진 도장을 찍는다. 이렇게 병차 가루를 쇠맷돌로 곱게 갈아 끓인 물을 부어서 마시는 말차법(末茶法)은 '투차(鬪茶)'라는 놀이로 이어졌다. 찻잎 가루가 담긴 잔에 끓인 물을 부어 다선(茶筅, 가루차가 물에 잘 풀어지도록 젓는 도구)으로 저어 거품을 내어 모양을 만드는 이 놀이는 송나라 선비들이 즐기던 차 마시는 방식이었다. 특히 다선으로 거품을 낼 때 차의 거품이 흰색을 띠어야 좋은 차라고 생각했다.[23] 오늘날 일본의 말차는 승려 에이사이가 남송의 말차법을 소개한 데서 비롯된 것이다. 일본에도 투차 놀이가 있었는데, 송의 투차와 달리 차의 산지를 맞추는 놀이였다.

송과 밀접한 관계에 있었던 고려시대 지배층에서도 가루차를 마셨다.[24] 이규보(李奎報, 1168~1241)의 시 〈운봉(雲峯)의 노규선사(老珪禪師)가 조아다(早芽茶)를 얻어 보이고 유다(孺茶)라 이름 붙여 시를 청하기에 지어 주다)[25]를 통해 알 수 있다. 여기에서 '유다'는 다선으로 거품을 낸 것이다. 이규보는 유다를 입에 대니 "마치 어린아이의 젖 냄새 같구나"라고 했다.[26] 고려시대 청자로 만든 대접 같은 찻잔의 형태 역시 이 가루차를 마시는 데 맞춤했다.

이상하게도 말차법은 순식간에 사라졌다. 그 이유를 명

확히 알 수는 없지만, 말차법의 자리에 포차법(泡茶法)이 들어와서 유행했다. 포차법은 지금도 중국인들이 차를 마시는 가장 보편적인 방법이다. 찻잎을 찻잔에 담고 끓인 물을 붓는 포차법의 탄생은 차 제조 기술의 변화와 관련이 있다. 곧 작은 찻잎을 덖거나 찌거나 말려서 병차로 만들지 않고 그대로 보관할 수 있는 기술이 발전한 것이다. 전차법은 육우 시대 이후 명나라 때까지 이어졌다. 전차법은 찻잎을 주전자에 넣고 끓인 후 그 물을 마시는 방법이다. 하지만 명나라 때 가장 널리 쓰인 제다법(製茶法)은 포차법이었다.

조선 초기의 문헌에 등장하는 작설차를 마시는 방법도 포차법이었을 가능성이 크다. 태종 2년(1402) 5월 20일, 명나라 사신 단목지(端木智)가 한양에 머물다가 갈 때 왕실에서 작설차를 선물로 주었다.[27] 세종 때도 명 사신들에게 작설차를 선물하는 일이 있었다. 《세종실록지리지》에는 울산군·함양군·고성현·하동현·산음현·진해현·고부군·나주목·영암군·영광군·강진현·무장현·함평현·남평현·무안현·고창현·흥덕현·장성현·구례현 등지에서 작설차가 난다고 기록되어 있다. 하지만 조선시대에는 고려시대만큼 지배층에서 차 마시는 일을 중요시하지 않았다. 특히 조선의 선비들은 차가 불교의 수행이나 의례와 밀접한 관련이 있다고 여겨서 마시기를 즐기지 않았다. 일반인 역시 차를 잘 마시지 않았다. 그런데도 왕실에서는 차를

전라남도 강진에 있는 백련사에서 만든 떡차와
떡차의 여러 모양

바치도록 요구했는데, 이것이 문제였다.

성종 2년(1471) 함양군수로 부임한 김종직이 공납 품목을
살펴보니 차가 들어 있었다. 예전에는 함양에서 차를 재배했지
만, 김종직이 부임한 당시에는 재배가 이루어지지 않은 상태여
서 군민들은 해마다 쌀을 지고 전라도에 가서 차로 교환해 공
납하고 있었다. 김종직은 함양이 원래 차 생산지였음을 알고는
지리산 골짜기에서 야생 차나무를 구해 와서 재배해 공납할 양
을 채웠다.[28] 이렇듯 뜻있는 선비들은 차를 권력의 부패와 백
성의 고혈로 여겼던 것이다.

조선 왕실에서는 여전히 큰 연회인 진연(進宴)이나 진찬(進饌) 때 대비나 왕비에게 차를 올렸다. 그러나 차는 오직 일부 왕족 여성들에게 제공되는 의례의 음료였지 일상 음료는 아니었다. 자연히 차의 생산방식이나 차 제작 기술을 아는 사람이 드물었다. "맛이 좋지 않은 술 한 잔이 차보다 낫다"라고 할 정도로 조선 후기에 들어와서는 차가 비하되기도 했다. 결국 18세기 말 유득공(柳得恭, 1748~1807)은 《경도잡지(京都雜誌)》에서 "이 땅에는 차가 나지 않는다"라고 쓰기까지 했다. 초의선사(장의순, 1786~1866)는 지리산 칠불선원에 갔다가 그곳의 승려들이 탕국 끓이듯 차를 끓이는 모습을 보고 놀랐다고 한다.[29]

## 조선시대에 유행한 유사차

초의선사 역시 차에 대해 잘 몰랐다. 그는 1809년 다산 정약용(1762~1836)을 만나면서 차에 관심을 갖게 되었다. 당시 정약용은 중국 문헌에 기대어 떡차를 제조하고 있었다. 초의선사는 차에 관한 공부를 하며 제다법을 익혔다. 1830년경 초의선사는 정약용으로부터 배운 떡차 만드는 법을 응용하여 초의차(草衣茶)를 만들어 친한 사람들에게 나누어 주었다. 이 초의차는 지금의 전라남도 장흥에 있는 보림사 근처에서 자라던 찻잎으로 만든 떡차였다.[30] 초의선사는 떡차를 떡살에 찍어 모양을 내는가 하면, 큰 덩어리의 떡차와 벽돌차를 만들기도 했다.

정약용과 초의선사가 떡차를 만들 수 있었던 것은 《다경》으로 제다법을 익혔기 때문이다. 물론 오랫동안 보관하기에도 떡차가 좋았다. 초의선사 역시 정약용에게서 배운 떡차로 차의 참맛을 되살려 냈다. 하지만 정약용에게 차는 음료가 아니라 체증을 내리는 약이었다. 이에 비해 초의선사는 차를 통해 법희선열(法喜禪悅, 부처의 진리와 명상의 기쁨)을 깨달을 수 있다고 생각했다. 이들과 달리 중국을 여러 차례 다녀온 추사 김정희(1786~1856)는 중국인들처럼 차를 음료로 받아들였다.

이처럼 앞선 시대와 달리 18세기 말부터 19세기 중엽 사이에 상류층 일부에서 차가 유행했다. 하지만 찻잎을 구하기가 쉽지 않아서 이를 대용할 만한 여러 종류의 차가 등장했다. 조선 후기에 찻잎을 넣지 않은 유사차 마시기가 지배층 사이에 널리 퍼져나갔다.[31]

19세기 초에 쓰인 《규합총서(閨閤叢書)》의 〈다품(茶品)〉에는 찻잎을 우려 만든 차에 관한 내용이 전혀 없다. 그 대신 도기 병에 꿀과 계핏가루를 넣고 얼음물을 부은 후 기름종이 일곱 장으로 병의 입구를 단단히 막고 보관한 다음, 하루에 한 장씩 벗겨서 이렛날에 마시는 계장(桂漿), 당귀를 달인 물에 녹각교, 생강가루, 계심(육계나무 열매), 꿀 등을 차례로 섞은 후 두었다가 마시는 귀계장(歸桂漿), 그리고 매화차·포도차·매실차·국화차 등이 소개되어 있다. 찻잎이 들어가지 않은 이 음료는 꿀로 단맛을 냈다. 귀계장에도 꿀을 타서 마셨는데, 특히 겨울에는 빈속에 반 잔씩 마시면 기운과 피를 보한다 해서 '성약(聖藥, 효력이 매우 좋은 약)'이라고도 불렀다. 이처럼 약재를 넣은 차는 반드시 꿀을 넣어야 그 쓴맛을 상쇄할 수 있었다.

정조의 어머니 혜경궁 홍씨는 감기를 예방하고 겨울을 잘 나기 위해 53세가 되던 1787년 11월 29일부터 '가감삼귤차(加減蔘橘茶)'를 마셨다.[32] 가감삼귤차는 개성 인삼과 제주도 감귤을 말려 달인 것이다. 가감삼귤차는 그전 영조 때도 겨울에 왕이나 왕비, 왕대비에게 올린 일이 몇 차례 있었다.

찻잎이 들어가지 않은 음료를 '차'라고 부르는 일은 조선에서만 나타난 현상은 아니다. 동아시아에서는 차를 마시는 행위는 따라 배우고 싶은 흠모의 대상이었다. 찻잎을 구할 수 없더라도 그를 대체할 유사차로 차 문화를 누리고자 했다. 베이징을 비롯해 화베이(華北) 사람들이 즐겨 마시는 국화차는 말린 국화의 꽃잎을 끓인 물에 우린 차다. 찻잎이 들어가지 않은 이것을 차라고 부르는 이유는 차처럼 끓인 물에 우려 마시기 때문이다. 중국 남방의 구이린(桂林)에서도 튀긴 쌀 알갱이를 끓인 물에 우려낸 것을 '미차(米茶)'라고 부른다.

한국의 인삼차도 사실 인삼탕이라 불러야 마땅하다. 하지만 한국인은 그냥 인삼차라고 부른다. 차나무를 거의 재배하지 않고, 조선 중기 이후 차 마시는 일이 거의 사라진 한반도에서 '차'라는 이름만이 살아남았고, 조선은 '유사차'의 나라가 되었다. 윌리엄 그리피스가 던진 "왜 조선인은 차를 마시지 않는가?"에 대한 해답은 바로 이 '유사차'에서 찾을 수 있다.

## 일본식 차의 유입

　1876년 일본과 맺은 강화도조약 이후 여러 나라와 외교 관계를 맺으면서 조선에서도 차를 상품으로 인식하고 공식적으로 관리하기 시작했다. 외국 상인들은 윌리엄 그리피스와 마찬가지로 조선에도 차를 생산·판매하는 산업이 있을 것이라고 여겼다. 하지만 당시 조선에는 다업(茶業)이라고 할 수 있는 수준의 차 산업은 존재하지 않았다. 그래도 조선의 차를 찾아 직접 전라도까지 가는 외국인이 생기자 이에 대한 행정적인 관리가 필요했다. 그래서 내려진 조치가 바로 1883년 10월 1일 통리군국사무아문(統理軍國事務衙門, 군사와 통상 업무를 맡아 보던 행정 기구)에 설치된 농상사(農商司)에서 정한 '차 규칙(茶規則)'이다.

　통리군국사무아문에서 내린 '차 규칙'을 받은 고을의 수령이 다시 그 아래 관리들에게 전달한 문서가 현재 독립기념관에 소장되어 있다.³³ 차 규칙의 내용을 이해하기 쉽게 풀이하면 다음과 같다.

> 토산 찻잎을 채취해 제다(製茶)를 하면 반드시 나무로 만든 함에 넣고 겉에 종이에 제품의 이름을 쓰라. 외국인이 배로 와서 차의 씨앗을 찾으면 별도로 담당자를 정해 관리하라. 다산(茶産)은 인삼업과 마찬가지로 채취하기 전에 위치한 지명을 적어 통리아문에 문서로 보고하라. 강진차(康津茶)·백산차(白山茶)·보의차(保宜茶)·죽로차(竹露茶) 같은 것이 이에 해당한다. 아울러 차를 재배하려는 농민은 채취에서부터 덖고 건조하는 모든 과정에서 색을 판별해야 하며 이와 관련된 별도의 다품 등의 취급에 대해서는 다른 규정으로 알릴 것이다.

이 '차 규칙'은 조선 왕실에서 차를 상품으로 인식하기 시작했음을 알려준다. 비로소 차에 대한 근대적 인식이 조선의 관리들에게 생긴 것이다. 조선인이 차를 근대적으로 인식하기 시작한 것은 1881년 청에 파견된 영선사 일행을 통해서였다. 1881년 김윤식(金允植, 1835~1922)은 서양의 각종 기계 제조법과 조작법을 배우는 젊은이들을 데리고 칭다오(靑島)에 갔다. 이때 리훙장(李鴻章)에게서 차 수출에 관한 정보를 얻게 되었다.³⁴ 이후에도 청 관리들은 왜 조선에서는 다업을 장려하지 않냐고 지적했다. 1883년에 통리군국사무아문에 의해 '차 규칙'이 발령되었지만, 행정력의 한계로 이 규칙이 제대로 지켜졌을지에 대해서는 의문이다. 다만 이 규칙에서 언급한 강진차·백산차·보의차·죽로차는 상품적 가치가 높았던 것으로 여겨진다.

윌리엄 그리피스처럼 왜 조선에서는 찻잎이 생산되지 않는지에 의문을 가진 서양인이 많았다. 1887년 당시 미국 공사였던 딘스모어(H. A. Dinsmore, 1887~1890 재임)는 조선 정부의 대외적 의식이나 행사, 사찰 의식 등에서 차를 쓰면서 차의 생산에 관심이 없는 조선 관리들에게 차 재배를 권유했다. 그 뒤 조선통감부에 행정조직이 장악된 1905년 농상공부에서는 외국의 차 재배와 제다법이 수록된 안종수(安宗洙, 1859~1896)의 《농정신편(農政新編)》을 각 도에 배포했다. 또 해마다 청명(淸明)을 전후해 차나무 등을 심는 '식목조례(植木條例)'를 관련 도청에 지시했다.[35]

조선에 온 외국인 가운데 중국인과 일본인은 차를 구하지 못해 곤란을 겪자 본국에서 차를 수입했다.[36] 1884년 일본에서 수입된 물품의 총금액 중 25퍼센트를 차가 차지했다. 1855년 중국에서 수입한 잎차가 2만 3,744근(약 1만 4,250킬로그램)에 이르렀다. 대한제국이 일본에 병합된 1910년 이후 재조일본인의 증가와 함께 일본 녹차 수입량은 늘어갔다.

하지만 일본에서 수입한 녹차는 가격이 비싸서 재조일본인에게 경제적 부담이 컸다. 1920년 조선총독부 종교과에 근

| 연도 | 1910 | 1911 | 1912 | 1913 | 1914 | 1915 | 1916 | 1917 | 1918 | 1919 | 1920 | 1921 | 1922 | 1923 | 1924 | 1925 |
|---|---|---|---|---|---|---|---|---|---|---|---|---|---|---|---|---|
| 수량<br>(천근) | 249 | 282 | 332 | 333 | 325 | 344 | 377 | 352 | 357 | 369 | 409 | 457 | 435 | 464 | 830 | 588 |
| 가격<br>(천엔) | 81 | 91 | 111 | 114 | 110 | 116 | 131 | 127 | 127<br>(144) | 190 | 224 | 250 | 261 | 299 | 400 | 388 |
| 일본인<br>수(천인) | 171 | 210 | 243 | 271 | 291 | 303 | 320 | 332 | 336 | 346 | 347 | 367 | 386 | 403 | 411 | 430 |

**1910~1925년 조선에 수입된 일본 녹차량[37]**

무하던 와타나베 아키라(渡邊彰)는 이렇게 고충을 밝혔다. "합방 이래 10여 성상을 지나는 사이 내지[일본]로부터 각종 산업을 경영하는 사람들이 속속 이주함에 따라 마시는 차의 양이 날로 증가하는 추세다. 하지만 조선에는 일찍이 다업 경영의 이해득실을 고려하여 이를 경영하려는 계획을 세우는 자가 없다. 이 때문에 매년 찻값으로 십여만 원(圓)을 내지의 제다업자와 무역상에게 지불해야만 하는 불리한 위치에 놓여 있다. 이것은 단지 한 개인의 경제적 측면만이 아니라 조선 전체의 경제적 측면에서 보아도 결코 좋은 방안이 아니다."[38]

그렇다고 1920년까지 재조일본인들이 오로지 일본에서 수입한 차만 마신 것은 아니다. 일본어로 발행된 《경성일보》 1926년 2월 28일자 4면의 〈타고난 제다업(生れ出た製茶業)〉이라는 기사는 재조일본인이 일본에서 가져온 차 종자를 한반도에 심어 성공한 사례를 다음과 같이 소개하고 있다.

조선인은 옛날에 차를 즐겨 마시지 않았다. 단지 상류사회에 부분적으로 보일 뿐이었다. 그것도 대부분 중국 차였지 조선에서 생산된 것은 거의 없었다. 그런데 내지의 이주가 시작되면서 수요가 점차 증가하기에 이르러 내지 차의 이입을 바랄 뿐만 아니라 차 재배를 시도했지만, 어쩐 일인지 모두 실패로 돌아갔다. 그런데 메이지 42~43년[1909~1910년]에 고이부카 와이치로(交井深和一郎)라는 자가 전라북도 정읍군 산원면(山原面, 지금의 정읍시 산내면·산외면)에 시즈오카(静岡)현 종자를 시험 재배하여 다행히 성공을 거둔 이래 그곳의 특산물로 자리 잡아 지금에 이르고 있다. 1, 2년 전부터 조선인 재배자도 생겨나 점차 보급량이 많아질 것으로 보인다.[39]

재조일본인이 한반도에 자생하는 차나무를 이용해 일본식 녹차를 제조한 사례도 있었다. 1909년 사금 사업을 하기 위해 전남 보성 문덕면으로 이주해 온 오자키 이치조(尾崎一三)는 조선인 여성이 가져온 차를 맛본 뒤 차 재배가 가능하겠다고 판단하고 광주 증심사의 무등원에 무성한 야생 차밭을 빌려 일본식 차를 생산하기 시작했다.[40] 1937년 7월 광주 다원에서 오자키를 만나 차 생산방법에 관해 취재한 이에이리 가즈오(家入一雄)는 별도의 기록[41]으로 그 사정을 남겼다.

오자키는 처음에 일본 시즈오카 지방의 예전 방식을 따라 차를 제조했지만, 세계적으로 이름난 차 생산지인 시즈오카에서 그 방법이 점차 진보하면서 조선에서도 차 만드는 방법을 개량해 기계를 사용한다고 했다.[42] 오자키는 차의 판매처에 대해서도 언급했다. 그는 주로 인천·군산·경성 등지에 60군데에 이르는 단골을 가지고 있었다.[43] 이 단골 대부분은 재조일본인이었다. 특히 일본인이 묵는 여관에서 오자키의 차를 많이 사 갔다.

앞에서도 밝혔듯이 재조일본인이 늘어나면서 차 수요도 증가해 일본에서 차는 물론 근대적인 차 재배 방식이 조선에 들어왔다. 그뿐만 아니라 조선인 차 재배자도 생겨났다.[44] 하지만 차를 마시는 조선인은 크게 늘지 않았다. 여전히 차는 조선인에게 생소한 음료였다.

식민지 시기에 경성을 비롯한 도시의 모던보이는 커피를 차로 인식했다. 당시 도시에는 '끽다점(喫茶店)'(일본어 '깃사텐')이 여러 곳 생겼다. '끽다점'이란 이름에는 '차'가 들어 있지만, 이곳에서는 커피를 주로 팔았다. 1934년 5월 1일자 《삼천리》 제6권 제5호에 실린 〈끽다점평판기(喫茶店評判記)〉에서는 차가 아니라 경성에서 유명한 커피점을 소개했다. 이듬해인 1935년 11월 1일자 《삼천리》 제7권 제10호에 실린 〈서울 다방(茶坊)〉에서도 커피점을 위주로 소개했다. 다방에서는 커피와 함께 일본식 녹차도 팔았다. 경성에 있던 다방 '고마도리'에서는 "차를 달이는 솜씨와 담긴 그릇이 다른 집과 달랐다."[45] 하지만 일본식 녹차가 조선인의 입맛을 사로잡지는 못했다.

1941년 《녹기(綠旗)》 11월 호에 실린 글에서는 취미 문화와 차가 연결되지 못해서 조선에서 차가 생활 속에 자리 잡지 못했다고 보았다. 그러나 음식점에서 제공하는 뜨거운 물을 '오차(お茶)'라고 불렀다. 물에 볶은 보리를 넣어 끓인 이 음료 역시 찻잎이 전혀 들어가지 않았지만, '차'라고 불렀던 것이다. 재조일본인과 교류가 많았던 일부 조선인은 일본인과 함께 '다화회(茶話會)'를 열어 일본식 녹차를 즐겼다. 사실 1900년대 왕실에서는 서양 커피를 마시는 행사를 '다화회'라고 부르기도 했다. 하지만 식민지 시기에는 조선총독부 관리와 조선인 유지 들의 모임뿐 아니라, 학교의 교사 모임에서도 다화회를 열어 일본식 차 마시기를 실천했다. 이 다화회는 식민지 조선에서 일본식 다도 교육의 시행으로 이어졌다. 시행 시기와 교육 대상에 대해서는 여러 주장이 있지만,[46] 1920년대부터 일부 여학교에서도 다도 교육이 행해졌다.

## 1970년대 이후 일어난 차 열풍

해방 이후 지속해 차를 알리는 활동을 한 사람 중에는 동양화가 허백련(1891~1977)이 있었다. 그는 강연을 자주 다니는 것은 물론, 1971년에 서울다도회와 1976년에 한국다도인 동호회를 만들었다.[47] 반야차(般若茶)를 전국에 보급한 최범술 (1904~1970) 역시 해방 이후 차에 관한 관심을 일으키려고 노력했다.[48] 또 다른 인물로 전 쌍용그룹 회장 부인인 김미희 (1920~1981)를 들 수 있다. 식민지기에 일본식 녹차를 마시며 차에 대한 지식을 쌓은 그는 1970년대부터 '차 보급 국민운동'을 시작하는 등 한국의 차와 차 문화를 대중에게 알리고 전파하는데 힘썼다. 그는 1979년 9월 〈한국 전통 다도 학술 발표회 및 생활 다도 정립 발표회〉를 개최하는 등 학술 연구를 후원하기도 했다.

한국 차의 역사를 연구하는 박순희는 일본에서 발간된 《월간상공경제(月刊商工經濟)》 1976년 5월 호 표지 사진에 주목했다. 그는 "창덕궁 낙선재 정원에서 한일 다도(茶陶) 문화교류회가 진행되었던 당시의 다회 모습[으로] … 모든 기물이 일본 것과 흡사하지만 옷만은 한복을 입고 있"다는 사실을 밝혔다.[49]

부산의 다법연구(茶法研究) 모임인 숙우회(熟盂會) 회장 강수길은 1970년대 중반 일본에서 다도 연수를 받고 돌아와 일본식 다도를 널리 알렸다.[50] 1965년 한일 수교 이후 일본 다도가 들어오자, 이에 대응해 한국식 다도도 새롭게 정비되었다. 1979년 초의선사가 머물렀던 대둔사의 일지암이 대중 매체를 통해 알려졌고, 일부 한국인 사이에 차 마시기가 조금씩 퍼졌

일본 잡지 《월간상공경제》 1976년 5월 호 표지 사진[51]

다. 이런 의미에서 1970년대는 한국 사회에서 차에 관심이 다
시 일어난 때라고 할 수 있다.

　이런 일들이 바탕이 되어 1980년대 차의 대중화가 시도
되었다. 비록 1965년 한일 수교 이후 전라남도 보성 다원의 차
가 일본에 수출되었지만, 이것은 국내에서의 대중화와는 거리
가 멀었다. 녹차의 산업화와 대중화는 화장품 회사였던 주식회
사 태평양화학공업(이하 태평양, 지금의 아모레퍼시픽)이 시작했다.
태평양은 일본에서 티백 기술을 도입하고, 1980년부터 한국제다와 동양제다에 자금과 시설 보강, 위생 관리를 지원했다.[52] 1981년 태평양에서 설록차를 상품으로 출시하면서 주로 군소 업체에 의해 유지되던 녹차 산업이 대기업에 편입되었다.

녹차에 대한 인지도가 낮던 1980년대 초중반 태평양은 녹차의 대중화를 위해 방문판매뿐 아니라 여학교, 관공서, 백화점 등에서 강좌와 시음회를 열었다.[53] 이 밖에도 판매 진작을 위해 실제 구매층인 주부를 대상으로 '홈파티'를 열어 녹차 마시는 법과 효능, 다기 고르는 법 등을 교육했다[54] 이러한 홍보 전략에도 불구하고 당시 녹차를 마셔본 경험이 있는 사람이 드물었다. 그래서 태평양의 녹차 판매는 눈에 띄게 늘어나지 않았다. 그러자 태평양은 1985년 전국적인 행사로 '100만 명 설록차 무료 시음' 판촉 행사를 펼쳤다. 하지만 녹차를 처음 맛본 사람들 대부분은 익숙지 않은 맛에 얼굴을 찡그렸고, 심지어 "무슨 시래기 삶은 물을 돈 주고 사먹으라 하냐"라며 화를 내거나 그 자리에서 뱉어버리는 일도 있었다.[55]

1992년 중국과 수교 이후 다시 한국 사회에 차 마시기 열풍이 일었다. 이미 1982년 중고등학교 가정 교과서에 다도에 관한 단원이 실렸을 정도로 한국식 다도에 관한 관심이 증대되었다. 1988년 서울올림픽대회를 기점으로 다양한 음료에 대한 수요가 늘어나면서 차의 소비도 새로운 국면을 맞이했다. 1989년부터 해외여행이 자율화되면서 차의 원산지인 중국에서 한국보다 저렴하게 차를 구매할 수 있게 되었다. 1990년대 후반 한국 사회에 불어닥친 웰빙 열풍도 차 소비를 촉진했다. 2000년 이후에는 '마시는 차'에서 '건강에 좋은 차'라는 인식이 생겨났다. 이런 유행과 맞물려 한국에서의 차는 고급화의 길을 걷게 되었다.

1998년 이후 국내 차 생산량은 급속하게 늘어났지만, 2020년대 이후 다시 줄어들고 있다. 2021년 국내 차 생산량은 3,576톤이었지만, 2020년의 4,061톤에 비해 11.9퍼센트가 줄었다.[56] 2021년 차 수입량은 1,461톤이다.[57] 국내 생산량과 수입량을 합치면 약 5,000톤이다. 이에 비해 2021년 커피(생두·원두)의 수입량은 18만 9,000톤에 이른다.[58] 매우 적지만 국내산 차는 미국에 162톤을 수출했고, 이 중 일부가 국내 스타벅스의 말차 제조용 원료로 쓰였다. 하지만 차는 커피에 비해 한국인의 입맛을 사로잡지 못하고 있다.

그 이유가 무엇일까? 전분 음식과 비전분 음식을 한꺼번에 먹는 식사 방식을 지닌 한국인에게 식후 짠맛을 상쇄해 주는 음료는 본래 숭늉이었다. 1970년대 말 이후 전기밥솥이 널리 보급되면서 더는 가정에서 숭늉을 만들 수 없게 되었다. 그러면서 숭늉의 자리를 커피, 그중에서도 커피믹스(coffee mix)가 대신하기 시작했다. 숭늉에서는 탄수화물에서 나온 포도당의 단맛과 탄 맛이 나는데, 커피믹스 역시 단맛과 탄 맛이 난다.

이것이 커피믹스가 숭늉을 대신할 수 있었던 이유다. 그러나 단맛이 없는 차는 '밥+탕+반찬'의 식사를 하는 한국인에게 식후 음료로 적당하지 않다. 이것이 한국인이 커피와 달리 차를 가까이하지 않는 이유 중 하나다.

2010년대 이후 해외여행을 하거나 해외에 머물면서 다양한 차를 마셔본 젊은 층을 중심으로 차에 관심을 가지는 사람들이 조금씩 늘고 있다. 이들은 온라인 커뮤니티를 통해 외국 차의 소비를 지속하고 있다. 또 그즈음 단맛이 나는 홍차를 비롯해 영국, 프랑스, 캐나다 등의 블렌딩티가 한국에 들어왔다. 하지만 2020년대 들어와서도 여전히 차는 한국인들로부터 크게 주목받지 못하고 있다. 그 이유 중 하나는 커피에 대한 한국인의 엄청난 열정이다. 차는 한국의 역사에서 가장 오래된 글로벌 푸드다. 하지만 한국의 차는 재배지가 좁고, 조선시대 성리학에 밀렸고, 20세기 이후 커피와 산업 음료에도 밀리면서 여전히 식탁의 가장자리에서 겨우 버티는 중이다.

## 《식품공전》의 다류

다류는 '음료류'에 속한다. 음료류는 다류, 커피, 과일·채소류 음료, 탄산음료류, 두유류, 발효음료류, 인삼·홍삼음료 등과 같이 마시는 데 목적을 두고 만든 식품을 두루 포함한다. 다류는 식물성 원료를 주원료로 하여 제조·가공한 기호성 식품이다. 종류로는 침출차, 액상차, 고형차 등이 있다. 침출차는 식물의 어린싹, 잎, 꽃, 줄기, 뿌리, 열매 또는 곡류 등을 주원료로 하여 가공한 식품으로, 물에 침출하여 그 여액을 마시는 기호성 식품이다. 액상차는 식물성 원료를 주원료로 하여 추출 등의 방법으로 가공한 식품이거나, 여기에 식품 또는 식품첨가물을 가한 시럽상 또는 액상의 기호성 식품을 말한다. 고형차는 식물성 원료를 주원료로 하여 가공한 것으로, 분말 등 고형의 기호성 식품을 가리킨다.

# 향신료

한국 향신료의 오랜 역사를 찾아서

향신료를 지배하는 자는
우주를 지배할 것이다.

프랭크 허버트

**spice**

----------------

2020년대 한국의 젊은이들은 마라(麻辣)의 맛에 푹 빠져 있다. '마라'는 고추, 후추, 천초(川椒), 이 세 가지를 적절하게 조합해서 만든다. 마라의 매운맛 중 '마(麻)'의 맛은 천초와 후추에서, '라(辣)'의 맛은 고추에서 나온다. 또 마라탕에는 진피(陳皮), 초마(椒麻), 초장(椒醬), 강즙(薑汁), 산향(蒜香), 마장(麻醬), 개말(芥末) 같은 매운맛 향신료와 조미료도 들어간다. 2000년대 후반 중국의 마라탕은 서울의 베이징식 중국음식점과 중국교포가 운영하는 꼬치구이 집에서 판매되기 시작했다. 핫소스와 불닭의 매운맛에 매료되어 있던 한국의 젊은이들은 익숙지 않은 향신료가 가득한 마라탕을 예상보다 쉽게 받아들였다. 미국식 핫소스인 스리라차(sriracha)의 매운맛도 한국인의 입맛을 사로잡고 있다. 이렇듯 한국인은 최근에 와서야 다양한 향신료

를 접하게 되었다? 그렇지 않다. 이미 한국인의 입맛은 알게 모르게 다양한 향신료에 길들여 있었다. 그렇다면 한국에서 향신료의 역사는 어떻게 전개되었을까?


## 향신료의 글로벌 히스토리

영어 '스파이스(spice)'는 열매라는 뜻의 라틴어 '스페키에스(species)'에서 유래했다. 위키피디아 영어판에는 '스파이스'를 "식물의 씨앗 열매, 뿌리, 나무껍질을 말린 것이나, 채소 그 자체로 음식의 향이나 색 또는 저장성을 높이는 데 쓰이는 것"[1]이라고 정의했다. 이러한 정의는 20세기에 들어와 정립된 것이다. 특히 유럽과 북미에서 향신료가 중요한 식품산업으로 성장하면서 '스파이스'란 말이 널리 쓰이게 되었다.

스파이스는 한국어로 '향신료(香辛料)'라고 번역한다. 20세기에 들어 일본에서 '향신료'라는 한자어로 처음 번역했다. 중국 문헌에서는 향이 나는 재료를 '요물(料物)' 또는 '물료(物料)'라고 적었다. 남송 말기의 학자 임홍(林洪)은 《산가청공(山家清供)》의 〈박금자옥(煿金煮玉)〉 편에서 "갓 나온 죽순은 매우므로 얇게 민 면(麵)에 '요물'을 올려 쪄내면 황금색으로 변하면서 달고 기름져 맛있다"[2]라고 했다. 여기에서 '요물'은 조미료 또는 양념을 뜻한다.

음식에 향이나 색을 내는 데 쓰는 식물성 재료는 민족집단(ethnic group)마다 다르다. 일본인이 '고추냉이(山葵)'로 풍미를 돋운다면, 중국의 한족과 동남아시아 여러 민족은 '고수[香菜]'로 맛을 돋운다.[3] 하지만 그 향이나 맛에 익숙지 않은 다른 문화 사람들이 고추냉이나 고수가 들어간 음식을 처음 접했을 때 선뜻 먹기란 쉽지 않다. 본래 향신료는 처음에 본고장 사람만이 음식 요리에 즐겨 사용했다. 하지만 향신료가 본고장을 떠나 다른 지역으로 이동하면서 사정은 달라졌다. 먹을 수 없는 것에서 점차 먹지 않으면 안 되는 것으로 바뀌기도 했다.

향신료 대부분은 초콜릿의 원료인 코코아처럼 원산지를 벗어나면 재배되지 않는다. 따라서 고대에 아라비아 대상들은 아시아산 향신료를 고대 그리스와 로마로 전파하는 중요한 역할을 담당했다. 유럽인이 색다른 맛과 향의 향신료에 열광하자, 범선을 타고 바다를 건넌 해적과 무역상 들이 새로운 향신료 전파의 주역으로 떠올랐다.[4] 특히 대항해시대를 연 포르투갈과 에스파냐의 상인들은 돈이 되는 향신료를 배에 싣고 다니며 팔았다. 제2차 세계대전 이후 유럽과 태평양에서 새로운 문화와 맛을 경험한 미국 군인들이 귀국하자 미국에서는 향신료 붐이 일었다.

20세기 이후 향신료는 식품산업의 중요한 자리를 차지했다. 오늘날 페퍼(pepper, 후추)는 원산지 인도가 아니라 베트남에서 가장 많이 생산된다. 클로브(clove, 정향)의 원산지였던 인도네시아는 클로브를 가장 많이 수입하는 나라가 되었다. 20세기 후반이 되면서 향신료는 각종 패스트푸드와 음료를 비롯해 다국적 식품기업이 생산하는 가공식품과 함께하며 세계인의 입맛과 식습관을 바꾸어 놓았다. 세계 각지에서 향신료 소비량이 빠르게 늘어나자, 다국적 향신료 기업은 더 싼값으로 향신료를 확보하는 데 열중하고 있다.

오늘날 한국의 거의 모든 가정은 고춧가루와 후춧가루를 가지고 있다. 이 두 향신료는 한국인의 가정에 없어서는 안 될 필수품이다. 반면 서양인이 오래전부터 향신료라고 여겨온 클로브, 시나몬(cinnamon, 석란육계), 넛메그(nutmeg, 육두구) 따위를 갖추고 있는 한국의 가정은 드물다. 이름은 낯설지라도 이 향신료들 역시 알게 모르게 한국인이 먹고 마시는 음식에 들어간다. 향신료 식품산업이 성장하면서 2000년대 이후 한국에서도 온갖 수입 향신료를 손쉽게 구할 수 있다. 최근 외국산 향신료는 한국 음식에도 들어가서 새로운 맛을 내는 중이다.

세계사에서 향신료는 풍미를 증진하는 데만 쓰이지 않았다. 먼 길을 이동해 온 향신료에는 금에 버금가는 값이 매겨졌다. 21세기 세계 향신료 시장은 세계화의 산물이다. 이제 세계 여러 나라 사람이 향신료의 원산지를 따지지 않고, 그 맛에도 개방적이다. 그래서 세계 향신료 식품산업은 대항해시대 못지 않은 치열한 경쟁 속에 놓여 있다.


## 《산가요록》에 나오는 조선 초기의 향신료

조선 후기 홍만선(洪萬選, 1643~1715)이 여러 문헌을 참고해 편집한 《산림경제(山林經濟)》의 〈치선(治膳)〉에 '요물'이란 단어가 나온다. 원나라 때 간행된 《거가필용(居家必用)》과 명나라 때 간행된 《신은지(神隱志)》의 내용을 추려 '요물 만드는 방법[造省力料物]'을 이렇게 간단히 적어두었다. "마근(馬芹)·후추[胡椒]·회향(茴香)·건강(乾薑)·관계(官桂)·천초 등을 따로따로 가루로 만들어 물에 반죽하여 환(丸)을 만든다. 쓸 때마다 부수어서 섞어 냄비에 넣는다. 여행할 때 더욱 편리하다."[5] 이 글에 나오는 요물의 재료가 모두 향신료에 해당한다.

한반도에서 향신료 역사의 실체를 파악하려면 몇 권 되지 않는 조선시대 요리책을 살펴봐야 한다. 지금까지 전하는 가장 오래된 책은 세종 때부터 세조 때까지 어의(御醫)였던 전순의(全循義)가 쓴 《산가요록(山家要錄)》이다. 이 책에는 농사법과 함께 230가지에 이르는 요리법이 소개되어 있다. 이 가운데 다음의 두 가지 요리법에서만 후추가 향신료로 쓰였다.

○ 치장(雉醬, 꿩고기장): 꿩고기를 아주 가늘게 채 쳐서 식초와 소금을 조금 넣고 생강(生薑)·후추·날파[生蔥] 등의 재료를 섞어 둥글게 빚은 후 기름에 지진다.[6]

○ 양해(膵醢, 양 식해): 먼저 양(소의 위)을 물에 씻어 둥글게 조각낸 다음 바로 후추를 넣어 섞는다. 물이 펄펄 끓으면 양을 넣고 반만 익힌다. 꺼내서 매우 차갑게 한 후 소금을 살짝 뿌리고 진밥 한 사발과 누룩가루 한 움큼을 고루 섞어 버무려 항아리에 담아 기름종이로 단단히 봉한다. 나무를 태워서 만든 재 속에 항아리를 깊이 묻어두었다가 양을 꺼내 썰어서 먹는다. 닭이나 꿩고기도 밥과 함께 섞어 식해를 담가도 좋다.[7]

이 두 요리법의 주재료는 꿩고기와 소고기다. 후추뿐 아니라 생강과 파도 쓰였다. 닭고기를 삶을 때 후추를 넣는다는 언급은 없지만, 생강과 천초, 마늘이 들어갔다.

○ 팽계법(烹鷄法, 닭고기 삶는 법): 닭을 삶을 때 식초나 술을 규화배(葵花盃, 접시꽃 모양의 술잔)로 한 잔 부으면 쉽게 익는다. 또 깨끗이 씻어서 생강·천초·산(蒜, 마늘) 등의 재료를 넣는다. 간장·참기름[眞油]을 넣고 짜지 않도록 간을 맞추어 작은 항아리에 담는다. 왕겨 불[糠火]에 묻어 하룻밤을 두었다가 꺼낸다.[8]

이 요리법을 통해 조선 초기에 고기를 조리하는 데 후추를 비롯해 생강·천초·마늘·파 등이 향신료로 쓰였음을 알 수 있다. 후추를 제외한 나머지 재료는 모두 한반도에서 구할 수 있었다. 따라서 고려시대를 비롯해 적어도 17세기까지 한반도에 살았던 사람들이 생각한 향신료는 생강, 천초, 마늘, 파 등이었을 가능성이 크다.

## 한국의 오래된 향신료

생강은 한자로 '薑' 또는 '姜'이라고 적는 오래된 향신료다. 여러해살이풀로 뿌리를 향신료로 쓴다. 원산지는 동남아시아의 열대 지역으로 알려졌지만 동인도 지역이 원산지로 추정된다. 한반도에는 중국을 거쳐 들어온 것으로 보인다. 문헌 기록에는 《고려사》 제81권 〈병제사(兵制史)〉에 나온다. 헌종 9년(1018)의 일이다. "8월에 (왕이) 명령하기를 을묘년 이래로 북쪽 변방에서 전사한 장병들의 부모 처자에게 차(茶)·생강[薑]·피륙을 차등 있게 주라 했다."[9] 이로 미루어 고려시대만 해도 생강은 결코 값싼 것이 아니었을 것이다.

《산가요록》에는 '침강법(沈薑法, 생강 절이는 법)'이 나온다. "8월 보름쯤 통통하고 연한 생강을 골라 대나무 칼로 껍질을 벗긴다. 생강 한 말에 소금 한 되와 끓는 물 세 말을 합하여 그 릇에 담고 하룻밤을 두었다가 물을 버리고 볕에 말린다. 덜 익은 밑술이나 식초 찌꺼기를 섞어서 같이 담갔다가 21일 뒤에 열어서 사용한다."[10] 이는 귀한 것을 오랫동안 두고 먹으려는 방법으로 보인다.

재배해서 얻을 수 있는 향신료가 생강이었던 데 비해, 천초는 채집하여 얻었다. 허준(許浚, 1539~1615)이 쓴 《동의보감(東醫寶鑑)》의 〈탕액편(湯液篇)〉에는 '촉초(蜀椒)'를 다른 말로 '천초'라고 적었다.[11] 촉초란 중국 촉(蜀) 지방에서 나는 매운 열매를 가리킨다. 촉 지방은 오늘날의 쓰촨성이다. '촉'은 역사적으로 삼국시대 유비와 제갈량의 촉나라에서 나왔는데, '촉' 대신 '천(川)'이라고도 불렀다. 그래서 허준은 '촉초'를 '천초'라고도 부른다고 주석을 붙였다. 조선 후기에 고추가 들어와 재배되면서 천초는 산에서 나는 매운 것이란 뜻으로 '산초(山椒)'라는 이름을 얻었다. 그런데 오늘날의 '산초'는 재래의 것과 함께 20세기 이후 한반도 남부 지역에 널리 퍼진 일본의 '산쇼(山椒)'를 일컫는 말로 잘못 쓰이고 있다. 엄밀하게 말하면 천초(산초)와 산쇼는 다르다. 천초(Sichuan pepper, Zanthoxylum bungeanum)는 초피나무의 열매이고, 산쇼(Japanese pepper, Zanthoxylum piperitum)는 산초나무의 열매와 잎을 가리킨다. 일부 지역에서는 이것을 구분하여 일본의 산쇼를 '제피'라고 부른다. 모양이 비슷해 헷

초피나무의 열매인 천초

갈리지만, 천초(산초)는 잎 가장자리가 매끈하고, 제피는 잎 가장자리가 톱니처럼 뾰족하다.

마늘은 '대산(大蒜)'이라고 적었다. 본래 이집트·로마·그리스의 지중해 연안에서 재배되었는데, 동쪽으로 퍼져서 중앙아시아로 전해졌다. 대산은 한나라 무제 때 장건(張騫)이 실크로드를 개척해 서역과 교역을 열면서 중국에 들어왔다. 본래 중국에서 '산(蒜)'은 달래류를 가리키는 한자였다. 중국의 산과 달리 서역의 대산은 매우 컸다. 처음에는 오랑캐 지역에서 왔다고 하여 '호산(胡蒜)'이라고 불렀다. 하지만 이 호산이 점차 중국 전역으로 퍼져나가자 본래 있던 산을 '소산(小蒜)'이라 하고, 서역에서 전해져 온 산을 '대산'이라 부르게 되었다.

조선시대 세종 때 펴낸 《향약집성방(鄕藥集成方)》에서는 "도은거(陶隱居)가 말하기를 지금 사람들이 호(葫)라고 부르는 것은 대산이며 산이라 부르는 것은 소산이다"라고 했다. 도은거는 남북조시대(420~589)에 살았던 도홍경(陶弘景)이다. 조선 초기의 학자 최세진(崔世珍)이 쓰고 뒤에 여러 차례 수정된 어학사전 《훈몽자회(訓蒙字會)》에서 "대산은 마늘(마늘), 소산은 돌뢰(달래), 야산(野蒜)은 죡지, 독산(獨蒜)은 도야마늘(마늘)"이라고 적었다. 이에 비해 허준은 《동의보감》에서 "대산은 마(마늘), 소산은 죡지, 야산은 돌랑괴(달랑괴)"라고 부른다고 했다. 이로 미루어 보아 소산은 조선 초기까지 달래로, 중기 이후부터는 죡지로 번역되었음을 확인할 수 있다. 다만 죡지 또는 죡지의 뜻은 정확히 알기 어렵다.

《산가요록》에는 '침산(沈蒜, 마늘 절이기)'이라는 요리법이 나온다. "덜 여문 산을 캐서 겉껍질을 벗기고 깨끗이 씻는다. 산은 물기 없이 제대로 말리고, 끓는 물에 소금을 넣되 짜지 않도록 한다. 이 물이 식기를 기다려 산을 담가둔다. 먹을 때는 껍질을 벗기는데 색이 하얗고 맛이 좋다"[12]라고 했다. 껍질을 벗기는 것으로 보아 《산가요록》의 '침산'에 나오는 산은 마늘로 여겨진다.

마늘과 함께 파도 고려시대부터 널리 사용된 향신료였다. 파의 원산지는 중국 서부로 알려져 있다. 중국에서는 3,000년 전부터 재배되었다고 알려졌지만, 원래의 씨앗이 발견되지 않아서 이 주장은 추정에 지나지 않는다. 한자로는 '총(蔥)'이라고 적는다. 《고려사》 제55권 〈지(志)〉에서는 고종 33년(1246) 5월에 일어난 사건을 이렇게 기록했다. "독 있는 벌레가 비와 함께 내려왔는데 그 벌레가 가는 그물 같은 것에 싸여 있었다. 풀어본즉 흰 털을 끊은 것과 같았으며 음식물을 통해 사람의 배에 들어가거나 혹 사람의 피부에 붙어 피를 빨아먹으면 사람이 즉시 죽었다. 그래서 당시 이 벌레를 식인충(食人蟲)이라고 불렀는데 여러 가지 약으로 시험해 보아도 죽지 않았는데 파즙[蔥汁]을 바르니 이내 벌레가 죽었다."[13] 이처럼 파는 식용뿐 아니라 벌레를 쫓는 데도 쓰였다. 옛 문헌에서는 이런 채소를 '훈채(葷菜)'라고 적었다.

《산가요록》에는 '생총침채(生蔥沈菜, 생파 절임)'란 요리법도 등장한다. "오뉴월 사이에 생파를 뿌리와 겉껍질을 없애지 말고 깨끗이 씻어 물기 없이 말린다. 파 한 벌에 소금 한 켜를 켜켜로 번갈아 깔아 다발을 만들어 항아리에 담고 맑은 물을 가득 붓는다. 아침저녁으로 물을 부어 매일 이렇게 물이 맑아질 때까지 바꾸어 준다. 오뉴월에 담가두면 겨울이 지나도록 쓸 수 있다."[14] 파는 음식을 만들 때 상쾌한 맛을 내거나 고기 냄새를 제거하는 데 효과적이다. 이런 면에서 조선 초기에 파는 매우 오래되었으면서도 음식 요리에 즐겨 쓰였던 향신료다.

# 후추의 한반도 유입

이렇듯 생강·천초·마늘·파 등은 비록 원산지가 한반도는 아니지만, 한반도에 들어온 이후 재배되어 지금까지도 널리 쓰이는 향신료다. 이에 비해 후추는 한반도에서 재배되지 않는다. 후추는 예나 지금이나 오로지 수입에 의존할 수밖에 없다. 후추의 원산지는 인도다. 기원전 100년쯤 인도의 힌두인들이 자와섬에 정착하면서 이곳에서도 재배되기 시작했다. 중국 남부에서 인도로 가는 길보다는 자와섬으로 가는 길이 더 쉬웠기 때문에 중국인들이 자와섬에서 후추를 구해 갔을 가능성이 크다.

《태조실록》과 《태종실록》에는 자와섬의 마자파힛 (Majapahit) 왕국에서 온 진언상(陳彦祥)이란 인물에 대해 다섯 차례나 언급하고 있다. 1406년 8월 11일의 기록에는 그가 후추를 배에 싣고 왔다는 내용이 나온다.

남번(南蕃, 동남아시아)의 조와국(爪哇國) 사신 진언상이 전라도 군산도(群山島)에 이르러 왜구에게 약탈당했다. 배에 실은 화계(火雞, 타조)·공작·앵무·앵가(鸚哥, 잉꼬)·침향(沈香)·용뇌(龍腦)·호초(胡椒, 후추)·소목(蘇木)·향 등 여러 가지 약재와 번포(蕃布, 동남아시아 옷감)를 모두 빼앗기고, 포로가 된 자가 60인, 전사자가 21인이었으며, 오직 남녀를 합해 40인만이 죽음을 피하여 해안으로 올라왔다. 진언상은 일찍이 갑술년에 봉사(奉使)로 내빙(來聘)했는데, 우리나라에서 조봉대부(朝奉大夫) 서운부정(書雲副正)을 제수했던 자다.[15]

역사학자 조흥국은 진언상을 인도네시아 자와섬의 마자파힛 왕국에서 온 무역 상인으로 보았다.[16] 조선 왕실에서는 진언상이 가지고 온 물품이 신기하기는 했지만 당장에 쓸모가 없어 별로 큰 관심을 보이지 않았다. 조선은 마자파힛 왕국을 유구(琉球)국과 비슷한 나라로 여기고 그들과 무역할 생각도 하지 않았다. 조선왕조가 성리학을 내세워 상업을 낮추어 본 데서 무역에 관심이 없었을 가능성이 크다. 더욱이 고려 말 원나라의 간섭을 받은 이후 해상 무역에는 큰 관심을 두지 않았다.

후추에 대한 기록은 《고려사》에도 나온다. 창왕 재위 시절인 1389년 8월 "유구국 중산왕(中山王) 찰도(察度)가 옥지(玉之)를 파견하여 글을 올려 신하로서 자칭했으며 왜적에게 포로로 붙잡혀 간 우리나라 사람을 귀환시키고 그 지방의 산물인 유황 300근, 소목 600근, 후추 300근, 갑옷 20벌을 바쳤다"라고 했다.[17] 이에 창왕이 "유구국에서 바친 소목과 후추를 여러 궁중에서 사용코자" 했으나 유백유(柳伯濡)가 간하기를 "옛날 충숙왕이 궁중에 젓갈 항아리를 둔 것을 사관이 기록하여 전했으므로 웃음거리가 되었다"라고 하면서 말렸다.[18] 그러나 창왕은 그 말을 듣지 않고 소목과 후추를 여러 궁에 나누어 주었다.

　이 대목에서 알 수 있듯이 후추는 고려 말 왕실에서도 그다지 쓸모가 없었다. 이런 사정은 조선 초기의 왕실에서도 마찬가지였다. 후추와 비슷한 천초가 한반도에서 자랐기 때문일 것이다. 《산가요록》의 요리법 가운데 오로지 '치장(꿩고기장)'과 '양해(양 식해)'에만 후추가 들어갔을 뿐이다. 이런 생각은 조선 시대 성종 때도 계속 이어졌다. 《성종실록》 1488년 6월 15일 자 기록을 보면, 당시 호조판서 정난종(鄭蘭宗)의 다음과 같은 주장이 나온다.

　지금 여름 석 달 동안 왜인이 바친 것에 대하여 답사(答賜)한 포백(布帛)을 헤아려 보니 무려 10만여 필(匹)이고 사섬시(司贍寺)에 남아 있는 것은 단지 80만여 필뿐입니다. 석 달 비용이 이처럼 많다면 한정이 있는 국가의 재물을 계속 이어가기 어려울 듯합니다. 저들이 와서 바치는 물건으로 오매목(烏梅木)·소목 등의 물건은 공사(公私) 간에 쓰이는 것이지만 속향(束香)·정향(丁香)·백단향(白檀香)·후추 등의 물건은 모두 긴요하게 쓰이는 것이 아니고 값만 몹시 비쌉니다. 더욱이 후추는 의영고(義盈庫)에 쌓아둔 것이 600여 근(斤)이나 되어 나라의 소용(所用)에 여분이 있습니다. 단지 저 사람들의 욕심을 형편상 물리치기 어려우니 마땅히 임시로 말하기를, "너희 무리가 바친 물건은 소용되는 것이 긴요하지 않고 값만 매우 비싼데, 만약 값을 깎아서 받는다면 일일이 답사하겠지만 그렇지 않으면 너희가 원하는 바에 따르기가 어려울 것 같다"라고 타이르고 그 거취를 살펴보는 것이 어떠하겠습니까?

실제로 조선 초기에 쓰시마(對馬)섬에서는 수시로 후추·정향·백단향 따위를 조선 왕실에 보내면서 삼베와 비단은 물론 쌀·범종·불경 등을 요구했다. 그들이 조선 왕실에 보낸 물품 가운데 대부분은 자신들의 토산품이 아니라 동남아시아에서 구한 것들이었다.

앞에서도 밝혔듯이 후추는 조선 초기만 해도 음식에 들어가는 식재료이기보다는 약재로 더 많이 쓰였다.[19] 《동의보감》의 〈탕액편〉에서는 후추에 대해 "성질은 몹시 따뜻하며 맛은 맵고 독이 없으며 기를 내리고 속을 따뜻하게 하며 담을 삭이고 장부의 풍과 냉기를 없애며 곽란(霍亂, 음식이 체하거나 멀미로 위가 손상되는 병)과 명치 밑에 냉이 있어 아픈 것과 냉리(冷痢, 몸이 차고 습해서 생기는 병)를 낫게 한다. 또한 모든 생선과 고기, 버섯의 독을 풀어준다. 원산지는 남방이며 생김새는 우엉씨와 비슷하며 양념으로 쓴다. 양지쪽으로 향하여 자란 것이 후추인데 가루 내어 약으로 쓰며 일명 부초(浮椒)라고도 부른다"라고 했다. 이로 미루어 보아 더운 여름에 찬 음식을 많이 먹어 탈이 났을 때 후추가 약으로 쓰였을 것으로 여겨진다.

# 《음식디미방》으로 살펴본 조선 중기의 향신료

오늘날 경상북도 안동·영해·영양 지역에 살면서 임진왜란과 병자호란을 모두 겪었던 여성 장계향(張桂香)이 쓴 《음식디미방》을 보면 음식 요리에 후추 사용이 그 전에 비해 증가한 것을 알 수 있다. 한복려 궁중음식연구원장은 《음식디미방》의 요법을 분석하면서 향신료 사용의 특징을 꼽았는데, 매운맛을 내는 천초와 후추, 겨자뿐 아니라 파도 많이 사용했으며, 생강이 마늘보다 사용 빈도가 훨씬 높다고 보았다.[20] 실제로 95가지 요리법 가운데 무려 26가지에 후추가 들어갔다.[21] 한글 필사본인 《음식디미방》에서는 후추를 '호쵸'라고 적었다. 그 가운데 후추가 들어간 대표적인 요리법 두 가지를 소개한다.[22]

○ 생치짠지: 오이지를 껍질 벗겨 가늘게 썰어라. 생치도 그리 썰어라. 지령기름[간장기름]에 볶아 천초 후추 양념하여 쓰나니라.

○ 개장국누르미: 개를 살만 대강 삶아 뼈 발라 많이 씻어 새물에 참깨를 볶아 찧어 넣고 지령[간장] 넣어 충분히 삶아내어 어슷어슷 썰어라. 즙을 하되 밀가루, 참기름, 지령을 섞어 삼삼히 하여 그 고기를 넣어 한소끔 끓여 대접에 뜨고 파를 짓두드려 넣고 국을 걸지 아니하되 생강, 후추, 천초 넣어 하라.

《음식디미방》의 요리법에서 후추는 주로 고기와 생선을 주재료로 한 음식에 쓰였다. 그 횟수나 양도 많은 것으로 보아 17세기가 되면 고기와 생선의 비린내를 잡는 데 천초, 생강과 함께 후추가 매우 효과적으로 쓰인 것으로 보인다.

　　그렇다고 후추가 음식의 맛을 잡는 데만 쓰인 것은 아니다. 비록 《음식디미방》에는 적혀 있지 않지만 이숙(梨熟, 배숙)이란 음료가 조선 후기 궁중 잔치에 자주 쓰였다. 이숙은 후추 알갱이를 배에 박아서 뜨거운 물에 우려낸 음료다. 순조 27년(1827) 9월 10일에 효명세자가 대리청정을 시작하면서 부왕인 순조의 비 순원왕후에게 존호를 올리고 이를 기념하기 위해 거행한 연향에서 배 30개, 후추 2합(合), 백청(白淸, 꿀) 2승(升), 생강 3합으로 이숙을 만들었다. 또 순조 29년(1829)에 효명세자가 순조의 보령 40세와 즉위 30주년을 경축하기 위해 베푼 연향인 기축년 '진찬(進饌)'에서는 이숙의 재료로 배 25개, 실백자(實柏子, 잣) 1합, 후추 1합, 생강 5합, 백청 2승을 마련했다.


## 조선 후기에 약으로 쓰인 향신료

　　후추와 달리 정향, 육두구, 석란육계는 약재로만 쓰였을 뿐 결코 음식에 들어가는 향신료가 아니었다. 다만 전약(煎藥)[23]

을 만들 때 후추와 정향·석란육계가 반드시 들어갔다. 전약은 대추·생강·정향, 후추 등과 같이 몸을 따뜻하게 해주는 재료만 모아 만들었다. 《동의보감》에는 전약 만드는 방법이 다음과 같이 적혀 있다.

백강(白薑, 말린 생강) 5냥, 계심(桂心, 석란육계) 1냥, 정향과 후추 각 1냥 반을 각각 가루로 만든다. 큰 대추를 쪄서 씨를 발라내고 살만 취해서 진득진득하게 고아 6되 정도 마련한다. 아교와 골을 달인 것도 각각 9되 정도를 준비한다. 먼저 아교를 녹이고, 다음에 대추의 살과 꿀을 넣어 충분히 달인다. 체에 밭쳐서 내린 뒤 그릇에 저장해 둔다. 덩어리가 되기를 기다렸다가 쓰면 매우 좋다.

전약은 동지 무렵 임금의 기운을 북돋기 위해 개발된 약재이면서 음식이었다. 향신료로 들어가는 정향·석란육계·후추 등은 몸의 기운을 데워주는 약리 작용을 한다. 더욱이 전약은 오랫동안 보관할 수 있어서 조선을 다녀간 청나라와 일본 사신들 사이에서도 대단한 인기를 누렸다. 심지어 청나라 사절로 가는 조선 사신들 짐 속에는 반드시 전약이 들어 있었다. 전약으로 그들의 환심을 살 수 있었기 때문이다.

전약의 인기가 날로 높아지면서 찾는 사람도 많아졌다. 하지만 그에 맞추어 값비싼 향신료를 구하기가 더욱 어려워졌

궁중병과연구원에서 《음식방문》의 제조법에 따라 재현한 전약. 쇠가죽으로 만든 아교에 대추고, 꿀, 생강가루, 계핏가루, 정향가루, 후춧가루를 넣고 끓여서 굳혔다.

다. 그래서 들어가는 재료를 바꿀 수밖에 없었는데, 그 대안이 바로 꿀이었다. 18세기 중엽 이후 집집이 양봉하면서 꿀 생산량이 많아지자 대추를 고아 넣는 대신에 꿀을 넣었다. 석란육계도 품질이 좋은 것은 값이 너무 비쌌고 심지어 구하기도 어려워지자, 향만 강한 관계(官桂, 계피)를 많이 넣었다. 물론 정향이나 후추의 양도 줄어들었다. 결국 19세기 중반이 되면 전약은 단맛과 계피 맛만 강한 음식으로 쇠퇴했다.

조선 초기만 해도 석란육계는 후추와 함께 쓰시마섬에서 조공으로 바쳐진 향신료였다. 하지만 조선 후기 이후 약재로

석란육계(시나몬)와 육두구(넛메그), 클로브(정향)

그 사용량이 증가하자 베이징에서 구매해 오는 일이 늘어났다. 하지만 이것도 가짜가 많았다. 그래서 석란육계 대신에 계피를 약재로 쓰는 사례가 많아졌다. 특히 납약(臘藥, 조선시대 납일에 왕이 신하들에게 나누어 주던 약)에는 석란육계가 반드시 들어갔다. 설날 아침에 마시는 도소주(屠蘇酒)에도 석란육계가 들어가야 제대로 된 것으로 인정받았다.

　　진품이 아닌 것이 많아지자 영조는 '육계'(석란육계로 추정된다)와 '계피'가 다르지 않냐고 내의원에 자주 물었다. 내의원에서는 '계'이므로 육계와 계피는 같은 것이라고 얼버무리며 궁색한 핑계를 댔다. 그래도 성질이 다르지 않냐며 영조는 의심을 거두지 않았고 내의원과 육계 문제를 토론했다. 하지만 직접 석란육계나무를 본 적이 없었던 영조와 의관들은 논쟁만 벌였을 뿐 뾰족한 대책을 내놓지 못했다.

하지만 이익(李瀷, 1681~1763)은 이미 교광(交廣, 인도차이나를 가리키는 교주交州와 중국 남방의 광주廣州를 가리켜 부르는 말)의 중국 육계(카시아)를 더 이상 베이징 시장에서 구하기 어렵다는 사실을 알고 있었다. 그는 《성호사설(星湖僿說)》〈만물문(萬物門)〉에 이렇게 적었다. "지금 듣건대 교광에서 나는 육계와 천촉에서 나는 주사(朱砂, 경련·발작을 진정하는 데 쓰는 수은 광물)는 베이징 저자에서도 이미 절품이라 하니, 30~50년 전과 비교하면 사람들이 병들어 죽는 수효가 점점 더 많아진다고 하겠는가? 이는 절대로 그렇지 않을 것이다." 곧 이익은 중국 육계나 주사를 구하기 어렵다고 해도 그것이 사람에게 꼭 필요한 것이 아니므로, 이것이 부족해 병들어 죽는 이는 결코 없으리라 생각했다.

이런 사정은 홍대용(洪大容, 1731~1783)이 쓴 《담헌서(湛軒書)》의 〈항전척독(抗傳尺牘)〉에도 나온다. 〈항전척독〉은 홍대용이 베이징에서 형제를 맺은 항저우(杭州) 출신 선비 육비(陸飛)·엄성(嚴誠)·반정균(潘廷均) 등과 귀국 후에도 주고받은 편지를 모은 것이다. 영조 41년(1765) 초겨울 베이징으로 떠난 홍대용은 동지를 앞두고 베이징에 도착했다. 그곳에서 항저우 친구들과 만나 식사를 하면서 육비와 다음과 같은 말을 주고받았다.

**육비** 근래에는 교지계(交趾桂, 인도차이나에서 생산된 석란육계)란 것이 있는데, 진품은 아주 희귀합니다. 해동에서 만드는 쇠가죽다짐(牛皮膏)과 청심환(淸心丸) 등은 진짜 교지의 계(桂)인가요?

**홍대용** 육계는 없어진 지 벌써 오래되었고 다만 껍질이 두꺼운 것으로 대용하고 있는데, 이것은 모두 베이징 시장에서 사는 것이니 그 진가를 어떻게 알겠습니까?

**육비** 껍질이 두꺼운 것은 여기서는 좋은 것으로 치지 않고 살이 두터운 것을 귀히 여깁니다.

**홍대용** 남쪽에는 아직도 진짜 육계가 있습니까?

**육비** 진짜는 종당 얻기 어려우나, 이곳에서는 껍질이 두꺼운 계피를 질병을 치료하는 데 절대로 감히 사용하지 않습니다. 그러므로 쓰이는 곳 또한 대단히 적습니다.

**홍대용** 비록 드러난 해독은 없다 하더라도 계피를 잘못 먹고 병이 드는 사람이 어찌 없다고 할 수 있겠습니까?

**육비** 조선에서 나는 약재도 있는지요?

**홍대용** 조선에서 쓰는 약재 가운데 조선에서 나는 것이 10분의 6이나 7은 될 것입니다.

박지원(朴趾源, 1737~1805) 역시 1780년 베이징에서 육비를 만나 육계에 관해 이야기를 나눈 내용을 《열하일기(熱河日記)》의 〈동란섭필(銅蘭涉筆)〉에 적어놓았다. 박지원은 계피의 잘못

된 사용을 크게 걱정했다.

육비가 말하기를, "육계는 교지 산물로 근세에는 구하기 어려우며, 성질이 화기(火氣)를 이끌고 근원으로 돌아가게 하는 것이요 계피는 숨은 화기를 일으키는 것이므로 그 용처가 아주 같지 않습니다"라고 했다. 우리나라에서 망령되이 육계 대신 두꺼운 계피를 사용하고 있으니 위험한 일이다. 나는 일찍이 이 이야기를 두루 의원들과 약국에 알렸던 바, 마침 퉁저우(通州)의 어느 약국에서 육계를 찾았더니 주먹만 한 놈을 내보이면서 값은 은 50냥이라 했다. 범생(范生)이란 자가 나를 따라오면서 가만히 말하기를, "이것도 진품이 아닙니다. 중국에서도 진품이 떨어진 지 이미 20여 년이나 되었답니다"라고 했다.

육계는 전약에 쓰였으므로 그 정보를 잘 아는 조선 후기 지식인이 많았던 데 비해 육두구에 대한 정보는 상대적으로 적었다. 조선 초기 쓰시마번의 이키(壹岐)섬과 유구국에서 조선 왕실에 육두구를 보내온 기록이 남아 있다. 중종 때 사신들이 베이징에 가서 육두구를 구하려 했지만, 교지와의 관계가 좋지 않아 구할 수 없다는 이야기를 듣고 포기하고 돌아왔다. 인조 이후, 특히 영조 때 납약의 재료로 육두구가 필요했지만 매년 10월 또는 11월만 되면 마련해 둔 양이 부족해 내의원 관원들이 왕에게 그 사정을 보고하기까지 했다.


## 고추의 다양한 이름


18세기 이후 후추를 비롯해 정향·육두구·석란육계를 구하기 어렵게 된 사정과 달리 임진왜란을 전후해 한반도에 들어온 고추는 비로소 천초와 함께 중요한 향신료로 쓰이기 시작했다. 고추가 한반도에 처음 들어왔을 때 사람들은 이것을 왜개자(倭芥子) 또는 왜초(倭椒)라고 불렀다. 일본을 통해 들어온 매운 열매란 뜻이다. 고추는 남만초(南蠻椒) 또는 남초(南椒), 번초(番椒) 등으로도 불렀는데, 남쪽의 오랑캐, 즉 동남아시아에서 전해졌기 때문이다. 그 가루는 만초말(蠻椒末) 또는 번초설(番椒屑), 지금의 고추장에 해당하는 것을 만초장(蠻椒醬)이라고 불렀다. 또 중국에서 왔을 것이라는 짐작으로 당초(唐椒) 또는 당고초(唐苦草)라고도 불렀다.

본래 후추와 천초 등을 두루 가리켰던 고초(苦草, 苦椒)란 보통명사가 고추를 부르는 말로 널리 쓰이기 시작한 때는 1810년경이다. 1809년에 씌어진 《규합총서(閨閤叢書)》에는 고쵸·고쵸가로·고쵸닙·고쵸닙장짠찌·고쵸장과 같은 단어가 나온다. 또 고초(苦椒)와 고초말(苦椒末)이라는 한자어도 생겨났다. 이후 칠

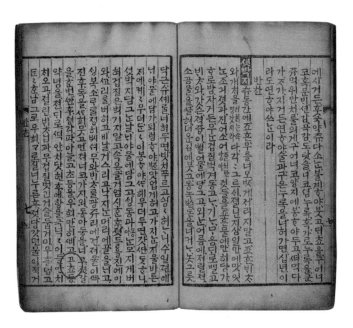

《규합총서》 석박지 요리법 중의 ‘고쵸’

리페퍼는 ‘고추’라는 새로운 번역어를 가지게 되었다.

　고추가 한반도에 전해진 과정에 대해 기록한 조선시대 문헌은 일본에서 전래했다는 주장이 지배적이다. 그런데 1709년 일본에서 발간된 《대화본초(大和本草)》에서는 “고서에서는 찾을 수 없지만 근래의 책에서 말하기를 옛날 일본에는 번초가 없었는데, 수길공(秀吉公, 도요토미 히데요시)이 조선을 칠 때 그 나라에서 종자를 가져왔다고 한다. 그래서 그 이름을 고려호초

(高麗胡椒)라고 부른다"[24]라는 기록이 있다. 이 책을 쓴 가이바라 에키켄(貝原益軒, 1630~1714)은 고추가 포르투갈 상인에 의해 규슈에 전해졌지만, 임진왜란 때 조선에서 본격적으로 전래했다고 믿고 있었다. 도대체 어떻게 된 일일까?

이 수수께끼를 푸는 첫 번째 열쇠는 유라시아와 아메리카 대륙 사이의 물품 교역의 역사에 있다. 콜럼버스 이후 유럽의 수많은 군인과 상인이 아메리카 대륙을 방문했다. 그 과정에서 유럽의 물산이 아메리카 대륙으로 이동했고, 거꾸로 아메리카 대륙의 물산도 유럽으로 전해졌다. 이후 100여 년간 아메리카 대륙이 원산지인 물품이 유럽과 아프리카·아시아의 곳곳에 전파되었다. 1972년 미국의 역사학자 앨프리드 크로스비(Alfred W. Crosby)는 이러한 물산의 이동을 '콜럼버스의 교환'이라고 불렀다. 오늘날 한국인이 먹고 있는 식재료 중 감자·고구마·옥수수·호박·고추 등은 아메리카 대륙이 원산지다. 1492년 이후 '콜럼버스의 교환'을 통해 한반도에 유입된 새로운 식재료는 한반도 식생활에 많은 변화를 가져왔다.

고추의 한반도 유입은 콜럼버스의 교환에서 출발하지만, 1592년 임진왜란 발발 이전으로도 거슬러 올라가야 두 번째 열쇠를 찾을 수 있다. 당시 조선과 일본의 봉건영주인 다이묘(大名)가 통치했던 번(藩)의 교류가 잦았다. 한반도와 가까운 쓰시마번은 고려 말부터 동래(지금의 부산)를 자주 왕래하며 무역의 주도권을 쥐고 있었다. 하지만 지금의 일본 오이타현(大分縣) 일대를 통치했던 오토모 소린(大友宗麟, 1530~1587) 역시 이 경쟁에서 빠지지 않았다. 그는 1570년 하카타(博多)를 점령하면서 조선과 도자기 무역을 활발하게 전개했다. 오토모 소린은 1551년 에스파냐 출신 예수회 신부 프란치스코 하비에르(Sanctus Franciscus Xaverius, 1506~1552)를 초빙해 약 2개월간 그의 영지에 체류하도록 하면서, 동시에 포르투갈 상인들과 교역 관계를 맺었다.[25] 이 과정에서 포르투갈 상선에 실린 아메리카 대륙이 원산지인 고추가 한반도에 전해졌을 것으로 추정된다.

이런 전파 경로 때문이었는지 몰라도 조선시대 문헌 대부분에는 고추가 일본에서 전래했다고 적혀 있다. 이수광(李晬光, 1563~1628)은 1613년에 펴낸 《지봉유설(芝峯類說)》에서 고추를 동남아시아에서 온 매운 것이라는 뜻의 남만초(南蠻椒)라고 적고서, "센 독이 있는데 왜국에서 처음 들어왔다. 그래서 민간에서는 왜개자(일본에서 온 겨자)라 부른다. 때로 이것을 심은 술집에서 그 맹렬한 맛을 이용해 간혹 소주에 타서 팔았는데 이를 마신 자는 대부분 죽었다"라고 했다.

고추는 포르투갈 무역선에 실려서 늦어도 1540년대에 마카오를 비롯한 중국의 무역항에 도착했다. 그리고 1570~1580년 사이에 일본 하카타를 통해 동래를 비롯한 울산 지역에 도착했을 것이다. 당시 오토모 소린 밑에서 일했던 상인들은 동래와 울산 일대의 도자기 가마 장인에게 챠완(茶碗, 차를 마시는 데 필요한 도자기 그릇)을 주문하는 일이 잦았다. 임진왜란이 일어나기 전에 고추는 이미 경상도 일대까지 퍼져나갔다.

하지만 당시 조선의 중부 지방에 살던 사람들이나 오토모 소린의 상인들 외의 일본 사람들은 고추의 존재를 알지 못했다. 결국 임진왜란이 끝난 후, 한양에 살던 이수광은 왜군과 함께 고추가 전해졌다고 생각했고, 《대화본초》를 쓴 가이바라 에키겐은 전쟁에서 패하고 귀국한 군인들에 의해 고추가 유입되었다고 믿었다. 그래서 두 나라의 문헌에 각기 상반된 고추의 전파설이 기록된 것이다.

고추는 아열대성 식물이지만 한반도에 유입되어 어렵지 않게 재배되었다. 다만 제주도처럼 바닷바람이 많은 곳에서는 자라지 않았다. 16세기 이후 고추는 기존의 생강·천초·마늘·파 등의 향신료와 함께 요리에 쓰였다.

고추를 처음 접한 조선 사람들은 이 지독하게 매운 식물을 그다지 환영하지 않았다. 고추가 들어오기 전에도 한반도에는 매운맛을 내는 달래, 마늘, 파, 생강, 천초 등이 있었기 때문이다. 고기나 생선의 비린내를 없앨 때는 천초를 썼고, 부자들은 후추를 구해 썼다. 그런데 천초는 사람이 직접 채집해야 했고, 후추는 한반도에서 생산되지 않아 전적으로 수입에 의존하고 있었으므로 당연히 비쌌다. 이에 비해 고추는 한반도 남부 지역에서 재배가 잘되었다. 시간이 갈수록 한반도의 남쪽에서 북쪽으로 그 재배지가 점점 넓어졌다.

18세기에 이르면 고추가 천초와 후추를 대신해 매운맛을 내는 으뜸 재료로 인기를 누렸다.[26] 천초 가루로 만들던 천초 장이 '고추장'으로 바뀌었다. 의관이었던 이시필이 쓴 조리서 《소문사설》의 〈식치방〉에는 '순창고초장조법(淳昌苦草醬造法)' 이라는 이름의 고추장 만드는 법이 나온다. 이는 한양의 순창 조씨 집안에서 잘 만드는 고추장 요리법이다.

영조 42년(1766) 유중림(柳重臨, 1705~1771)은 《산림경제》를 증보하여 편찬한 필사본 《증보산림경제(增補山林經濟)》에서 고 추(이 책에서는 고추를 '만초', 고춧가루를 '만초말'이라 표기했다)가 어떻 게 음식에 들어갔는지를 자세하게 적어두었다. 그 가운데 《증 보산림경제》의 〈치선〉에 소개된 '조만초장법(造蠻椒醬法)'은 다 음과 같다.

콩을 꼼꼼하게 고르고 물에 일어 모래와 돌을 없애며 보통 방법대 로 메주를 빚은 뒤에, 바싹 말려서 가루로 만들고 체에 쳐서 밭는 다. 콩 한 말마다 만초말 세 홉, 나미(糯米, 참쌀) 가루 한 되의 비율로 맛 좋은 청장으로 휘저어 뒤섞으면서 반죽해 아주 되게 만들고 작 은 항아리에 넣어 햇볕에 쬐어주면 된다. 민간 방법에서는 그 안에 볶은 참깨가루 다섯 홉을 넣기도 하는데 맛이 느끼하고 텁텁해서 좋지 않으며, 또 찹쌀가루를 많이 넣으면 맛이 시큼해서 좋지 않으며, 만초말을 지나치게 많이 넣으면 너무 매워서 좋지 않다. 또 다른 방법으로는 콩 한 말로 두부 만들어 꼭 짜서 물기를 빼고, 여러 재료와 함께 섞어 익히면 아주 맛있다. 일반적으로 서로 버무릴 때 소금물을 써도 되지만, 맛 좋은 청장만큼 맛있지는 않다. 또 다른 방법으로는 말린 물고기의 머리와 비늘을 없애고 납작한 조각으로 썰며 또 다시마[昆布]와 다사마(多絲麻, 海帶) 따위도 함께 넣어 익기를 기다렸다가 먹으면 그 맛이 아주 좋다(마른 청어를 쓰면 더욱 맛있다. 만초 대신에 천초를 쓰기도 한다).[27]

이 요리법에서 주목되는 점은 "만초 대신에 천초를 쓰기도 한다"는 것이다. 《증보산림경제》가 편찬된 18세기 중반부터 고추가 천초를 대신하기 시작했음을 알 수 있다. 천초와 달리 고추는 재배할 수 있는 작물이었으니, 재료를 확보하기가 더 쉬웠다. 이후의 문헌에 따르면 고추가 천초를 대신해 두루 쓰이기 시작했다고 한다. 《규합총서》에서는 '고쵸' 가루와 함께 '고쵸'를 썰어서 채소 절임 음식에 넣는다고 기록되어 있다. 특히 고춧가루를 넣은 매운탕 요리법이 등장했고, 심지어 고춧잎을 이용해 장아찌를 담그기도 했다.

19세기 중엽에 나온 이규경(李圭景, 1788~?)의 필사본 《오주

연문장전산고(五洲衍文長箋散稿)》에서는 '고초'라는 명칭은 '향명(鄕名)'으로, 한자로는 '만초' 또는 '번초'라고 표기하지만 실제로 사람들 사이에서는 '고초'라 불렸음을 알려준다. 이규경은 고추가 향신료일 뿐 아니라 혈액 순환이나 추위를 이겨내는 데도 유용하다고 보았다. 고종 14년(1877) 12월 신정왕후의 칠순 잔치를 기록한 《진찬의궤(進饌儀軌)》에서는 이전의 개장(芥醬, 겨자장)과 함께 '고초장(苦椒醬)'이 음식 맛을 내는 식재료로 쓰였다고 기록하고 있다.

2009년 이후 '한국고추'의 원산지를 두고 기존 의견을 뒤집는 주장이 제기되었다. '한국고추'는 본래 한반도에서 자생했으며, 아메리카가 원산지로 알려진 아히(ají)와 '한국고추'는 확연히 다르다는 것이었다. 이른바 '한국고추의 한반도 자생설'[28]이다.

이 주장의 중요한 출발점 가운데 하나는 《훈몽자회》의 '초(椒)'에 대한 기록을 어떻게 해석할 것인가이다. 한의학자 김종덕은 매우 상세하게 《훈몽자회》에 나오는 한글 '고쵸'가 18세기 이후의 고추를 가리킨다고 볼 수 없다고 논증해 그 주장을 반박했다.[29] 그는 《훈몽자회》가 1527년에 간행된 것임을 강조했다. 또한 《훈몽자회》에서 "초는 고추초다. 초의 용례로는 후추 또는 천초, 진초, 촉초, 초피 등이 있다. 또 분디를 산초라고 부르는 용례도 있다(椒 고쵸쵸 胡椒, 又川椒秦椒蜀椒쵸피, 又분디曰山

椒)"라고 했는데, 1527년판 《훈몽자회》에 나오는 '고쵸'를 오늘 날의 '한국고추'라 볼 수 있는 근거가 없다는 점도 밝혔다. 본 래 매운맛이 나는 열매인 후추와 천초 따위를 모두 '고초'라고 부르다가 고추가 널리 퍼지면서 '고초'라는 보통명사가 고추를 가리키는 말로 바뀌었다고 보는 것이 타당하다.

콜럼버스를 비롯해 유럽인이 아메리카 대륙에 도착한 이 후, 아메리카 대륙에서 발견된 산물 대부분은 포르투갈과 네덜 란드 상인에 의해 유럽을 비롯한 아프리카, 아시아에까지 전파 되었다. 아메리카 대륙의 산물은 어느 특정한 시기에 어느 특 정한 산물이 전파되었다고 보아선 안 된다. 곧 다양한 전파 경 로와 과정을 통해 전 세계 곳곳으로 퍼져나간 것이다. 이런 점 에서 '한국고추'를 비롯해 전 세계의 각종 칠리페퍼에 관한 식 물학적 연구가 이 논쟁에 앞서 제시되어야 한다. 칠리페퍼의 야생종은 라틴아메리카 대륙에서 널리 발견되었다. '한국고추 의 한반도 자생설' 또한 설득력을 얻으려면 '한국고추'의 야생 종이 한반도에서도 발견되어야 한다. 그리고 유전학적 연구를 통해 칠리페퍼의 식물학적 계통을 밝히고, '한국고추'가 아메 리카 대륙의 칠리페퍼와 서로 다른 유전학적 계통임이 검증되 어야 할 것이다.

## 20세기 한반도의 고추 확산

식민지기에도 후추, 정향, 육두구, 석란육계 등은 여전히 수입에 의존했다. 이에 비해 확실한 한국식 이름을 얻은 고추는 한국인의 가정에서 가장 중요한 향신료가 되었다. 그 사용이 얼마나 많았으면 일본과 독일 유학을 한 의학박사 정구충(鄭求忠, 1895~1986)은 1933년 6월 20일자 《동아일보》 조간 4면의 '가정강좌' 난에 〈고춧가루의 해독에 대하여〉라는 글을 게재하기도 했다.

조선처럼 일반 가정에서 조석으로 고춧가루를 많이 사용하는 곳은 없을 것입니다. 가정에서 상식하는 반찬이 모두 고추로 양념이 돼 있고 음식 본질의 맛이 모두 고춧가루의 맛으로 변해집니다. 고춧가루 들지 않은 음식이 없다 해도 과언이 아닐 만치 어회, 육회에까지 고추장으로 먹습니다. 이렇게 자극성이 많은 고추를 두세 살 먹은 어린아이 적부터 사용하야 이것이 없이는 먹을 수 없이 중독이 되며 습관이 되어버립니다. 그러면 이 고춧가루가 체내에 들어가 여하(如何)한 생리적 반응이 있으며 여하한 병을 일으키나 거기 대해서 해가 많고 이(利)가 적은 것을 의학상의 입장으로 설명코저 합니다.

이 글을 통해 1930년대 조선의 많은 가정에서 음식에 고춧가루를 많이 넣었음을 확인할 수 있다. 고춧가루를 많이 사용하는 문제는 1934년에도 제기되었다. 1934년 4월 25일자 《동아일보》 3면에 과학데이실행회가 주최한 '과학지식보급좌담회(科學知識普及座談會)'에서 나온 이야기가 실렸다. 연희전문학교 학감인 유억겸(兪億兼)은 "조선 사람이 고춧가루를 많이 먹으나 그것은 재래에 습관적으로 먹어왔으니 그저 먹을 뿐이지 그것이 어떻게 영양에 관계가 있는지를 모릅니다. 전문이 아니니까 자세히는 모르겠지만 고추에 비타민 D라나 무슨 영양소가 있답디다"라고 하면서 고춧가루를 많이 먹는 것이 영양과는 아무 상관이 없지 않으냐는 주장을 펼쳤다.

같은 좌담회에서 경성제국대학 병리학교실 박사 윤일선(尹日善)은 김치깍두기와 조선인의 수명 관계에 관한 질문에 "위산을 많이 내어서 식욕을 증진시킵니다. 그러나 동물에게 고춧가루만 먹여보았더니 혈액 세포를 만드는 기관에 변화를 일으켜 빈혈증을 일으킵니다. 또 만성위장병을 일으킨다는 결과도 있습니다. 그러나 민족적으로 특수한 음식이라고 하지만 김치깍두기가 수명에는 별로 큰 영향이 없는 줄 압니다"라고 답했다 여기서 '김치깍두기'는 모든 종류의 김치를 가리킨다. 김치에 고춧가루가 많이 들어가는 것이 과연 건강에 좋겠냐는 질문에 윤일선은 고춧가루가 건강에 좋은 영향을 준다고 밝히지는 않았다. 이처럼 식민지기 의학자들은 고추를 많이 먹는 것을 긍정적으로 보지 않았다. 그 이유를 확인할 길은 없지만, 영양학자나 의학자 들 사이에서 고추를 많이 먹는 데 대해 논의의 대상으로 삼은 이유는 그만큼 소비량이 많아졌다는 점 때문임은 분명해 보인다.

소비량이 많아지자 고추의 생산량도 늘어났다. 1940년 3월 3일자 《동아일보》 6면에서 경성원예학교의 윤태중(尹台重)이 계절에 맞는 원예식물의 육묘 작업에 관해 소개하면서 고추를 한자로 '번초'라고 적고 2월 중순이 파종의 적기라고 밝혔다. 또 응과(鷹瓜)·당사자(唐獅子)·재래종 세 가지를 중부 지방에서 잘 자라는 고추의 좋은 품종이라고 소개했다. 응과는 매의 발톱처럼 생겼다고 하여 붙여진 이름이다. 영어로는 옥수수(cone)를 닮았다고 하여 콘페퍼(cone pepper) 또는 캐스캐벨라(Cascabella)로 불리지만 멕시코에서는 할라페뇨라고 부른다. 주로 피클을 만드는 데 쓰이는데 굉장히 맵다. 당사자는 일본 품종을 가리킨다. 다른 말로 '다나카토우가라시(田中とうがらし)'라고도 부른다. 기원이 분명하지 않지만 메이지 초기에 교토의 한 농가에서 시가(滋賀)현으로부터 종자를 가지고 와 재배한 것이 처음이라고 알려져 있다.[30] 진한 녹색을 띠며 매운맛은 거의 없다. 고추의 수요가 늘자 멕시코의 응과와 일본의 당사자가 들어오게 되었다.

'당사자'로 불린 일본 교토에서 생산되는 다나카토우가라시

해방 이후에도 고추의 외래종이 들어왔다. 품종의 이름은
알 수 없으나 1947년 4월 4일자 《동아일보》 2면의 기사에서는
"미군정청 농무부에서 고추[호초(胡椒)]를 포함하여 콩·완두·
아스파라거스·양파·홍당무 등 18종류의 종자를 수입해 각 도
의 농사시험장과 일부 농민에게 배급"한다고 보도했다. 이 기사
에서 '고추[호초]'란 표현을 왜 썼는지는 알 수 없다. 혹시 고추의
한자를 '호초'로 착각한 것은 아닐까? 해방 이후부터 한국전쟁
이전까지 김장 때 고추 시세는 매우 안정적이었다. 심지어 한국
전쟁이 일어나기 직전인 1950년 4월 한 회사는 고추 2만 파운드
를 미국에 수출하겠다는 신청서를 정부에 제출하여 승인을 받기

도 했다. 고추 대금은 4,600달러였는데, 비록 금액은 매우 적었지만 고추를 미국에 수출한 일은 분명 경이로운 사건이었다.

상황이 이러자 고추의 우수성에 관한 주장이 신문에 소개되었다. 나명혜(羅明惠)는 1950년 5월 15일자 《경향신문》 2면에 〈고추는 영양 가치가 있나?〉라는 글을 실었다. "우리나라 사람들은 고추를 먹기 때문에 이질 같은 위험한 병이 걸려도 며칠 고생하다가는 가뜬히 낫고 이번 마라톤에서 세 선수가 다 명예의 월계관을 획득한 원인 중의 하나도 고추가 많이 섞인 김치·깍두기·고추장에 있다고 외국 통신은 전하고 있으나 과학적으로 보아 이 자극성 많은 고추가 과연 어떠한 것일까 세계 그 어느 나라보다 식생활에서 고추를 이만치 가차이하고 어떤 요리에서도 떠날 수 없는 존재로 대접하고 있는 나라는 우리나라를 빼놓고는 다른 데서 그 유례를 또 볼 수 없을 것입니다."

그는 일본인보다 체력이 뛰어난 것도 고추를 많이 먹어서라고 했다. 그러면서 고추의 약효를 내세웠다. "고래로부터 전해 내려오는 고추의 약효적 범위를 조사해 본다면 소화기의 쇠약을 활발히 하고 수종(水腫)을 막고 류마치스[류머티즘, 통풍]에 좋다고 합니다. 그 밖에 마마(천연두)에는 고춧가루나 [고추를] 쪄서 나온 물을 바르면 곰보가 안 된다고 합니다. 뱀한테 물렸을 때는 고추를 불에 태워 밥과 섞어 짓이겨 가지고 바르면 좋다고 합니다. 여름에 수박을 너무 많이 먹었을 적에도 좋고 더구나 여름철에는 '카레' 가루와 마찬가지로 특히 식욕을 증진시키고 또 방부제로도 됩니다."

나혜명의 글은 고추의 '만병통치론'에 가깝다. 앞에서도 살펴보았듯이 식민지기의 의학자들이 고추를 먹는 것에 대해 부정적인 생각을 가졌던 이유가 서양인이나 일본인이 고추를 즐겨 먹지 않는 점과 연관 있지 않을까 하는 의구심을 지울 수 없다. 나혜명이 내세운 고추의 약효는 영양학적·의학적 평가와는 동떨어진 일종의 민간요법이라 할 수 있다.

그런데도 이런 인식을 통해 고추가 당시 사람들에게 얼마나 절대적인 가치를 가지고 있었는지 확인할 수 있다. 한국전쟁의 폐허 속에서도 한국인의 고추 사랑은 줄어들지 않았다. 전쟁 중에도 고춧가루는 생필품으로 다루어질 정도였다. 숙명여대 가정학과 교수 김병설은 1955년 11월 14일자 《경향신문》 4면의 〈식생활연구〉에서 고추나 마늘 같은 자극성이 강한 향신료를 음식에 많이 넣게 되면서 한국인의 입맛이 "확실히 맛에 대하여 섬세한 감각이 없고 둔감한 듯하다"라고 평가했다.

이승만 정부는 국민의 소비량이 많은 고추와 마늘을 특수 농작물로 판단하여 생산량 증대를 강조했다. 이런 상황에서도 일부 업자들이 일본산 고추를 밀수하여 군대에 납품하는 일도 있었다. 1958년 6월 14일자 《경향신문》 2면에서 한고초(韓苦草)라는 필명의 저자는 "국산 고추도 풍부한데 심지어 고추까지 일본산을 들여와 먹는다 하니 한심스러운 일이라 아니할 수 없다"라며 업자들의 반성을 촉구했다. 1950년대 중반부터 농가에서 고추를 널어 말리는 풍경은 신문을 통해 가을을 알리는 상징이 되었다. '고추=한국'이라는 상징이 이때부터 만들어진 셈이다.

1960년대 경상북도 영양은 고추의 명산지로 유명해졌다. 매년 10월만 되면 서울 등지에서 하루 평균 200여 명의 상인이 읍내 시장으로 몰려와 고추를 사 갔고, 고추 농가들은 그 덕에 보릿고개를 쉽게 넘길 수 있었다.[31] 이런 사정으로 인해 고추 농가는 해가 갈수록 늘어났다. 생산량이 늘어난 만큼 고춧가루에 대한 수요도 증가했다. 1960년대 초반에는 여름의 수재민 구호품에도 고춧가루가 포함될 정도였다.

1960년대 중반 재래종 고추와 미국산 고추의 교배가 시도되었다. 개발된 품종 가운데 극조생(極早生) 고추는 1개당 무게가 최고 38그램으로, 재래종 고추가 6그램인 데 비해 여섯 배나 무거웠다. 이 극조생 고추를 심은 천안의 농촌지도자는 1966년 9월 22일자 《경향신문》 3면의 기사를 통해 "한 해 동안 벌건 황토밭에서 '열매'가 아니라 '돈'을 따는 현상이 빚어지기까지" 했다고 밝혔다. 1967년, 경상남도 재래종에서 계통을 분리하여 개발한 '2640호',' 621호',' 핫·포튜걸' 등의 새로운 품종이 농가에 소개되었다. 이런 품종은 열매가 많이 달리면서도 병충해에 강해 생산량을 더욱 늘릴 수 있었다. 이 가운데 '핫·포튜걸'은 미국에서 들여온 품종에서 계통을 분리해 낸 새로운 품종이었다. 1960년대 후반에는 고추는 농가의 특용작물로 새로운 진화의 길을 걷기 시작했다.

농촌진흥청은 고추의 신품종 개발에 앞장섰다. 1969년 12월 18일자 《매일경제》 7면의 기사에 따르면 농촌진흥청 연구진은 전국 각지의 재래종 고추와 일본·타이·타이완·미국 등지에서 들여온 고추를 분리해 '고추1·2·3호'를 개발했다. '고추 1호'는 재래종인 '서울고추'에 비해 35퍼센트나 더 거두어들일 수 있었다. '고추 2호'는 병충해에 강하고 일찍 수확할 수 있어 풋고추와 붉은 고추용에 모두 알맞았다. '고추 3호'는 풋고추로 시장에 내보낼 수 있었다. 이처럼 새로운 품종의 고추 개발로 1970년대 들어 본격적인 고추의 시대로 들어서게 되었다. 이 시기에 들어와서 고추는 훨씬 값싼 향신료가 되었고, 음식에 들어가는 양도 늘어났다.

고추 품종 개량 기술도 세계 어느 나라보다 향상되었다. 이 과정에서 '청양고추'가 개발되었다. 청양고추는 1983년 당시 한국 최대의 종묘회사인 중앙종묘에서 개발한 품종이다.[32] 중앙종묘는 커리(curry) 제조에 필요한 캡사이신(capsaicin) 추출용으로 타이 재래종과 제주도 재래종을 잡종 교배하여 신품종을 개발했는데, 예상보다 캡사이신 추출률이 높지 않아 경제성이 떨어졌다. 중앙종묘는 이 품종을 버리기 아까워 시험 재배에 참여한 경상북도의 청송과 영양 농민들에게 무료로 씨앗을 주었다.

농가에서는 재배한 청양고추의 풋고추를 인근 횟집에 제공했는데, 횟집에서 매운탕에 넣었더니 손님들의 반응이 좋았다. 이 사실이 중앙종묘에까지 알려져 신품종 고추는 청송의 '청' 자와 영양의 '양' 자를 따서 '청양고추'라는 이름으로 판매되기 시작했다. 그러나 중앙종묘는 1997년 IMF로 이듬해 멕시코의 종자회사인 세미니스(Seminis)에 인수·합병되었다. 세미니스는 다시 미국의 종자회사 몬산토(Monsanto)에 넘어갔다.[33] 오늘날 청양고추의 재산권은 몬산토에 있다.

20세기 100년 동안 한국인의 식탁은 고추의 양이 엄청나게 늘어났고 그 품종도 다양해졌으며, 매운 정도도 그 전에 비해 훨씬 강해졌다. 하지만 그 이면에는 식재료의 신선도와 다양한 조리법을 매운맛의 고춧가루로 덮어버리는 결과를 낳았다. 더욱이 1970년대 외식업의 성장은 한국 음식의 매운맛을 더욱 강화했다. 심지어 멕시코의 핫소스를 응용한 새로운 외식업이 소비자의 입맛을 자극하면서 20세기 말에는 새로운 매운맛의 시대가 열리기에 이르렀다.[34] 돌이켜보면 식민지기 의학자들이 제기했던 고추의 다량 식용 문제는 오늘날 한국 음식에서 크게 개선해야 할 문제가 되었다.

# 21세기 한국에 펼쳐지는 향신료의 지구사

고추와는 달리 후추·정향·육두구·석란육계는 수입에 의존했다. 이 가운데 석란육계는 여성 냉증 치료에 효과가 있다고 하여 수요가 늘어났지만, 수입이 쉽지 않았다. 1960~1970년대에는 석란육계를 비롯해 후추까지 정부가 나서서 수입을 금지했다. 외화 유출이라는 이유에서였다. 그러나 1980년대 들어 시나몬커피가 유행하면서 석란육계 수입이 늘어났다. 이런 현상은 수입상과 다국적기업의 입김이 작용한 결과였다.

2000년대 들어서도 외국 향신료에 관한 관심이 조금씩 늘어났다. 한 식품업체 관계자는 소비 유형의 서구화와 퓨전화가 가속화되면서 국내 향신료 시장이 꾸준히 성장하리라 예측했는데, 그 예측은 틀리지 않았다.[35] 이제 백화점과 마트의 향신료 전문 매장에서는 외국의 향신료뿐 아니라, 직접 제조한 다양한 향신료를 판매하고 있다. 이는 2000년대 이후 매년 국내 향신료 시장이 20~30퍼센트 성장한 결과다.

한국의 식품 시장에서 향신료가 중요 상품으로 자리를 잡았다. 1990년대 이후 해외여행이나 해외 거주의 경험이 있는 한국인이 많아지면서 세계 향신료 시장에 한국인의 식탁이 포섭되기 시작한 결과다. 조선시대에 약재로 여겨졌던 후추·정향·육두구·석란육계 등의 다양한 향신료를 이제 백화점이나 마트에서 쉽게 구할 수 있다. 《향신료의 지구사》 저자 프레드 차라(Fred Czarra)는 "이제 집과 슈퍼마켓에 있는 향신료를 비롯한 다른 식품의 포장 용기를 확인해 보라. 음식점에서 식사할 때는 향신료 재료에 관해 물어보고 인터넷에서 향신료 산지가 어디인지, 각각 고유한 역사를 지닌 이 향신료를 사용한 요리법은 어떤 것이 있는지 검색해 보라"[36]라고 제안했다. 이런 제안은 한국인에게도 해당되는 말이다. 21세기 향신료의 지구사가 한국에서도 펼쳐지고 있기 때문이다.

---

**《식품공전》의 향신료**

향신료는 '향신료 가공품'으로 정의되어 있다. 향신료 가공품은 '조미식품'에 속한다. 조미식품은 식품을 제조·가공·조리하는 과정에서 풍미를 돋우기 위한 목적으로 사용되는 식품이다. 주로 식초, 소스류, 카레(커리), 고춧가루 또는 실고추, 향신료 가공품, 식염 등이 여기에 들어간다. 향신료 가공품은 향신식물(고추·마늘·생강 포함)의 잎, 줄기, 열매, 뿌리 등을 단순가공한 식품 또는 식품첨가물을 혼합하여 가공한 식품을 가리킨다. 다만 카레, 고춧가루, 실고추는 별도의 조미식품으로 뽑았다. 이 글에서는 생강·천초·마늘·파·고추 등의 향신료를 모두 다루었다.

# 글로벌 퀴진과 글로벌 푸드로 진화 중인 한국 음식

## ─K푸드의 미래

2017년 문화체육관광부의 해외문화홍보원에서 발간한 영문판 《K-Food》에서는 인기 있는 K푸드 아홉 가지(nine of the most popular K-Foods)를 소개했다.[1] 이 아홉 가지 음식은 김치, 비빔밥, 불고기, 보쌈, 잡채, 해물파전, 막걸리, 삼계탕, 떡볶이다. 모두 한식이다. 이 책의 편집자는 한식이라고 보기 어려운 '치킨'을 빼자니 아쉬웠던지 삼계탕의 마지막 부분에 넣었다.

지금은 널리 사용하지만, 'K푸드'라는 용어는 2010년대 초반부터 한국 언론에서 K팝과 함께 쓰기 시작한 말이다. 당시만 해도 정부의 한식 관련 기관에서는 'K푸드=한식(Hansik)'이라고 인식했다. 여기에서 한식은 1960~1970년대 한국의 가정에서 주로 소비한 한국 음식을 가리킨다. 그런데 아시아와 중남미는 물론이고 북미 시장에서 한국 식품기업의 매출이 크게 늘자, 기관으로서는 식품기업의 제품을 한식이라고 보아야 할까 하는 고민에 빠졌다. 세계 식품 시장에서 두각을 나타낸 한국 식품기업의 제품 중에는 '한식'이라고 부르기 어려운 것도 많았기 때문이다.

2010년대 후반 세계 각국에서 BTS 등 K팝 그룹의 인기가 높아지면서 한국 식품기업의 수출량도 덩달아 빠르게 늘어났다. 이제 식품회사의 제품이 한식의 매출을 넘어선 것이다. 이후 'K푸드'는 한식뿐 아니라 세계 각지에서 인기를 끌고 있는 한국의 음식점 메뉴와 공장제 식품을 두루 일컫는 말로 사용되기 시작했다. 그리고 2020년대 이후 K푸드는 한국의 농수산물과 한식을 비롯해 한국 식품기업의 제품까지 포함한다.

먼저 K푸드의 수출액을 한번 살펴보자. K푸드의 새로운 강자로 거론되는 김치, 라면, 김, 주류 등의 수출액은 생각만큼 많지 않다. 1990년대만 해도 이 식품들의 수출액은 매우 미미했다는 점에서 분명 큰 성과임이 분명하다. 하지만 이 정도의 성장을 두고 정부와 언론이 지나치게 대대적으로 자랑하는 것이 아닐까?

K푸드의 수출과 관련해 지역의 요리와 식품(로컬 퀴진, 로컬 푸드)이 글로벌 퀴진과 글로벌 푸드로 진화(evolution)하는 과정을 살펴보자. 그 과정을 네 가지 유형으로 나누어 보겠다.

**첫 번째, 식재료의 원산지가 특정 지역에 한정되어 유통망을**

| 구분 | | 수출액(달러) | 주요 수출국 | 기타 |
|---|---|---|---|---|
| K푸드 | 인삼 | 2억 6,990만 | 중국, 베트남, 일본, 미국 | |
| | 김치 | 1억 4,080만 | 일본, 미국 | 코로나 팬데믹 영향 |
| | 라면 | 7억 6,540만 | 중국, 미국, 일본 | 해외 공장분 제외 |
| | 음료 | 5억 1,330만 | 중국, 미국 | |
| | 쌀가공식품 | 1억 8,180만 | 미국, 일본 | 가공밥, 떡볶이 등 |
| | 조제분유 | 1억 570만 | 중국, 베트남 | |
| | 장류 | 9,860만 | 미국, 중국 | 고추장, 간장 |
| | 김 | 6억 5,570만 | 미국, 일본, 중국 | |
| | 소스류 | 3억 5,720만 | 중국, 미국, 일본 | |
| | 주류 | 3억 6,490만 | 미국, 일본 | |
| | 과자류 | 6억 2,160만 | 중국, 미국, 일본 | |
| 농수산식품 전체 | | 119억 7,270만 | | |
| 한국 주요 수출품 | 반도체 | 300억 9,900만 | | |
| | 자동차 | 295억 1,300만 | | |
| | 가전 | 147억 4,800만 | | |
| | K-콘텐츠 | 130억 1,000만 | | |

**2022년 주요 K푸드 수출액[2]**

**통해 세계로 퍼진 유형**이다. 아보카도나 커피 원두처럼 특정 지역에서만 생산되는 식재료는 다국적 유통기업에 의해 세계 각지로 이동해 글로벌 퀴진의 재료로 쓰인다. 오늘날 한국 음식에 들어가는 식재료 중에는 원산지에서 한반도로 유입되어 이제는 한국에서 재배·생산되는 사례도 있다. 이 책의 '프롤로그'에서 소개한 배추김치의 배추와 고추가 대표적인 사례다.

두 번째, **특정 지역에서 만들어 먹던 요리가 그 지역 사람들의 이동이나 문화 전파로 세계 여러 지역으로 퍼져나간 유형**이다. K푸드의 선두 주자로 꼽히는 김치가 여기에 속한다. 김치는 1976년 《옥스퍼드 영어 사전》에 게재될 정도로 세계인에게 널리 알려진 한국 음식이다. 특히 요리법이 세계 여러 지역에 소개되면서 1990년대에 일본과 중국, 2000년대 이후 북미에서 김치는 현지화의 길을 걸었다. 또 2000년대 이후 K팝의 세계적 유행과 함께 다양한 김치 요리법이 SNS와 동영상 공유 서비스 등을 통해 세계 누구나 만들어 먹을 수 있는 글로벌 퀴진이 되었다. 한국에 들어온 음식 중에는 짜장면을 꼽을 수 있다. 본래 중국 음식이었던 짜장면이 '한국식 짜장면'이라는 글로벌 퀴진이 되어간 과정은 김치가 글로벌 퀴진이 된 과정과 비슷하다.

이러다 보니 김치의 수출량은 좀체 늘어나지 않는다. 2021년엔 1억 5,992만 달러였지만, 수입액도 거의 비슷한 1억 4,074만 달러였다. 사실 2010년대 중반만 해도 중국에서 제조한 김치의 국내 수입량은 한국산 김치의 수출량보다 훨씬 많았다. 2020년 코로나19 팬데믹의 영향으로 한국산 김치의 수출량이 늘어나서 수출량과 수입량이 비슷해졌다. 동시에 2021년

2018년 뉴욕 맨해튼에서 열린 길거리 시장에서 판매된 김치. 고춧가루가 거의 들어가지 않았지만, 이 김치를 판매한 미국인은 소금에 절였으므로 '김치'라고 주장했다.

국내 언론에 보도된 중국의 비위생적인 김치 제조 사건도 김치 수입액을 줄이는 데 큰 영향을 끼쳤다. 하지만 김치의 종주국 이라는 이름에 걸맞은 수출액을 보이지는 못한다.

　나는 김치 수출액의 적고 많음에 신경 쓸 필요가 없다고 생각한다. 김치는 이미 글로벌 퀴진의 자리에 올랐기 때문이 다. 다만, 날이 갈수록 많은 양의 수입 김치가 한국인의 식탁 위에 오르는 것이 더 심각한 문제다. 더욱이 유네스코 세계무 형유산 목록에 등재된 김장과 김치를 두고, 정부의 관련 기관 과 언론이 정치적·경제적 의미 부여에 열중하는 것도 문제다.

K푸드의 대표 주자로 김치를 내세우기 전에 어떻게 한국의 공동체에서 김장과 김치를 지속할 것인가에 대한 고민이 우선되어야 한다. 그러고 나서 정부 기관 등에서 글로벌 퀴진으로서 세계 여러 지역에서 김치가 현지화의 길을 걷도록 도와주면 된다.

세 번째, **원산지에서 식재료나 제품을 수입해 현지화의 길을 걷는 유형**이다. 이 유형에 속하는 대표적인 K푸드는 바로 '김'이다. 서양인들이 '블랙 페이퍼(black paper)'라고 부르는 김의 수출액은 2010년 1억 달러 돌파한 이후 연평균 28퍼센트 이상의 높은 성장세를 유지했고, 2022년 수출액은 6억 5,570만 달러에 이르렀다. 한국 김은 일본이나 중국의 두꺼운 김과 달리 얇고 바삭바삭하며, 조미김의 경우 소금과 참기름 또는 들기름으로 조미한 것이 특징이다.

한국인은 밥반찬으로 조미김을 먹지만, 미국과 동남아시아 사람들은 간식으로 먹는다. 그 이름부터 '시위드 스낵(seaweed snack)'이다. 김 스낵의 대표 주자는 타이의 식품회사 타오케노이(Tao Kae Noi)다. 이 회사는 한국의 김 원초를 수입하여 2004년 바삭바삭한 김 스낵을 만들어 타이 시장에서 히트했다. 2020년 이후 타오케노이의 김 스낵은 인도네시아 시장의 50퍼센트 이상을 점유하고 있다.

2020년대 이후 한국 김의 최대 수출 시장은 북미다. 북미

타이의 식품회사 타오케노
이에서 출시한 김 스낵

의 코스트코는 자체 상표의 한국 김을 판매한다. 북미의 한국
김 최대 소비자는 아시아계 사람들이다. 이들도 한국 김을 간
식으로 먹고 있다. 김은 한국인의 소비 방식과 다른 방식으로
세계 여러 지역에서 글로벌 푸드로 소비하는 중이다.

네 번째, **특정 지역에서 발명되거나 개발된 식품이 다른 지
역에서 현지화를 통해 다양성을 확보한 유형**이다. 글로벌 푸드가
된 한국의 인스턴트 라면이 그 예다. 1958년 안도 모모후쿠(安
藤百福, 1910~2007)가 처음 출시한 일본의 인스턴트 라면은 밀가

루 반죽에 소스를 넣어서 만든 즉석 국수였다. 1963년 9월 15일 한국에서 처음 출시된 인스턴트 라면은 안도의 특허권을 확보하지 못해 그 제조법을 따를 수 없었다. 대신에 묘조식품(明星食品)의 오쿠이 기요스미(奧井清澄, 1919~1973)가 무상으로 알려준 '분말스푸'를 별첨한 인스턴트 라면 제조법으로 한국식 인스턴트 라면이 탄생했다.[3]

1970년대 들어와서 한국 인스턴트 라면은 정부가 펼친 분식장려정책에 힘입어 빠르게 성장했다. 이때부터 인스턴트 라면은 한국식으로 진화하기 시작했다. 한국인이 좋아하는 소고기 국물 맛에 고춧가루의 매운맛을 추가한 분말스푸를 별첨한 소고기라면은 한국식 인스턴트 라면의 출발이었다. 이후 한국의 라면업체들은 한국인이 즐겨 먹는 국과 찌개, 심지어 중국 음식점의 요리도 인스턴트 라면으로 만들어 냈다. 특히 2020년대 들어 인스턴트 라면의 탄생지인 일본 시장에서도 한국식 인스턴트 라면이 선전하고 있다.

인스턴트 라면은 일본 식품회사가 만들어 낸 글로벌 푸드다. 이 글로벌 푸드를 받아들인 한국의 식품업체와 소비자는 한국화에 열중했다. 그리고 한국식 인스턴트 라면은 2010년대 이후 글로벌 K푸드로 변신했다. 이 책에서도 다룬 초코파이와 아이스크림은 물론이고, 냉동만두와 두부도 이 유형에 속하는 글로벌 푸드다. 이 글로벌 푸드들은 한국 경제의 성장, K팝·K

드라마·K영화·K웹툰 등과 같은 K콘텐츠의 세계적 확산에 힘입어 세계 여러 곳에서 판매고를 늘리고 있다.

K푸드의 성장을 통해 국내 경제적·문화적 자본을 늘리려면 앞에서 제시한 글로벌 퀴진과 글로벌 푸드의 네 가지 진화 유형을 각각의 해당 식재료·요리·식품에 잘 적용해야 한다. 식재료의 경우, 한국 김처럼 한국산 농수산물을 현지의 요리에서 특화할 전략을 세워야 한다. 한식을 판매하는 음식점이 세계 여러 지역에서 인기를 얻기 위해서는 현지인이 즐겨 먹는 요리법을 파악할 필요가 있다.

하지만 글로벌 푸드로 자리 잡은 K푸드 중에는 한국산 농수산물을 사용하지 않는 사례도 많다. 대표적인 K푸드 제조·판매 업체인 한국의 식품기업은 높은 제조 기술을 기반으로 국내산은 물론이고 세계 여러 곳에서 수입한 적절한 품질의 식재료로 마치 기계를 조립하듯이 글로벌 K푸드를 생산하고 있다. 심지어 많은 한국의 식품기업은 큰 소비 시장인 중국이나 미국, 동남아시아 등지에 아예 현지 공장을 설립하여 K푸드를 생산하는 중이다. 국내와 해외에서 판매되는 K푸드의 포장지에 적힌 '원재료명'의 원산지는 다국적이다. 이것이 K푸드의 세계적 확산에 깔린 어두운 그림자다.

빠르게 세계로 퍼져나가는 K푸드에 대한 국내 미디어의 관심도 높아졌다. K푸드(혹은 한식)를 소재로 한 다큐멘터리, 영화 등은 물론, K푸드를 소비하고 만들고 먹는 모습을 담은 영상 콘텐츠가 넘쳐난다. 이에 한국인들은 저마다의 감상과 함께 비판을 넘어선 비난까지 쏟아낸다. 하지만 한국의 요리법과 현지식 한국 요리법 사이에, 또는 한국인의 먹는 방법과 그들의 방법 사이에 차이가 있더라도 '민족적 감정'을 드러낼 필요는 없다. 국내에서 자리 잡은 글로벌 푸드가 한국화의 길을 걸은 융합의 결과이듯이, 글로벌 푸드로 자리매김하고 있는 K푸드 역시 현지화의 길을 걷는 중이다.

만약 K푸드의 세계적 확산을 바란다면, 한국인 스스로 세계 각국에서 전염병처럼 퍼져나가는 '음식 민족주의(Gastro-Nationalism)'에 빠지지 않도록 노력해야 한다. '음식 민족주의'는 유럽 통합 과정에서 기존 민족과 국가 사이의 민족주의가 음식에 투영되어 나타난 현상을 가리킨다. 또 거기에는 자국의 퀴진과 푸드가 글로벌 식품 유통 시스템에서 독점적 지위를 가지려는 산업적 의도가 숨어 있다. 나는 정부와 관련 기관, 언론, 식품기업을 포함한 한국인 모두 이 함정에 빠지지 않으면서 K푸드가 세계인이 즐기는 음식·식품으로 진화하기를 바란다.

또 한 가지 관심을 놓치면 안 되는 것이 있다. 바로 공정무역을 통한 식재료의 유통이다. 글로벌 푸드와 글로벌 퀴진이 유행하면서 여기에 쓰이는 식재료가 글로벌 유통망을 타고 이동하고 있다. 글로벌 유통은 원산지에서 대량생산의 방식을 갖추도록 만든다. 이러한 글로벌 푸드의 대량생산 체제는 기후 위기를 앞당기는 주범 중 하나다. 그래서 좀 더 헌신해야 할 일은 로컬 푸드와 슬로 푸드(slow food)의 소비 운동이다. 그래야 한국뿐만 아니라 세계 각국의 농축수산업에 종사하는 농민·축산민·어민과 소비자 모두가 경제·건강·환경 등의 측면에서 안전할 수 있다. 이것이 바로 K푸드가 이끌고 가야 하는 비전이다.

## 프롤로그

1   제프리 M. 필처, 〈서문〉, 제프리 M. 필처 엮음, 김병순 옮김, 주영하 감수·
    해제, 《옥스퍼드 음식의 역사: 27개 주제로 보는 음식 연구》, 따비, 2020,
    62~63쪽.

2   Weatherford, Jack. *Genghis Khan and the Making of the Modern World*, New
    York: Crown, 2004, p. 220.

3   박현희, 《소주의 세계사》, 서울대학교출판문화원, 2023.

4   앨프리드 W. 크로스비 지음, 김기윤 옮김, 《콜럼버스가 바꾼 세계: 신대륙
    발견 이후 세계를 변화시킨 흥미로운 교환의 역사》, 지식의숲, 2006.

5   주영하, 《그림으로 맛보는 조선음식사》, 휴머니스트, 2022, 207~211쪽.

6   주영하, 《백년식사: 대한제국 서양식 만찬부터 K-푸드까지》, 휴머니스트,
    2020, 59~60쪽.

7   이동훈, 〈'재조일본인' 사회의 형성에 관한 고찰: 인구 통계 분석과 시기 구
    분을 통해〉, 《일본연구》 제29집, 글로벌일본연구원, 2018, 236~237쪽.

8   朝鮮總督府, 《朝鮮に於ける支那人》, 京城: 朝鮮總督府, 1924, 62~63쪽.

9   권헌익 지음, 이한중 옮김, 《또 하나의 냉전: 인류학으로 본 냉전의 역사》,
    민음사, 2013, 36쪽.

10  주영하, 《백년식사: 대한제국 서양식 만찬부터 K-푸드까지》, 휴머니스트, 2020, 147~149쪽.

11  주영하, 《백년식사: 대한제국 서양식 만찬부터 K-푸드까지》, 휴머니스트, 2020, 195~197쪽.

12  주영하, 《식탁 위의 한국사: 메뉴로 본 20세기 한국 음식문화사》, 휴머니스트, 2013, 505~515쪽.

# 1
# 위스키

1   박현희, 《소주의 세계사》, 서울대학교출판문화원, 2023, 32~41쪽.

2   케빈 R. 코사르 지음, 조은경 옮김, 《위스키의 지구사》, 휴머니스트, 2016, 179쪽.

3   穆时英, 〈夜總會裡的五個人〉, 《公墓》, 上海: 現代書局, 1933, 72쪽.

4   일본 국회도서관 디지털자료관에서 검색한 결과, 제목에 '위스키'라는 단어가 들어간 가장 오래된 자료는 東京地學協會[編], 《東京地學協會報告》 (1)(東京地學協會, 1879)의 "ウィスキ—酒"이다.

5   장지현, 《한국외래주류입사연구》, 수학사, 1987, 299쪽.

6   이정희, 〈대한제국기 원유회 설행과 의미〉, 《한국음악연구》 45, 2009, 365쪽.

7   이정희, 〈대한제국기 원유회 설행과 의미〉, 《한국음악연구》 45, 2009, 366쪽.

8   박기주, 〈제국의 황혼 '100년 전 우리는' 28 — "한양상회가 외국 돈을 뺏어온다 하니…"〉, 《조선일보》, 2009년 10월 8일자.

9   《조선일보》 1927년 8월 30일자 2면.

10  《동아일보》 1927년 7월 19일자 2면.

11  《동아일보》 1933년 6월 25일자 조간 5면.

12  《동아일보》 1939년 3월 30일자 석간 4면.

13  《동아일보》 1938년 7월 30일자 석간 2면.

14  이수자, 〈산토리 창업자, 스코틀랜드 유학파와 손잡고 위스키 산업 개척:

일본 위스키의 역사〉,《중앙SUNDAY》제405호, 2014.

15    昭和女子大学食物学研究室 編,《近代日本食物史》, 東京:昭和女子大学近代
      文化研究所, 1971, 40쪽.

16    昭和女子大学食物学研究室 編,《近代日本食物史》, 東京:昭和女子大学近代
      文化研究所, 1971, 40쪽.

17    生島淳,〈文明開化と食品産業の勃興:飲料—鳥井信治郎(サントリー)と三島
      海雲(カルピス)〉,《企業家活動でたどる日本の食品産業史: わが国食品産業
      の改革者に学ぶ》, 文眞堂, 2014, 23쪽.

18    《동아일보》1946년 11월 12일자 2면.

19    《동아일보》1947년 9월 10일자 2면.

20    《조선일보》1947년 9월 6일자 2면.

21    전풍진 교수는 서울지방심리원대법원의 최종심판에서 금고 2년에 집행유
      예 1년을 선고받았다(《경향신문》1948년 2월 21일자).

22    《동아일보》1955년 5월 16일자 2면.

23    《동아일보》1955년 5월 16일자 2면.

24    박정배,〈의정부문화관〉,《문화일보》2013년 11월 29일자.

25    박정배,〈의정부문화관〉,《문화일보》2013년 11월 29일자.

# 2
# 아이스크림

1    로라 B. 와이스 지음, 김현희 옮김,《아이스크림의 지구사》, 휴머니스트,
     2013, 29쪽.

2    고동환,〈조선 후기 장빙역(藏氷役)의 변화와 장빙업(藏氷業)의 발달〉,《역사
     와 현실》14, 1994.

3    국사편찬위원회 한국사데이터베이스《駐韓日本公使館記錄》.

4    〈용산제빙회사설립〉,《매일신보》1913년 4월 6일자.

5    山本三生 編,《日本地理大系第12卷朝鮮篇》, 東京: 改造社, 1930, 30쪽.

6 生影波, 〈氷水〉,《별건곤》제22호, 1929년 8월 1일자.

7 《조선일보》1933년 11월 3일자 1면.

8 《동아일보》1933년 8월 3일자 2면.

9 주영하, 〈식품 광고, 찬장과 냉장고를 장악하다: 매체별로 본 한국 식품 광고 약사〉,《광고: 세상을 향한 고백》, 대한민국역사박물관, 2022.

10 이은희, 〈박정희 시대 빙과열전(氷菓熱戰)〉,《역사비평》121, 역사비평사, 2017.

11 이지은, 〈설빙의 해외 진출 전략 사례연구〉, 서울대학교대학원경영학과 석사학위청구논문, 2020.

<h2 style="text-align:center">3<br>초콜릿</h2>

1 사라 모스 지음, 강수정 옮김,《초콜릿의 지구사》, 휴머니스트, 2012, 32쪽.

2 사라 모스 지음, 강수정 옮김,《초콜릿의 지구사》, 휴머니스트, 2012, 87~89쪽.

3 《조선일보》1927년 1월 8일자 2면.

4 池田文痴菴 編著,《日本洋菓子史》, 東京; 日本洋菓子協会, 1960.

5 사라 모스 지음, 강수정 옮김,《초콜릿의 지구사》, 휴머니스트, 2012, 93쪽.

6 〈양과자 배급〉,《자유신문》1947년 7월 4일자 2면.

7 사라 모스 지음, 강수정 옮김,《초콜릿의 지구사》, 휴머니스트, 2012, 114쪽.

8 〈미군정하의 한국〉,《조선일보》1967년 8월 17일자 6면.

9 〈'초코레트'와 '호콩'보다 긴급물자가 필요〉,《군산신문》1948년 5월 21일자 2면.

10 〈만물상〉,《조선일보》1971년 5월 4일자 1면.

11 신강균, 〈초코파이 광고에 대한 광고 거장과의 대화〉,《광고PR실학연구》제4권 제1호, 2011.

12 정종호, 〈재중 한국계 기업의 경영 현지화에 대한 문화적 영향: 개혁·개방

기 중국의 "정·리·법 문화구성(情·理·法 文化構成)"을 중심으로〉, 《비교문화연구》제9집 2호, 2003.

# 4
# 피자

**1** 캐럴 헬스토스키 지음, 김지선 옮김, 《피자의 지구사》, 휴머니스트, 2011, 15~16쪽.

**2** 캐럴 헬스토스키 지음, 김지선 옮김, 《피자의 지구사》, 휴머니스트, 2011, 104쪽.

**3** 캐럴 헬스토스키 지음, 김지선 옮김, 《피자의 지구사》, 휴머니스트, 2011, 109쪽.

**4** https://www.pizzanapoletana.org/en/ricetta_pizza_napoletana

**5** 김혜경, 〈피자 이야기〉, 82COOK, https://www.82cook.com/entiz/read.php?num=115919

**6** 금종수, 〈한국의 치즈산업사〉, 《식품과학과 산업》52-3, 2019, 277~279쪽.

**7** 《매일경제》1983년 5월 7일자 10면.

**8** 《매일경제》1984년 7월 16일자 2면.

**9** 《매일경제》1984년 11월 8일자 12면.

**10** 《경향신문》1994년 3월 31일자 12면.

**11** 냉동 피자의 부정적인 내용은 파울 트룸머 지음, 김세나 옮김, 《피자는 어떻게 세계를 정복했는가》, 더난출판, 2011을 참조하라.

# 5
# 커리

**1** 콜린 테일러 센 지음, 강경이 옮김, 《커리의 지구사》, 휴머니스트, 2013, 16

쪽.

**2**   콜린 테일러 센 지음, 강경이 옮김, 《커리의 지구사》, 휴머니스트, 2013, 18
쪽.

**3**   Sen, Colleen Taylor, Food culture in India, Westport, Conn.: Greenwood, 2004,
p.24~25.

**4**   昭和女子大学食物学研究室 編, 《近代日本食物史》, 東京:昭和女子大学近代
文化研究所, 1971, 329쪽에서 재인용.

**5**   昭和女子大學食物學研究室 編, 《近代日本食物史》, 東京:昭和女子大學近代
文化研究所, 1971, 328~329쪽.

**6**   '문(匁, 몬메もんめ)'은 일본의 무게 단위로, 1문은 약 3.75그램이다.

**7**   〈진재전후(震災前後)〉(46), 《동아일보》 1931년 8월 21일자 6면.

**8**   〈약탈자〉(23), 《조선일보》 1931년 11월 18일자 6면.

**9**   《동아일보》 1935년 5월 3일자 4면.

**10**  《동아일보》 1932년 6월 8일자 2면.

**11**  《조선일보》 1936년 5월 15일자 석간 4면.

**12**  《경향신문》 1958년 7월 18일자 4면.

**13**  《경향신문》 1959년 2월 25일자 4면.

**14**  《동아일보》 1959년 7월 30일자 4면.

**15**  《동아일보》 1960년 3월 10일자 석간 4면.

**16**  《경향신문》 1966년 8월 22일자 3면.

**17**  《매일경제》 1968년 8월 26일자 3면.

**18**  《조선일보》 1968년 10월 2일자 3면.

**19**  콜린 테일러 센 지음, 강경이 옮김, 《커리의 지구사》, 휴머니스트, 2013.

**20**  루시 M. 롱, 〈음식관광(Culinary Tourism)〉, 제프리 M. 필처 엮음, 김병순 옮김,
주영하 감수·해제, 《옥스퍼드 음식의 역사: 27개 주제로 보는 음식 연구》,
따비, 2020, 634쪽.

# 6
## 우유

**1** 해나 벨튼 지음, 강경이 옮김,《밀크의 지구사》, 휴머니스트, 2012, 89쪽.

**2** 해나 벨튼 지음, 강경이 옮김,《밀크의 지구사》, 휴머니스트, 2012, 127~128 쪽.

**3** 티에리 수카르 지음, 김성희 옮김,《우유의 역습》, 알마, 2009.

**4** 해나 벨튼 지음, 강경이 옮김,《밀크의 지구사》, 휴머니스트, 2012, 170~172 쪽.

**5** 조선총독부,《조선총독부관보》제210호, 1911년 5월 15일자.

**6** 昭和女子大學食物學研究室 編,《近代日本食物史》, 東京:昭和女子大學近代 文化研究所, 1971, 93쪽.

**7** 原田信男,《歷史のなかの米と肉―食物と天皇·差別》, 東京:平凡社, 1993, 17쪽.

**8** 長崎龜人,《純白百年の軌跡―牛乳百年のあゆみ》, 東京:市民書房, 1976, 18 쪽.

**9** 昭和女子大學食物學研究室 編,《近代日本食物史》, 東京:昭和女子大學近代 文化研究所, 1971, 239쪽.

**10** 永沢信之助 編,《東京の裏面》, 東京:金港堂書籍, 1909, 376쪽.

**11** 昭和女子大學食物學研究室編,《近代日本食物史》, 東京:昭和女子大學近代 文化研究所, 1971, 240쪽.

**12** 비록 지금처럼 엄격하지는 않았지만, 1905년 이후 1석(石)은 180리터, 1두 (斗)는 18리터, 1승(升)은 1.8리터다. 1리터는 1kg에 해당한다.

**13** 《동아일보》1928년 6월 23일자 3면.

**14** 황미숙,〈선교사 마렌 보딩의 공주·대전 지역 유아복지와 우유급식소 사 업〉,《한국기독교와역사》제34호, 2011, 171쪽.

**15** 황미숙,〈선교사 마렌 보딩의 공주·대전 지역 유아복지와 우유급식소 사 업〉,《한국기독교와역사》제34호, 2011, 173쪽에서 재인용.

**16** 이 글은 20세기 이후 산업화된 우유가 한반도에서 어떤 역사 과정을 밟았

는지를 다루기 때문에 전근대 시기 우유 역사에 대해서는 상세히 다루지 않는다. 조선시대 타락죽에 관해서는 주영하, 〈우유 짜기〉, 《그림으로 맛보는 조선음식사》, 휴머니스트, 2022를 참조하라.

17 《경향신문》 1961년 1월 2일자 3면.

18 《경향신문》 1950년 3월 28일자 2면.

19 《조선일보》 1975년 1월 15일자 3면.

20 편집부, 〈우리나라 乳加工業의 發展과 現況〉, 《식품과학과 산업》 10-3, 1977, 18쪽.

21 권봉관, 〈국가 주도 '마을만들기' 사업에 따른 농촌의 변화와 농민의 대응: 전북 임실군 '치즈마을'의 경우〉, 안동대학교대학원 민속학과 박사학위청구논문, 2016.


# 7

## 빵


1 https://www.statista.com/chart/13238/where-a-loaf-of-bread-costs-an-arm-and-a-leg/

2 윌리엄 루벨 지음, 이인선 옮김, 《빵의 지구사》, 휴머니스트, 2015, 21쪽.

3 윌리엄 루벨 지음, 이인선 옮김, 《빵의 지구사》, 휴머니스트, 2015, 30~32쪽.

4 윌리엄 루벨 지음, 이인선 옮김, 《빵의 지구사》, 휴머니스트, 2015, 84~85쪽.

5 마틴 코언 지음, 안진이 옮김, 《음식에 대한 거의 모든 생각》, 부키, 2020, 45~57쪽.

6 이기지가 베이징에서 활동한 내용에 대해서는 임종태, 〈서양의 물질문화와 조선의 의관(衣冠): 이기지(李器之)의 《일암연기(一菴燕記)》에 묘사된 서양 선교사와의 문화적 교류〉, 《한국실학연구》 24권, 2012를 참고하라.

7 이기지, 《일암연기(一菴燕記)》, 1720년 9월 27일.

8 이시필 지음, 백승호·부유섭·정유승 옮김, 《소문사설, 조선의 실용지식 연구노트》, 휴머니스트, 2011.

9 오카다 데쓰 지음, 이윤정 옮김, 《국수와 빵의 문화사》, 뿌리와이파리, 2006, 123쪽.

10 오카다 데쓰 지음, 이윤정 옮김, 《국수와 빵의 문화사》, 뿌리와이파리, 2006, 127쪽.

11 《동아일보》 1927년 9월 20일자 3면.

12 《매일신보》 1932년 9월 1일자 2면.

13 대선제분주식회사, 《대선제분 50년》, 대선제분주식회사, 2009, 18쪽.

14 賀田直治, 《朝鮮工業調査基本槪要》, 京城商工會議所, 1934, 24쪽.

15 趙承煥, 〈빵·洋菓子業界의 發展史〉, 《식품과학》 Vol. 18, No 2, 1985, 15쪽.

16 趙承煥, 〈빵·洋菓子業界의 發展史〉, 《식품과학》 Vol 18, No 2, 1985, 16쪽.

17 김영래, 〈SPC 초당 허창성 선생과 허영인 회장의 경영이념과 기업가 정신〉, 《經營史學》 통권 37호, 2005, 12쪽.

18 http://www.samlipgf.co.kr/introduce/samlip_history.asp

19 《매일경제》 1990년 9월 26일자 9면.

20 《매일경제》 1970년 5월 19일자 8면.

21 趙承煥, 〈빵·洋菓子業界의 發展史〉, 《식품과학》 Vol 18, No 2, 1985, 20쪽.

22 이은희, 〈근대 한국의 제당업과 설탕 소비문화의 변화〉, 연세대학교대학원 사학과 박사학위청구논문, 2012, 304쪽.

23 오세미나, 〈군산지역의 제과점을 통해 본 근대의 맛과 공간의 탄생〉, 전북대학교대학원 문화인류학과 석사학위청구논문, 2012, 47~48쪽.

24 주영하, 《식탁 위의 한국사: 메뉴로 본 20세기 한국 음식문화사》, 휴머니스트, 2013, 456~457쪽.

25 윌리엄 루벨 지음, 이인선 옮김, 《빵의 지구사》, 휴머니스트, 2015.

# 8
# 차

**1**  헬렌 세이버리 지음, 이지윤 옮김, 《차의 지구사》, 휴머니스트, 2015, 88쪽.

**2**  헬렌 세이버리 지음, 이지윤 옮김, 《차의 지구사》, 휴머니스트, 2015, 125쪽.

**3**  헬렌 세이버리 지음, 이지윤 옮김, 《차의 지구사》, 휴머니스트, 2015, 133쪽.

**4**  헬렌 세이버리 지음, 이지윤 옮김, 《차의 지구사》, 휴머니스트, 2015, 183~185쪽.

**5**  헬렌 세이버리 지음, 이지윤 옮김, 《차의 지구사》, 휴머니스트, 2015, 139쪽.

**6**  헬렌 세이버리 지음, 이지윤 옮김, 《차의 지구사》, 휴머니스트, 2015, 169~170쪽.

**7**  이형석, 〈우리나라 차나무 분포에 관한 연구〉, 《차 연구회 소식》, http://bosungt.jares.go.kr/html/study/hoibo14.htm, 2015년 10월 13일 검색.

**8**  오찬진·이솔·유한춘·채정기·한상섭, 〈우리나라 야생 차나무(Camellia sinensis L.)의 유전적 다양성〉, 《한국자원식물학회지》 21(1), 2008, 41쪽.

**9**  허황옥이 가야에 올 때 차를 가져왔다는 주장도 있다. 이능화, 《조선불교통사》에 "김해 백월산에 죽로차(竹露茶)가 있는데, 수로왕비 허씨가 인도에서 가지고 온 차 종자라고 세상에 전한다"라는 내용이 있다. 그러나 이를 뒷받침할 사료는 아직 발견되지 않았다.

**10** 허흥식, 〈고려의 뇌원차(腦原茶)와 차의 수출〉, 《월간 차의 세계》, 2009년 3월 호.

**11** 《고려도경》 제32권, 기명器皿, 다조茶俎: 土産 茶 味苦澁 不可入口 惟貴中國 臘茶 幷龍鳳賜團 自錫賚之外 商賈亦通販 故邇來 頗喜飲茶.

**12** 《고려도경》 제32권, 기명器皿, 다조茶俎: 凡宴則烹於廷中 覆以銀荷 徐步而進 候贊者云 茶遍乃得飲 未嘗不飲冷茶矣.

**13** 《고려도경》 제32권, 기명器皿, 다조茶俎: 館中 以紅俎 布列茶具於其中 而以紅紗巾冪之 日嘗三供茶 而繼之以湯 麗人 謂湯爲藥 每見使人飲盡 必喜 或不能盡 以爲慢己 必快快而去 故常勉强.

**14** 김종오·오준호·김남일, 〈朝鮮의 王室 茶處方(茶飲)의 運用-承政院日記의

내용을 중심으로〉,《한국한의학연구원논문집》제15권 제3호, 2009, 12쪽.

15 《고려사》제93권, 열전 제6, 최승로.

16 《고려사》제94권, 열전 제7, 서희.

17 서은미, 〈宋代의 飮茶生活과 茶 産業의 發展〉,《동양사학연구》第九十輯, 2005, 6쪽.

18 《茶經》卷下〈七之事〉: 廣雅云 荊巴間採葉作餠 葉老者餠成以米膏出之 欲煮茶飮 先炙令赤色搗末置瓷器中 以湯澆覆之 用蔥薑橘子芼之 其飮醒酒 令人不眠

19 《茶經》卷下〈六之飮〉: 飮有觕茶散茶末茶餠茶者 乃斫乃熬煬乃舂 貯於甁缶之中以湯沃焉 謂之淹茶 或用蔥薑棗橘皮茱萸薄荷之等 煮之百沸 或揚令滑 或煮去沫 斯溝渠間棄水耳 而習俗不已.

20 육우 지음, 류건집 주해,《다경주해》, 이른아침, 2010, 277쪽.

21 왕런샹 지음, 주영하 옮김,《중국음식문화사》, 민음사, 2010, 352쪽.

22 風舞團團餠, 恨分破, 敎孤另, 金渠體淨, 隻輪慢碾, 玉塵光瑩.

23 왕런샹 지음, 주영하 옮김,《중국음식문화사》, 민음사, 2010, 441쪽.

24 김명배, 〈李奎報의 茶道 硏究〉, 한국차학회,《한국차학회지》제4권 제1호, 1998, 8쪽.

25 《東國李相國文集》제13권〈雲峯住老珪禪師. 得早芽茶示之. 予目爲孺茶. 師請詩爲賦之.〉

26 《東國李相國文集》제13권〈雲峯住老珪禪師 得早芽茶示之 予目爲孺茶 師請詩爲賦之〉: 有如乳臭兒與稚.

27 《태종실록》3권, 태종 2년(1402) 5월 20일자 기사.

28 김종직, 〈다원이수茶園二首〉,《점필제집佔畢齊集》.

29 정민,《새로 쓰는 조선의 차 문화》, 김영사, 2011, 9쪽.

30 정민,《새로 쓰는 조선의 차 문화》, 김영사, 2011, 286쪽.

31 주영하, 〈조선을 녹인 점입가경의 단맛: 달콤한 꿀맛, 더 달콤한 설탕 맛〉,《18세기의 맛》, 문학동네, 2014, 171~181쪽.

32 《승정원일기》, 정조 11년(1787) 11월 29일.

33 독립기념관 소장, 자료번호 1-000502-087. 이 문서는 1883년 12월에 한문

으로 작성되었다.

**34** 김동명, 〈식민지 시기 차(茶)의 문화접변〉, 《한일관계사연구》 31권, 144쪽.

**35** 김명배, 《다도학》, 학문사, 1984, 363~364쪽; 류건집, 《한국다문화사(下)》, 이른아침, 2007, 397쪽; 김동명, 〈식민지 시기 차(茶)의 문화접변〉, 《한일관계사연구》 1권 144쪽, 31권, 144쪽.

**36** 김명배, 《다도학》, 학문사, 1984, 365쪽.

**37** 김동명, 〈식민지 시기 차(茶)의 문화접변〉, 《한일관계사연구》 31권, 147쪽.

**38** 渡邊彰, 〈朝鮮の茶業に就て〉, 《朝鮮》, 1920년 8월 호, 56쪽.

**39** 〈生れ出た製茶業 附 移入茶の取引狀況〉, 《京城日報》, 1926년 3월 28일자.

**40** 모로오까 다모쓰·이에이리 가즈오, 김명배 옮김, 《조선의 차와 선》, 보림사, 1991, 54쪽.

**41** 모로오까 다모쓰·이에이리 가즈오, 김명배 옮김, 《조선의 차와 선》, 보림사, 1991.

**42** 모로오까 다모쓰·이에이리 가즈오, 김명배 옮김, 《조선의 차와 선》, 보림사, 1991, 199쪽.

**43** 모로오까 다모쓰·이에이리 가즈오, 김명배 옮김, 《조선의 차와 선》, 보림사, 1991, 200쪽.

**44** 김동명, 〈식민지 시기 차(茶)의 문화접변〉, 《한일관계사연구》 31권, 150쪽.

**45** 지용, 〈靑春과 風流, 茶房 '고마도리' 안에 연지 적은 색시들〉, 《삼천리》 제 10권 제5호, 1938년 5월 1일자.

**46** 김동명은 김명배의 자료를 기초로 "학교에서의 일본식 다도 교육은 1926 년 6월 1일 조선인과 일본인이 함께 배운 인천공립고등여학교에 일본 기후 현(岐阜県) 출신의 즈다 요시에(津田よし江)가 다도 강사로 부임한 이후 1930년 대부터 시작되어 1940년대에는 전국 47개 여자고등학교의 상당수와 이화·숙명 여자전문학교 등에서 실시되었다"라고 했다. 김동명, 〈식민지 시기 차(茶)의 문화접변〉, 《한일관계사연구》 31권, 158~159쪽.

**47** 박정희, 《한국 차문화의 역사》, 민속원, 2015, 283쪽.

**48** 박정희, 《한국 차문화의 역사》, 민속원, 2015, 286~289쪽.

**49** 박순희, 〈韓國에서의 日本茶道의 수용과정에 관한 사례연구-부산지역의

우라센케[裏千家]를 중심으로〉,《동북아문화연구》제37집, 2013.

50 박순희, 〈韓國에서의 日本茶道의 수용과정에 관한 사례연구-부산지역의
우라센케[裏千家]를 중심으로〉,《동북아문화연구》제37집, 2013, 138쪽.

51 박순희, 〈韓國에서의 日本茶道의 수용과정에 관한 사례연구-부산지역의
우라센케[裏千家]를 중심으로〉,《동북아문화연구》제37집, 2013, 143쪽.

52 《매일경제》1981년 3월 16일자 10면.

53 장윤희, 〈1980년대 이후 녹차산업의 형성과정에 대한 연구: 태평양 설록차
를 중심으로〉, 성신여자대학교 석사학위청구논문, 2004, 22~23쪽.

54 장윤희, 〈1980년대 이후 녹차산업의 형성과정에 대한 연구: 태평양 설록차
를 중심으로〉, 성신여자대학교 석사학위청구논문, 2004, 23쪽.

55 장윤희, 〈1980년대 이후 녹차산업의 형성과정에 대한 연구: 태평양 설록차
를 중심으로〉, 성신여자대학교 석사학위청구논문, 2004, 23쪽.

56 농림축산식품부,《2021 특용작물 생산실적》, 농림축산식품부, 2022, 20쪽.

57 한국농수산식품유통공사,《다류 2022 가공식품 세분 시장 현황》, 한국농수
산식품유통공사, 2022, 7쪽.

58 〈한국인의 커피 사랑…작년 수입액 1조 원 첫 돌파〉,《연합뉴스》인터넷판,
2022년 3월 21일자.

# 9

# 향신료

1 https://en.wikipedia.org/wiki/Spice(2023년 7월 19일 검색)

2 林洪,《山家淸供》,〈煿金煮玉〉: 筍取鮮嫩者, 以料物和薄麵, 拖油煎煿, 如黄
金色, 甘脆可愛.

3 Choi, Trieu Thi., Isaak, Marcel., *Food of Vietnam: Easy-to-Follow Recipes from the
Country's Major Regions*, *Tokyo*, *Vermont*, Singapore: Tuttle Publishing, 2015, p.
19.

4 프레드 차라 지음, 강경이 옮김,《향신료의 지구사》, 휴머니스트, 2014,

86~89쪽.

5   洪萬選,《山林經濟》,〈治膳〉, 造料物法: 造省力料物. 馬芹胡椒茴香乾薑官桂
    川椒, 等分爲末, 滴水爲丸. 每用調和, 撚破入鍋, 出行者尤便.〔必用神隱〕

6   한복려 엮음,《다시 보고 배우는 산가요록》, 궁중음식연구원, 2007, 87쪽에
    서 원문을 보았고, 번역을 참고했다.

7   한복려 엮음,《다시 보고 배우는 산가요록》, 궁중음식연구원, 2007, 163쪽
    에서 원문을 보았고, 번역을 참고했다.

8   한복려 엮음,《다시 보고 배우는 산가요록》, 궁중음식연구원, 2007, 170쪽
    에서 원문을 보았고, 번역을 참고했다.

9   www.krpia.co.kr

10  한복려 엮음,《다시 보고 배우는 산가요록》, 궁중음식연구원, 2007, 115쪽.

11  주영하,〈고추의 상징화 과정에 대한 일고(一考)〉,《역사민속학》제11집,
    2000, 339쪽.

12  한복려 엮음,《다시 보고 배우는 산가요록》, 궁중음식연구원, 2007, 115쪽
    에서 원문을 보았고, 번역을 참고했다.

13  www.krpia.co.kr

14  한복려 엮음,《다시 보고 배우는 산가요록》, 궁중음식연구원, 2007, 113쪽
    에서 원문을 보았고, 번역을 참고했다.

15  《태종실록》12권, 태종 6년(1406) 8월 11일(정유) 세 번째 기사.

16  조흥국,〈조선왕조 초기 한국과 인도네시아의 마자파힛 왕국 간 접촉〉, 서
    강대학교 동아연구소《동아연구》55권, 2008, 48쪽.

17  www.krpia.co.kr

18  www.krpia.co.kr

19  신우정,〈조선 전기 대일 후추 무역에 관하여〉, 서울여자대학교대학원 석사
    학위청구논문, 2000, 10쪽.

20  한복려,〈음식사에서 본 음식디미방〉,《음식디미방》, 경북대학교출판부,
    2003, 121쪽.

21  주영하,〈한 사대부 집안이 보여준 다채로운 식재료의 인류학〉,《선비의 멋
    규방의 맛》, 글항아리, 2012, 238쪽.

22 이 요리법들은 경북대학교, 《음식디미방》, 경북대학교출판부, 2003을 주로 참조했다.

23 조선 왕실의 전약에 대한 자세한 내용은 김호, 〈조선 왕실의 藥膳 '煎藥' 연구〉, 《진단학보》 100집, 2005를 참고하라.

24 貝原益軒, 《大和本草》卷五 〈菜蔬類〉, '番椒': 昔ハ日本ニ無之, 秀吉公伐朝鮮時, 彼國ヨリ種子ヲ取來ル故二俗二高麗胡椒卜云.

25 西南学院大学博物館, 《九州のキリスト教シリーズⅡ: 南蛮の鼓動 - 大分に残るキリシタン文化 - 》, 福岡: 西南学院大学博物館, 2010, 4쪽.

26 고추의 전래와 확산 과정에 대해서는 장지현, 〈苦椒渡來考〉, 《성심여자대학논문집 8》, 춘천: 성심여자대학, 1977; 주영하, 《음식인문학》, 휴머니스트, 2011, 99~126쪽을 참고하라.

27 柳重臨 지음, 농촌진흥청 편역, 《增補山林經濟 2》, 농촌진흥청, 2003, 200~201쪽.

28 권대영·정경란·양혜정·장대자, 《고추이야기》, 도서출판 효일, 2011.

29 김종덕, 〈'고쵸'에 대한 논쟁〉, 《농업사연구》 제8권 1호, 한국농업사학회, 2009.

30 京都市情報館, http://www.city.kyoto.lg.jp/sankan/page/0000029062.html

31 〈고추 명산지에 활기, 근당 800환을 호가〉, 《경향신문》 1960년 10월 22일자 4면.

32 한국채소종자산업발달사편찬위원회 편, 《한국채소종자산업발달사》, 서울대학교출판부, 2008, 299쪽.

33 이기섭, 〈다국적 거대 종자기업이 국내 종자산업에 미치는 영향〉, 《한국국제농업개발학회지》 제31권 1호, 2019, 85쪽.

34 이에 대해서는 주영하, 〈고추와 매운맛: 동북아시아 매운맛의 유행에 대한 연구〉, 《比較民俗學》 34輯, 비교민속학회, 2007을 참고하라.

35 우종현, 〈이제는 향신료 시대〉, 《푸드투데이》 인터넷판, 2005년 8월 4일자.

36 프레드 차라 지음, 강경이 옮김, 《향신료의 지구사》, 휴머니스트, 2014, 219쪽.

**에필로그**

1　Korean Culture and Information Service, *Korean Culture No.9 K-Food*: *Combining Flavor, Health, and Nature*, Korean Culture and Information Service, 2018.

2　농림수산식품부, 〈2022년(누계) 농림수산식품 수출 동향 보고서〉, KATI 농식품수출정보, 2023 참고.

3　주영하, 《백년식사: 대한제국 서양식 만찬부터 K-푸드까지》, 휴머니스트, 2020, 160~161쪽.

- 《경향신문》 51, 208, 242

- 공유마당 206

- 국립중앙도서관 대한민국 신문 아카이브 37, 78, 190, 229

- 국립중앙박물관 89, 255

- 궁중병과연구원 309

- 《동아일보》 40, 53, 55, 57, 83, 75, 107, 119, 166, 173, 239

- 문화재청 75

- 미국의회도서관 187, 188

- 사이언스포 포토 라이브러리 31

- 셔터스톡 25, 65, 97, 103, 123, 145, 149, 158, 181, 213, 222, 247, 253, 270, 287, 299, 310

- 알라미 38, 98, 130, 150, 155, 182, 214

- 연합뉴스 62, 117

- 위키미디어 커먼즈 66, 219, 258, 326

- 일본 도쿄대학 오구라문고 315

- 《조선일보》 90, 91, 137, 176, 198, 235

- 주영하 35, 270, 338, 340

- 프랑스국립문서박물관 288

- 山本三生 編,《日本地理大系第12卷朝鮮篇》(1930) 76

- devonlive.com 248

- flickr.com 135

- moredramslessdrama.com 26

- picryl.com 73

- pizzanapoletana.org 132

- suntory.co.jp 48

- thewhiskyexchange.com 41

- totos.com 124

- wilsoncenter.org 113

- womenshistory.org 71

이미지 출처

# 글로벌 푸드 한국사

**한국인의 입맛을 사로잡은 외래 음식의 역사**

1판 1쇄 발행일 2023년 10월 16일

**지은이** 주영하

**발행인** 김학원
**발행처** (주)휴머니스트출판그룹
**출판등록** 제313-2007-000007호(2007년 1월 5일)
**주소** (03991) 서울시 마포구 동교로23길 76(연남동)
**전화** 02-335-4422 **팩스** 02-334-3427
**저자·독자 서비스** humanist@humanistbooks.com
**홈페이지** www.humanistbooks.com
**유튜브** youtube.com/user/humanistma **포스트** post.naver.com/hmcv
**페이스북** facebook.com/hmcv2001 **인스타그램** @humanist_insta

**편집주간** 황서현 **편집** 최인영 이영란 **디자인** 유주현
**조판** 홍영사 **용지** 화인페이퍼 **인쇄** 청아문화사 **제본** 민성사

ⓒ 주영하, 2023

ISBN 979-11-7087-059-3 03910